动车组安全监控分析系列丛书

动车组一级修检测机器人系统分析与运用管理

牛　刚　白晋宇　张红亮　马柳青　编著
莫志晖　戴瑞亮　丁　毅　许迎杰　主审

中国铁道出版社有限公司

2024年·北　京

内容简介

本书为“动车组安全监控分析系列丛书”之一。动车组一级修检测机器人系统包括360°检测机器人、车底检测机器人以及其联网应用子系统，是当前动车组一级修的前沿关键设备。本书共八章，主要包括动车组一级修检测机器人系统简介、360°检测机器人、车底检测机器人、动车组一级修检测机器人系统联网应用子系统及基础设施平台、检验评价规则、动车组一级修检测机器人系统针对各车型的考核项点及评审标准、动车组一级修检测机器人系统一级修作业检查项目及标准、动车组一级修检测机器人系统运用管理等内容。

本书注重理论与实践相结合，可供高铁领域担当动车组运用、检修工作的动车组机械师、动车组维修师参考，也可供高等院校师生和科研人员学习。

图书在版编目(CIP)数据

动车组一级修检测机器人系统分析与运用管理/牛刚等编著．—北京：中国铁道出版社有限公司，2024.4
(动车组安全监控分析系列丛书)
ISBN 978-7-113-31083-7

Ⅰ.①动…　Ⅱ.①牛…　Ⅲ.①动车-故障检测-自动检测系统　Ⅳ.①U266

中国国家版本馆CIP数据核字(2024)第046064号

书　　名： 动车组一级修检测机器人系统分析与运用管理
作　　者： 牛　刚　白晋宇　张红亮　马柳青

策　　划： 黄　璐
责任编辑： 李润华　　**编辑部电话：** (010)51873138　　**电子邮箱：** jiliang@tdpress.com
封面设计： 尚明龙
责任校对： 安海燕
责任印制： 樊启鹏

出版发行： 中国铁道出版社有限公司(100054，北京市西城区右安门西街8号)
网　　址： http://www.tdpress.com
印　　刷： 天津嘉恒印务有限公司
版　　次： 2024年4月第1版　2024年4月第1次印刷
开　　本： 787 mm×1 092 mm　1/16　**印张：** 14　**字数：** 261千
书　　号： ISBN 978-7-113-31083-7
定　　价： 88.00元

前 言

近年来，随着高铁的迅猛发展，我国高速铁路网快速扩能，每年都有多条高铁线路开通运营，新开通的动车所数量和开行动车组数量增长较快。截至2023年底，高铁营业里程达4.5万km。我国铁路网越织越密，"八纵八横"高速铁路网主通道已建成约80%。随着运用动车组检修车组数量不断增加、开行交路密集和逐步延长的趋势，全路动车所都面临作业人员不足、检修任务密集的问题。影响检修作业整体效果的最大问题是人工作业检修效率提升有限，在无法快速增加有限作业列位和人员配属的情况下，改善检修工具、提高作业效率、提升作业质量，加快从"人检"向"机检"的改变迫在眉睫。动车组一级修检测机器人系统的应用和普及即可解决上述存在问题。

动车组一级修检测机器人系统包括360°检测机器人、车底检测机器人以及其联网应用子系统，是当前动车组一级修的前沿关键设备。360°检测机器人以检修棚的形式存在，安装在动车组入库前端咽喉区线路上，对动车组全周外部尺寸和状态进行全方位检测；车底检测机器人位于检修库地沟，检测动车组走行部等运用状态。两者共同使用实现了对动车组一级修全要素参数的检测，实现了从人工技检转向机器人检测的本质飞跃，提高了动车所劳动生产率和工作效率，降低了劳动强度和漏检因素。

中国铁路广州局集团有限公司自2016年由广州动车段牵头进行动车组一级修检测机器人系统研究，组织多家意向公司先后在广州南动车所、深圳动车所、广州东动车所、长沙动车所、三亚动车所投入安装、对比和实验，经历了"人机共检"—"人机交检"—"人一机二"的动车组检修阶段。经过多年摸索实践不断促进优化产品性能，首创了行业内动车组一级修检测机器人系统规范性评审标准。中国铁路广州局集团有限公司车辆部已将该系统推广至本局全部动车站段并将逐步在相关动车所配齐。动车组一级修检测机器人系统的应用丰富了动车组检修的手段，提高了车辆巡检效率，改善了巡检作业环境，实现了巡检作业状态可追溯，满足了铁路移动装备在线监测的定位要求，在高速铁路安全监控领域有极大的应用前景，推进实现运输安全和生产经营"安全、优质、高效"的目标。

动车组安全监控分析工作关系到动车组运用安全可靠和运营持续有效，本书作为“动车组安全监控分析系列丛书”的第四册，主要阐述了360°检测机器人、车底检测机器人、动车组一级修检测机器人系统联网应用子系统及基础设施平台、检验评价规则、动车组一级修检测机器人系统针对车型的考核项点及评审标准、动车组一级修检测机器人系统一级修作业检查项目及标准、动车组一级修检测机器人系统运用管理等内容，总结我国动车组智能检测领域新的研发产品和相应成果，可供高铁领域担当动车组运用、检修工作的动车组机械师、动车组维修师参考，也可供高等院校师生和科研人员学习。

本书由中国铁路广州局集团有限公司牛刚、白晋宇、张红亮、马柳青编著，参编人员有宋金、常金明、蒋玉婕、吴广伟、黄云古、康伟、杜新伟、詹芝青、洪海洋、朱文莹、彭东方、邓焯辉、邓兴建、谢建强、向洪江、丁阳春、张锐敏、张金发、周文、许日勇、龙渊、吴生云、徐海洋、王警等。

本书由中国国家铁路集团有限公司机辆部莫志晖、戴瑞亮，中国铁路广州局集团有限公司丁毅、许迎杰主审；参审人员有中国铁路广州局集团有限公司何益文、罗果、杨榆、伍高飞、李邦伟、江杰波、廖琨、蔡振东、黄宗杰，中国铁路动车组技术中心陈振虹、李斌，中国铁路济南局集团有限公司青岛动车段刘克思，中国铁路上海局集团有限公司上海动车段金磊，中国铁路北京局集团有限公司北京动车段王锐，武汉高铁训练段冷广台等。

本书在中国铁路广州局集团有限公司副总经理申俭聪、刘应军关怀下，职培部李文东主任、张俊兴副主任，车辆部陈席文主任等给予指导，王波涛、陈磊、谭琳等同志给予了大力支持；中国科学院北京国家技术转移中心张恒，中南大学高广军院长、黄合来院长、傅勤毅博导，北京交通大学王文静副院长、陈光荣博士，湖南铁路科技职业技术学院彭永成、陈彬、李志平，广州铁路职业技术学院许爱军、管春玲、滕世平，湖南高速铁路职业技术学院姚方元、邓经纬、尹珊波，湖南铁道职业技术学院方小斌、莫坚、晋永荣，湖南交通工程学院刘杰、陈治亚、涂宇，广州番禺职业技术学院马仁听、欧阳丽等提供了协助；广东科研世智能科技有限公司、北京康拓红外技术股份有限公司、东莞市诺丽电子科技有限公司等提供了技术支持，在此一并表示感谢。

由于编著者时间、水平有限，书中难免存在疏漏之处，敬请广大读者批评指正。

编著者

2024年4月

目　录

第一章　动车组一级修检测机器人系统简介 …………………………………… 1

第一节　动车组一级修概述 ………………………………………………… 1
第二节　动车组一级修检测机器人系统概述 ……………………………… 3
第三节　动车组一级修检测机器人系统研究现状 ………………………… 17
复习思考题 ………………………………………………………………… 20

第二章　360°检测机器人 …………………………………………………… 21

第一节　360°检测机器人构成及功能 ……………………………………… 21
第二节　车号识别模块 ……………………………………………………… 26
第三节　车速检测模块 ……………………………………………………… 28
第四节　踏面缺陷动态检测模块 …………………………………………… 30
第五节　车体外观动态检测模块 …………………………………………… 33
第六节　声学采集装置模块 ………………………………………………… 36
第七节　360°检测机器人系统设备 ………………………………………… 37
复习思考题 ………………………………………………………………… 49

第三章　车底检测机器人 …………………………………………………… 50

第一节　车底检测机器人构成及通用技术条件 …………………………… 50
第二节　车底快速检测模块 ………………………………………………… 52
第三节　精准部位多维检测模块 …………………………………………… 56
第四节　车底检测机器人系统模块 ………………………………………… 60
第五节　跨股道运用型车底检测机器人探索 ……………………………… 67
复习思考题 ………………………………………………………………… 74

第四章　动车组一级修检测机器人系统联网应用子系统及基础设施平台 ……… 76

第一节　网络架构及安全防护 ……………………………………………… 76
第二节　应用功能 …………………………………………………………… 77

第三节　主要配置参数 …… 78
第四节　平台技术要求 …… 80
第五节　360°检测机器人子模块安装要求 …… 84
第六节　动车组一级修检测机器人系统设备试验检验 …… 86
复习思考题 …… 86

第五章　检验评价规则 …… 87

第一节　检验分类 …… 87
第二节　出厂检验 …… 87
第三节　型式试验 …… 98
第四节　评价规则 …… 109
复习思考题 …… 113

第六章　动车组一级修检测机器人系统针对车型的考核项点及评审标准 …… 114

第一节　考核项点 …… 114
第二节　评审标准 …… 129
复习思考题 …… 135

第七章　动车组一级修检测机器人系统一级修作业检查项目及标准 …… 136

第一节　360°检测机器人一级修作业检查项目及标准 …… 136
第二节　车底检测机器人一级修作业检查项目及标准 …… 153
第三节　机器人检测一级修流程 …… 168
复习思考题 …… 193

第八章　动车组一级修检测机器人系统运用管理 …… 194

第一节　动车组一级修检测机器人系统运用管理办法 …… 194
第二节　动车组一级修检测机器人系统设备管理 …… 200
复习思考题 …… 215

第一章　动车组一级修检测机器人系统简介

第一节　动车组一级修概述

动车组一级检修(以下简称一级修)为动车组上线运用前的例行安全检查,工作重点是检查、防范动车组走行部、裙底板、受电弓的异常损坏,进行制动系统功能试验,处理运用中发生的故障。现行动车组一级修一般采用人工技检的作业方式,一些铁路局集团公司、动车段在不断摸索人工技检与机检相结合的路径,逐步取得一些突破性进展。本书以中国铁路广州局集团有限公司(以下简称广州局集团公司)广州动车段为例,重点介绍路内逐步走向成熟领先的动车组机检方式,目前相关技术已在广州局集团公司实现可靠的"人一机二"检查方式鉴定,并逐步得到推广应用。

一、常规检修周期

动车组一级修采用以走行公里周期为主、时间周期为辅的检修模式,走行公里数以动车组管理信息系统统计为准。检修周期与速度等级、运营线路等因素有关,分类如下:

(1)时速 300～350 km 运营动车组:走行公里周期为运用≤(8 000＋800)km 或 72 h 进行一次人工技检。

(2)时速 200～250 km 运营动车组:走行公里周期为运用≤(7 000＋700)km 或 72 h 进行一次人工技检。

(3)时速 200 km 及以下运营动车组:走行公里周期为运用≤(6 000＋600)km 或 96 h 进行一次人工技检。

(4)动车组在低于设计速度等级的线路运营时,按照运营线路速度等级进行周期卡控[如速度等级 350 km/h 的 CRH380B 型动车组在 250 km/h 线路运行,则按运用≤(7 000＋700)km 或 72 h 进行一次人工技检执行]。

(5)动车组在超过设计速度等级的线路运营时,按照动车组设计速度等级进行周期卡控[如设计速度为 200 km/h 的 CRH1A 型动车组在 250 km/h 线路运用,则按运用≤(6 000＋600)km 或 96 h 进行一次人工技检执行]。

(6)动车组跨不同速度等级线路运营时,按照动车组运营途经最高速度等级线路进行周期卡控[如 CRH1A-A 型动车组运营期间途经 200 km/h 线路和 250 km/h 线路,则按运用≤(7 000+700)km 或 72 h 进行一次人工技检执行]。

(7)一级修时间周期即运用时间,是指从动车组一级修后出所(动车组离开动车所)至下次检修入所时的累计时间,不包括一级修检查作业时间。

(8)特殊季节、特殊天气条件和经由特殊区段(飞絮、冰雪、风沙等),需要适度缩短一级修周期的以配属车组单位下达的专项通知为准。

(9)动车组一级修除严格按照上级文电规定的检修周期施修外,以下情况需安排动车组一级修人工技检后方可上线:

①备用动车组累计备用时间(含热备)超过 48 h,即检修动车组一级修联检结束后(以动车组联检记录单上联检完成时间为准)至出所前的时间间隔超过 48 h,上线运营前须进行一级修人工技检,一级修出所后直至下次一级修前,所有时间不再纳入备用时间计算。

②新造动车组以及高级修修竣动车组返所后,上线运营前须进行一级修人工技检。

二、机检作业

中国国家铁路集团有限公司(以下简称国铁集团)车辆主管部门鼓励各铁路局集团公司自主创新,可通过经验证、评审可靠的机检方案的应用逐步开展"人工技检+机检"方式的一级修生产组织。如对于时速 300~350 km 运营动车组,可根据动车段专项通知要求开展机检与人工技检交替一级修,即时间周期为运用检修周期,利用机检作业方式开展一次一级修,机检正常的动车组无需进入检查库重复检修,人工技检一级修可由以前的 48 h 延长至 72 h。后续根据可靠性评估可以实现更长的人工技检周期延伸。

从广义的角度来说,机检是指利用地面专用检测设备和动车组车载检测监测设备进行动车组检修作业,与人工进行动车组检修作业相区别。

从狭义的角度来说,一般机检是专指利用动车组车载信息无线传输系统(WTDS)、动车组运行故障图像检测系统(TEDS)、轮对故障动态检测系统(LY)、受电弓及车顶状态动态检测系统(SJ)在动车组一级修间隔中进行的一次加强检查,以达到延长一级修时间和里程周期的目的,但不能代替人工技检。实际应用过程中,这些检查作业的结果都会通过各种不同途径在施修过程中加以利用和确认。机检作业全面运用主要包括:

(1)利用车载 WTDS 对动车组数据信息进行监控及下载分析;

(2)利用 TEDS 对走行部及裙底板状态进行检查;

(3)利用 LY 对轮对踏面状态进行检查;

(4)利用 SJ 对受电弓技术状态进行检查;

(5)利用受电弓视频监控装置(或供电 3C 设备)对车顶高压设备进行检查。

广义的机检包括狭义的一般机检和机器人检修。一般机检均指狭义的机检,与机器人检修相区别。

机器人检修是利用360°检测机器人、车底检测机器人及其联网应用子系统的获取结果确认和应用，进行动车组检修，可以替代部分一级修人工技检，甚至随着机器人检修能力的提升能完全替代人工技检。本书研究的动车组一级修检测机器人系统分析与运用管理就是指这一范畴。本书后文提及的“机检”“人机交检”“人一机二”均是指机器人检修。

第二节　动车组一级修检测机器人系统概述

一、系统组成

动车组一级修检测机器人系统，英文为 train robot diagnosis system，暂可简称为TRDS(后续以车辆主管部门规范命名为准)。动车组一级修检测机器人系统由360°检测机器人、车底检测机器人以及其联网应用子系统组成，运用在特定设置的基础设施平台上，系统基本架构如图1-1所示。

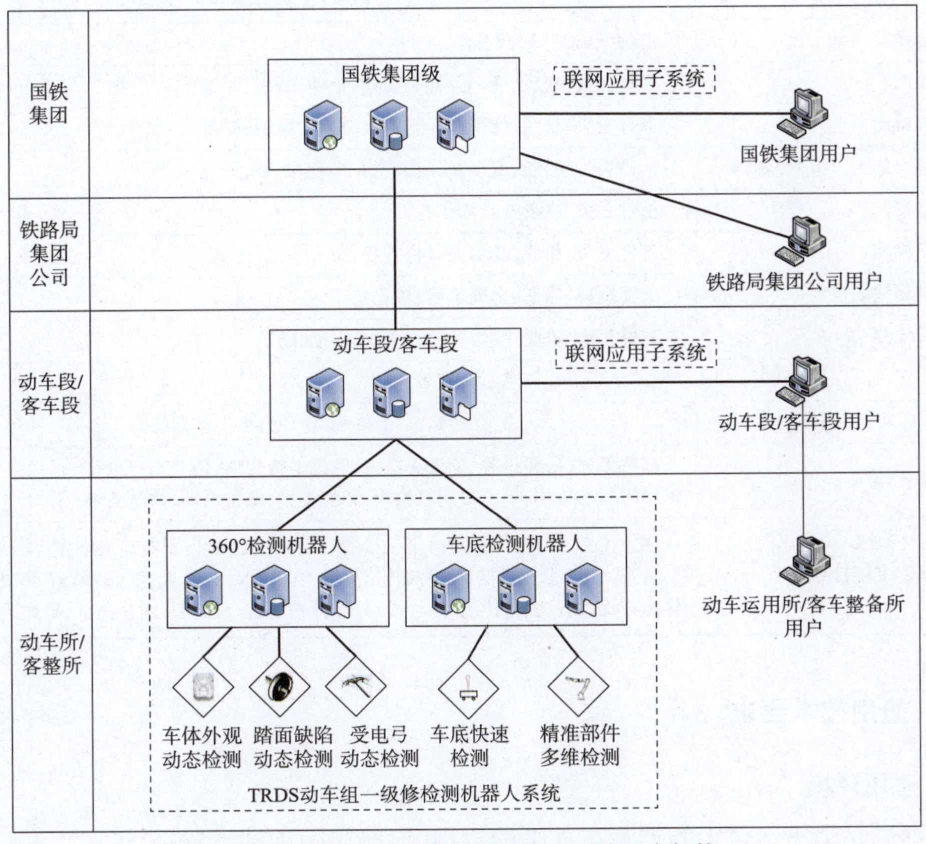

图1-1　动车组一级修检测机器人系统基本架构

360°检测机器人安装于动车所(客整所)咽喉股道处,主要由车体外观动态检测、踏面缺陷(包括剥离、擦伤、硌伤等)动态检测、受电弓动态检测及相关检测基础设施组成,相关运用信息纳入联网应用子系统。

车底检测机器人安装在检修库内地沟线路终端(固定股道配置型)或股道通道指定位置(跨股道运用型),主要由车底快速检测、精准部件多维检测设施组成,相关运用信息同样可纳入联网应用子系统。

联网应用子系统在国铁集团、动车段(客车段)两级部署,实现国铁集团、铁路局集团公司、动车段(客车段)、动车所(客整所)四级应用。

各动车组一级修检测机器人系统设备独立安装、运行、检测,信息接口统一规范。

动车段(客车段)所属动车组一级修检测机器人系统设备功能相近,可根据站、段具体要求调试实现,见表1-1。各动车组一级修检测机器人系统设备属独立固资,分别采购,组合运用。

表1-1 动车组一级修检测机器人系统功能

360°检测机器人	
功能模块	动车所/客整所(含动力集中动车组)
速度分类	通用型(5～12 km/h)
轨底检测	部件丢失、松脱、变形及异物查找、松动、断裂、测量
走行部检测	部件丢失、松脱、变形及异物查找、松动、断裂、测量
走行部上侧至车窗下侧检测	部件丢失、松脱、变形及异物查找、松动、断裂、测量
车窗检测	部件丢失、变形及异物查找
车顶侧检测	部件丢失、松脱、变形及异物查找、断裂
轮对踏面缺陷检测	踏面剥离、硌伤、金属堆积、氧化皮
受电弓检测	部件丢失、松脱、变形及异物查找、松动、断裂
车底检测机器人	
功能模块	动车所/客整所(含动力集中动车组)
车底快速检测	部件丢失、吊绳松脱、管接头松脱、底板击打变形、轴身击打变形、底板丢失、U形锁锁闭状态检测、导流罩间隙检测、异物查找、螺栓松动、铁丝断裂
精准部位多维检测	部件丢失、旋转部件丢失、吊绳松脱、管接头松脱、扫石器高度测量、喷砂嘴高度测量、漏油检测、挡板变形、横向止挡变形、空气弹簧变形、防尘套破损、卡簧锁闭检测、异物查找、油位油色检测、螺栓松动、螺母松动、铁丝断裂、闸片测量、研磨子测量

二、通用技术要求

1. 适用环境

依据满足动车组全天候严苛条件下的运用、检修实际条件设置:

(1)适应温度:室外−20～+65 ℃,室内−10～+55 ℃;

(2)相对湿度:10%～85%,不凝结;

(3)海拔高度:不超过 3 000 m;

(4)适应气候:能够满足雨、雪、风等恶劣天气的正常探测;

(5)使用环境:无易燃、腐蚀性气体。

2. 图像规范

(1)数据传输要求

当动车组停放在库检轨道时,车辆检测设备会实时采集过车信息、轮对检测信息,依据车号识别模块产生车型、车组号、过车时间信息,最终生成统一规范的数据文件并上传至设备厂商部署的数据库中,存储于服务器指定目录 ../ServerData 文件夹下。

(2)图像文件规范

①图像采集设备组成

车底检测采集设备分为快速扫描(简称快扫)装置和精确扫描(简称精扫)装置,快速扫描装置包含左右两台 2D+3D 线扫模组,精确扫描装置包含两台结构光传感器和两台 RGB 彩色相机。

②图像文件格式要求

快速扫描装置采集原理为一次性全车车底激光扫描触发采图,原图数据信息包含了无损未压缩的 2D 图像以及 3D 数据,其中 2D 图像采用 bmp 编码格式,3D 数据以二进制 dat 文件格式进行保存,同时快扫采集软件会生成二进制文件的 xml 格式描述文档。由于图像的采集是通过脉冲触发相机生成,一次脉冲触发产生一行像素,定义 1 000 行像素生成一张完整图像。采集的快扫原图以自然数(1,2,3,…)命名。快扫原图包含很多的无效黑图数据,通过切图算法对全车数据按一定规则和位置进行图像拼接和切割,同时去除无效的部分黑图数据。切割的 2D 图片以广泛使用且占用空间极小的 jpg 格式进行存储,切割的 3D 图片以具有浮点类型的 tif 格式存储。全车切图数据存放在 ../CuttingImages 文件夹下,并可通过设备厂商提供的数据库图像访问接口进行获取。

精确扫描装置是以机械臂行走的点位方式进行局部区域抓拍,其中的结构光扫描传感器利用光栅主动投影方式来获取高精度 3D 点云数据,具有视野范围广、精度高、响应时间短等优势。采集的 2D 图像以 png 编码格式存储,3D 图像为 tif 格式。存放路径也可通过数据库图像访问接口获取,并存放在服务器指定目录 ../ServerData 文件夹下。

(3)图像文件命名要求

图片使用规范命名,可调用 API 接口上传至服务器。

①360°检测机器人

a. 车身图像文件命名要求

根据车身图像识别符能准确地描述车组号、车辆号、具体位置、部件名称，具体命名要求见表1-2。

表1-2　车身图像文件命名要求示例

车身图像	Nxxxx-yyy-具体位置-图片名称				
识别符	信　息	占用位	范　围	说　明	
N	序号	4	0000～9999	图片序号(例:N0100为第100张图片)	
yyy	相机模组编号	3	分类	BM1:轨底中左侧	BM2:轨底中右侧
				BL:轨底左侧	BR:车底右侧
				LL:走行部左侧	LR:走行部右侧
				ML:左中部	MR:右中部
				UL:左上部	UR:右上部
				TL:左侧顶部斜拍	TR:右侧顶部斜拍
具体位置	××车×架×轴×位	不限	—	该图片对应的具体位置信息描述(例1:02车A架2轴4位牵引电动机;例2:02车R5位车底板)	
图片名称	某部件	不限	—		
示例	N0325-BR-1203-12车A架1轴2位轴箱及垂向减振器				

b. 踏面图像文件命名要求

根据踏面图像识别符能准确地描述车组号、车辆号、转向架序号、轮对序号，具体命名要求见表1-3。

表1-3　踏面图像文件命名要求示例

踏面图像	Nxxxx-yy-具体位置-图片名称				
识别符	信　息	占用位	范　围	说　明	
N	序号	4	0000～9999	图片序号(例:N0100为第100张图片)	
yy	相机模组编号	2	分类	L1:轨左相机1	R1:轨右相机1
				L2:轨左相机2	R2:轨右相机2
				L3:轨左相机3	R3:轨右相机3
				L4:轨左相机4	R4:轨右相机4
				L5:轨左相机5	R5:轨右相机5
				L6:轨左相机6	R6:轨右相机6
				L7:轨左相机7	R7:轨右相机7
				L8:轨左相机8	R8:轨右相机8
具体位置	××车×轴	不限	—	该图片对应的具体位置信息描述(例1:021为02车1轴;例2:022为02车2轴)	
图片名称	某部件	不限	—	踏面	
示例	N0002-L1-012-踏面				

c. 受电弓图像文件命名要求

根据受电弓图像识别符能准确地描述车组号、车辆号、受电弓序号、部件名称，具体命名要求见表 1-4。

表 1-4 受电弓图像文件命名要求示例

<table>
<tr><td>受电弓图像</td><td colspan="5">Nxxxx-yyy-具体位置-图片名称</td></tr>
<tr><td>识别符</td><td>信 息</td><td>占用位</td><td>范 围</td><td colspan="2">说 明</td></tr>
<tr><td>N</td><td>序号</td><td>4</td><td>0000～9999</td><td colspan="2">图片序号(例:N0100 为第 100 张图片)</td></tr>
<tr><td rowspan="2">yyy</td><td rowspan="2">相机模组编号</td><td rowspan="2">3</td><td rowspan="2">分类</td><td>TLF:车顶左侧前端相机</td><td>TLB:车顶左侧后端相机</td></tr>
<tr><td>TRF:车顶右侧前端相机</td><td>TRB:车顶右侧后端相机</td></tr>
<tr><td>具体位置</td><td>××车××张</td><td>不限</td><td>—</td><td colspan="2" rowspan="2">该图片对应的具体位置信息描述
(例 1:0225 为 02 车第 25 张图片；
例 2:0303 为 03 车第 03 张图片)</td></tr>
<tr><td>图片名称</td><td>某部件</td><td>不限</td><td>—</td></tr>
<tr><td>示例</td><td colspan="5">N0085-TLF-0325-车顶高压组件</td></tr>
</table>

②车底检测机器人

a. 快扫图像文件命名要求

根据快扫图像识别符能准确地描述车组号、车辆号、具体位置、部件名称，具体命名要求见表 1-5。

表 1-5 快扫图像文件命名要求示例

<table>
<tr><td>快扫图像</td><td colspan="4">Nxxxx-Vx-Pxxx-Cxxx-Ixxx-具体位置-图片名称</td></tr>
<tr><td>识别符</td><td>信 息</td><td>占用位</td><td>范 围</td><td>说 明</td></tr>
<tr><td>N</td><td>序号</td><td>4</td><td>0000～9999</td><td>图片序号(例:N0100 为第 100 张图片)</td></tr>
<tr><td rowspan="2">V</td><td rowspan="2">快扫相机号</td><td rowspan="2">1</td><td rowspan="2">分类</td><td>4:前进方向的左手边快扫相机</td></tr>
<tr><td>5:前进方向的右手边快扫相机</td></tr>
<tr><td rowspan="2">P</td><td rowspan="2">车厢号及转向架号</td><td rowspan="2">3</td><td rowspan="2">分类</td><td>第 1、2 位:车厢号 00～15</td></tr>
<tr><td>第 3 位:A 架,B 架,0 底板</td></tr>
<tr><td rowspan="2">C</td><td rowspan="2">动车拖车区分及
转向架方向区分</td><td rowspan="2">3</td><td rowspan="2">分类</td><td>第 1 位:T 拖车,M 动车</td></tr>
<tr><td>第 2、3 位:AB 向或 BA 向</td></tr>
<tr><td>I</td><td>VPC 识别码</td><td>3</td><td>000～999</td><td>当 VPC 参数相同时，使用 I 进行区分
(例:两张图片 N0101-V4-P02A-CMAB 和
N0102-V4-P02A-CMAB 除了 N 参数不一致，
其他都一致时，可使用 I 参数进行编号区分为
N0101-V4-P02A-CMAB-I001 和
N0102-V4-P02A-CMAB-I002)</td></tr>
<tr><td>具体位置</td><td>××车×架×轴×位</td><td>不限</td><td>—</td><td rowspan="2">该图片对应的具体位置信息描述
(例 1:02 车 A 架 2 轴 4 位牵引电动机；
例 2:02 车 R5 位车底板)</td></tr>
<tr><td>图片名称</td><td>某部件</td><td>不限</td><td>—</td></tr>
<tr><td>示例</td><td colspan="4">N0367-V4-P06A-CTAB-I002-06 车 A 架 1 轴 2 位制动盘，轮轴及制动夹钳装置</td></tr>
</table>

b. 精扫图像文件命名要求

根据精扫图像识别符能准确地描述车组号、车辆号、具体位置、部件名称，具体命名要求见表 1-6。

表 1-6　精扫图像文件命名要求示例

<table>
<tr><td rowspan="2">精扫图像识别符</td><td colspan="5">Nxxxx-Rx-Pxxx-Cxxx-Ixxx-具体位置-图片名称</td></tr>
<tr><td>信　息</td><td>占用位</td><td>范　围</td><td colspan="2">说　明</td></tr>
<tr><td>N</td><td>序号</td><td>4</td><td>0000～9999</td><td colspan="2">图片序号(例：N0100 为第 100 张图片)</td></tr>
<tr><td>R</td><td>机器人号</td><td>1</td><td>分类</td><td>1：机器人 1</td><td>2：机器人 2</td></tr>
<tr><td>P</td><td>机器人程序号</td><td>3</td><td>000～999</td><td colspan="2">例：P010 为第 10 套程序</td></tr>
<tr><td>C</td><td>拍照序号</td><td>3</td><td>000～999</td><td colspan="2">机器人程序号对应的拍照号，查看时和 P 参数一起识别
(例：P010-C011 为第 10 套程序的第 11 张拍照号)</td></tr>
<tr><td>I</td><td>RPC 识别码</td><td>3</td><td>000～999</td><td colspan="2">当 RPC 参数相同时，使用 I 进行区分
(例：两张图片 N0100-R1-P002-C003 和
N0200-R1-P002-C003 除了 N 参数不一致，
其他都一致时，可使用 I 参数进行编号区分为
N0100-R1-P002-C003-I001 和
N0200-R1-P002-C003-I002)</td></tr>
<tr><td>具体位置</td><td>××车×架×轴×位</td><td>不限</td><td>—</td><td colspan="2" rowspan="2">该图片对应的具体位置信息描述
[例 1：02 车 B 架 3 轴 5 位制动夹钳装置；
例 2：10 车 B 架 4 轴 8 位制动夹钳连接销轴(地沟内侧)]</td></tr>
<tr><td>图片名称</td><td>某部件</td><td>不限</td><td>—</td></tr>
<tr><td>示例</td><td colspan="5">N0628-R2-P005-C003-I003-10 车 B 架 4 轴 7 位制动夹钳装置</td></tr>
</table>

(4)图像文件读取要求

快速扫描装置和精确扫描装置采集的图像数据都可通过设备厂商提供的标准数据库公共访问接口进行提取。其中，精扫图像文件访问、快扫原图像总路径访问、批量查询快扫原图像是否上传、快扫切图文件访问等参数说明如下，包括接口名称、输入参数说明和返回参数说明。

①精扫图像文件访问接口参数说明

a. 接口名称：appendNotThroughAlgorithmPointInfoList。

b. 输入参数说明：见表 1-7。

表 1-7　精扫图像文件访问接口输入参数说明

参数名	必　传	类　型	说　明
event_id	是	int	检测任务 ID
camera_name	是	string	前后端相机名称

c. 返回参数说明：见表 1-8。

表 1-8　精扫图像文件访问接口返回参数说明

参数名	类　型	说　明
image_list	string	待检测图像的路径列表(包含图像名称、图像路径)
error	SqlError	数据库访问错误报警信息
notice	string	报警信息字符串输出格式

②快扫原图像总路径访问接口参数说明

a. 接口名称:getQuickFilePathByEvent_id。

b. 输入参数说明:见表 1-9。

表 1-9　快扫原图像总路径访问接口输入参数说明

参数名	必　传	类　型	说　明
event_id	是	int	检测任务 ID

c. 返回参数说明:见表 1-10。

表 1-10　快扫原图像总路径访问接口返回参数说明

参数名	类　型	说　明
file_path	string	快扫原图像的总目录路径
error	SqlError	数据库访问错误报警信息
notice	string	报警信息字符串输出格式

③批量查询快扫原图像是否上传接口参数说明

a. 接口名称:querySectionFileIsUploadFinishedByEvent_idCameraFlagStartAndEnd。

b. 输入参数说明:见表 1-11。

表 1-11　批量查询快扫原图像是否上传接口输入参数说明

参数名	必　传	类　型	说　明
event_id	是	int	检测任务 ID
camera_name	是	int	快扫相机序号
start_image_order	是	int	起始快扫图像序号
end_image_order	是	int	截止快扫图像序号

c. 返回参数说明:见表 1-12。

表 1-12　批量查询快扫原图像是否上传接口返回参数说明

参数名	类　型	说　明
is_upload	bool	表示查询的图像是否已上传
error	SqlError	数据库访问错误报警信息
notice	string	报警信息字符串输出格式

④快扫切图文件访问接口参数说明

a. 接口名称:getStepQuickLabelDataListMapByEvent_id。

b. 输入参数说明:见表 1-13。

表 1-13 快扫切图文件访问接口输入参数说明

参数名	必　传	类　型	说　明
event_id	是	int	检测任务 ID
camera_name	是	int	快扫相机序号

c. 返回参数说明:见表 1-14。

表 1-14 快扫切图文件访问接口返回参数说明

参数名	类　型	说　明
img_list	list	快扫 2D 切图列表
tif_list	list	快扫 3D 切图列表
error	SqlError	数据库访问错误报警信息
notice	string	报警信息字符串输出格式

(5)图像文件检测要求

当从数据库中获取到待检测的图像文件后,检测系统还需要这些图像的检测参数,例如图像名称、标签名称、标签位置、标签类别等。这些参数可通过设备厂商提供的标准数据库公共访问接口进行提取。各参数说明如下,包括接口名称、输入参数说明和返回参数说明。

①精扫点位获取访问参数说明

a. 接口名称:getFinePointByPoint_id。

b. 输入参数说明:见表 1-15。

表 1-15 精扫点位获取访问输入参数说明

参数名	必　传	类　型	说　明
point_id	是	int	每一张点位图像的 ID(唯一性)

c. 返回参数说明:见表 1-16。

表 1-16 精扫点位获取访问返回参数说明

参数名	类　型	说　明
fine_point	class	返回点位图像的类实例对象
error	SqlError	数据库访问错误报警信息
notice	string	报警信息字符串输出格式

上述接口返回的类实例对象，包含了丰富的公共接口可供调用。

②精扫点位位置获取参数说明

a. 接口名称：pos_name。

b. 输入参数说明：无。

c. 返回参数说明：见表 1-17。

表 1-17　精扫点位位置获取返回参数说明

参数名	类　型	说　明
file_name	string	图像名称
pos_name	string	图像的实际位置信息

③精扫点位标签获取参数说明

a. 接口名称：getFineLableDataList。

b. 输入参数说明：见表 1-18。

表 1-18　精扫点位标签获取输入参数说明

参数名	必　传	类　型	说　明
point_id	是	int	每一张点位图像的 ID(唯一性)

c. 返回参数说明：见表 1-19。

表 1-19　精扫点位标签获取返回参数说明

参数名	类　型	说　明
fine_label_list	list	标签信息列表
error	SqlError	数据库访问错误报警信息
notice	string	报警信息字符串输出格式

其中，标签信息列表参数包含许多检测的标签，每个标签均包含同样的属性，例如类别信息(label_id)、中心位置信息(row，col)、方向信息(phi)、长轴及短轴(length1，length2)、标签名称信息(label_detail_name)以及附加属性，如标签高度信息、搜索范围等。

(6)图像文件存储要求

由于上传的快扫原图像无法直接使用，需要将快扫图像进行配准、融合、切割处理才可通过网络模型进行识别和 3D 检测等步骤。切割的图像需具有内容一致性、位置不变等特征，故需要将这些切割图像进行保存并上传至数据库中以供后续查阅、对比。

快扫切图上传接口参数说明如下，包括接口名称、输入参数说明和返回参数说明。

①接口名称：writeQuickPointInfoAfterCut。

②输入参数说明：见表 1-20。

表 1-20　快扫切图上传接口输入参数说明

参数名	必　传	类　型	说　明
event_id	是	int	检测任务 ID

③返回参数说明：见表 1-21。

表 1-21　快扫切图上传接口返回参数说明

参数名	类　型	说　明
image_save_path	string	快扫 2D 切图存储路径
tif_save_path	string	快扫 3D 切图存储路径
error	SqlError	数据库访问错误报警信息
notice	string	报警信息字符串输出格式

3. 图像拍摄范围

(1)动车组

轨内底中相机应可拍摄到两钢轨内侧图像(轨面上 10 cm 处，拍摄宽度约 1 500 mm±10 mm)，制动缸应采集为正圆，如图 1-2 所示。

图 1-2　轨内底中相机拍摄范围

轨内底左、轨内底右相机应可拍摄到轮辋内侧至制动夹钳内侧(轨面上 10 cm 处，拍摄宽度约 760 mm±10 mm)，如图 1-3 所示。

轨外底左、轨外底右相机应可拍摄到轮辋外侧至裙板内侧(轨面上 10 cm 处，拍摄宽度约 650 mm±10 mm)，如图 1-4 所示。

左转向架、右转向架相机应可拍摄到钢轨上侧整个转向架及裙板(轨面以上，拍摄宽度约 1 200 mm±10 mm)，车轮应采集为正圆，如图 1-5 所示。

图 1-3　轨内底左、轨内底右相机拍摄范围

图 1-4　轨外底左、轨外底右相机拍摄范围

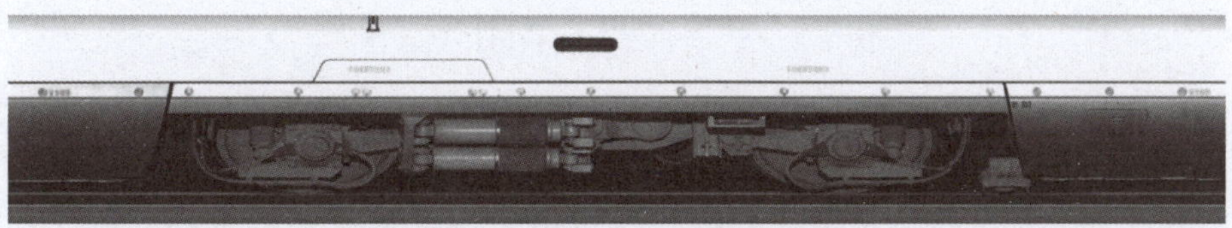

图 1-5　左、右转向架相机拍摄范围

左车体下、右车体下相机应可拍摄到转向架上部至车窗下部等部件(拍摄宽度约 1 300 mm±10 mm),锁扣应采集为正圆,如图 1-6 所示。

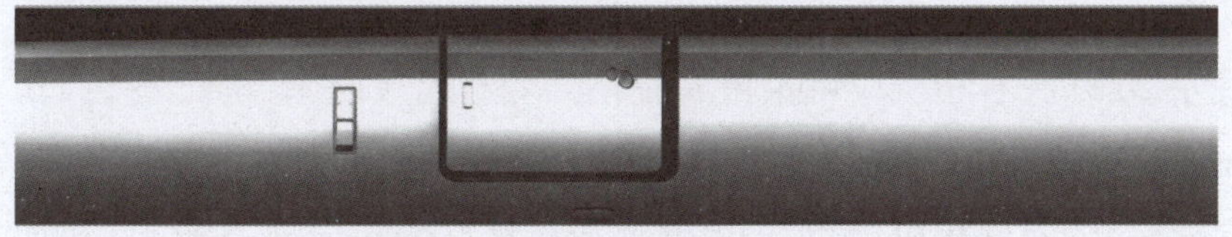

图 1-6　左、右车体下相机拍摄范围

左车体上(车窗)、右车体上(车窗)相机应可拍摄到车门及车窗等部件(拍摄宽度约 1 300 mm±10 mm),如图 1-7 所示。

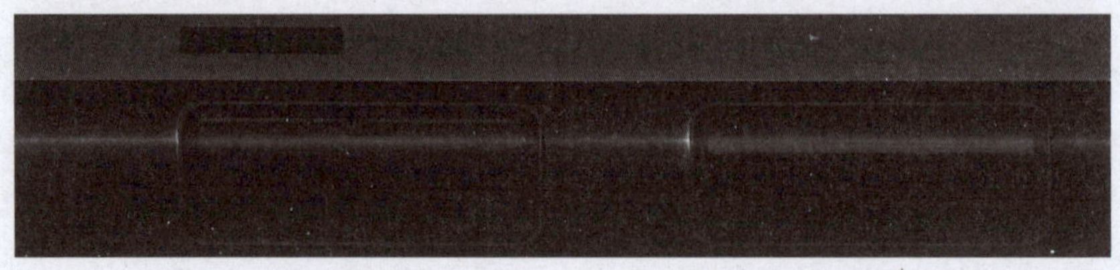

图 1-7　左、右车体上(车窗)相机拍摄范围

左车顶斜拍、右车顶斜拍相机应可拍摄到动车组车体外侧至车体顶部受电弓区域(拍摄宽度约 1 700 mm±10 mm),如图 1-8 所示。

图 1-8　左、右车顶斜拍相机拍摄范围

(2)动力集中动车组

动力集中动车组图像采集单元配置与动车组图像采集单元配置相同(注:在描述系统功能时均将动力集中动车组单列出来)。轨内底中相机应可拍摄到两钢轨内侧图像(轨面上 10 cm 处,拍摄宽度约 1 500 mm±10 mm),制动缸应采集为正圆。

轨内底左、轨内底右相机应可拍摄到轮辋内侧至制动夹钳内侧(轨面上 10 cm 处,拍摄宽度约 760 mm±10 mm)。

轨外底左、轨外底右相机应可拍摄到轮辋外侧至裙板内侧(轨面上 10 cm 处,拍摄宽度约 650 mm±10 mm)。

左转向架、右转向架相机应可拍摄到钢轨上侧整个转向架及裙板(轨面以上,拍摄宽度约 1 200 mm±10 mm),车轮应采集为正圆。

左车体下、右车体下相机应可拍摄到转向架上部至车窗下部等部件(拍摄宽度约 1 300 mm±10 mm),锁扣应采集为正圆。

左车体上(车窗)、右车体上(车窗)相机应可拍摄到车门及车窗等部件(拍摄宽度约 1 300 mm±10 mm)。

左车顶斜拍、右车顶斜拍相机应可拍摄到动车组车体外侧至车体顶部受电弓区域(拍摄宽度约 1 700 mm±10 mm)。

4. 数据的存储与传输

(1)数据存储容量

设备保存报警数据不少于 24 个月,保存其他检测数据不少于 90 天。

(2)数据传输时间

数据从采集机传输到算法服务器的时间应在采图结束后 5 min 内完成。

5. 建设位置及布局

(1)360°检测机器人

360°检测机器人宜建设在出入库段咽喉处检测棚内,如图 1-9 所示,设备布局如图 1-10 所示。

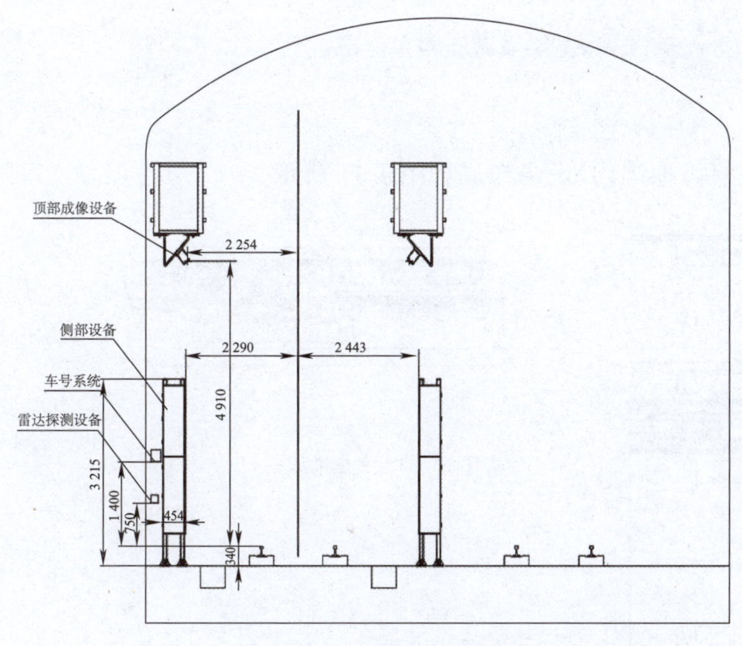

(a)检测棚内设备旋转剖面

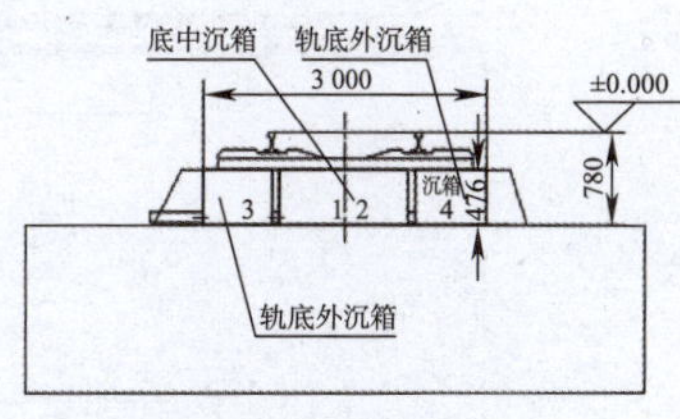

(b)底部沉箱旋转剖面

图 1-9　360°检测机器人检测棚内建设位置示意(单位:mm)

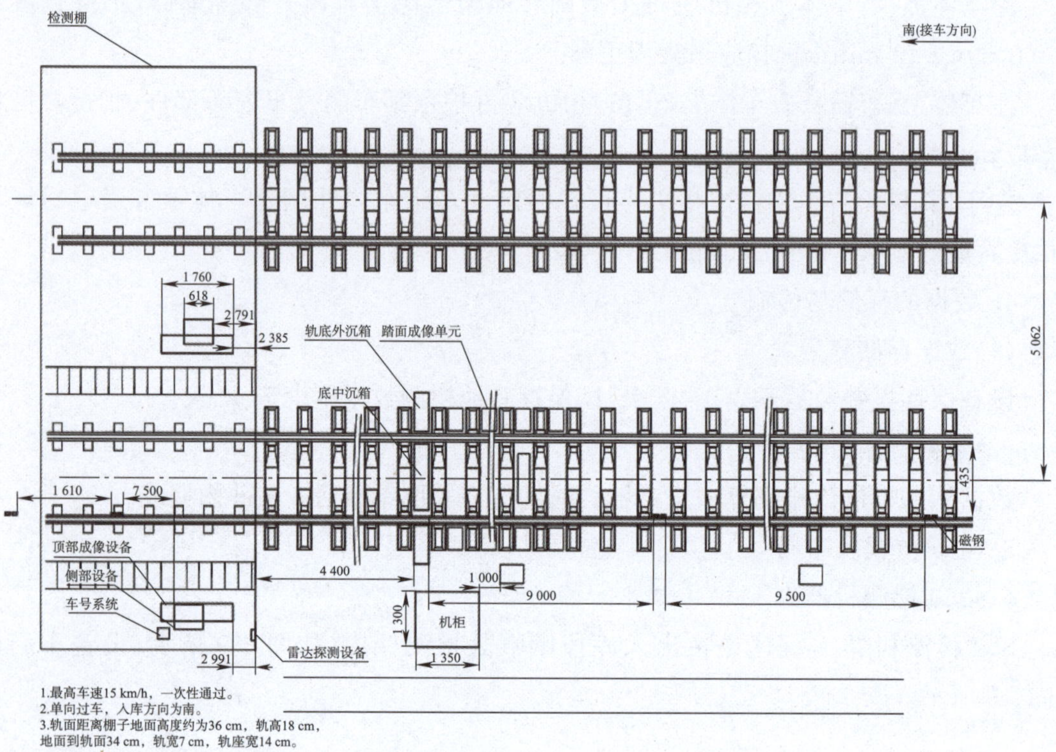

图 1-10　360°检测机器人设备布局示意(单位:mm)

(2)车底检测机器人

车底检测机器人宜建设在检修地沟内,设备布局如图 1-11 所示。

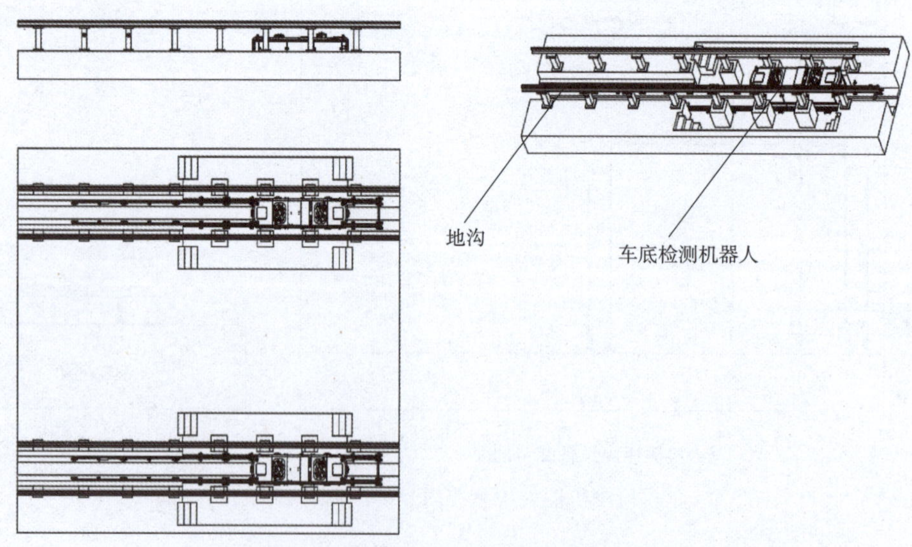

图 1-11　车底检测机器人设备布局示意

三、相关标准

动车组一级修检测机器人系统的设施、设备产品设计需符合以下标准：

《标准轨距铁路限界　第 2 部分：建筑限界》(GB 146.2—2020)；

《铁路机车车辆自动识别设备技术条件》(GB/T 25340—2010)；

《电工电子产品环境试验　第 2 部分：试验方法　试验 A：低温》(GB/T 2423.1—2008)；

《电工电子产品环境试验　第 2 部分：试验方法　试验 B：高温》(GB/T 2423.2—2008)；

《环境试验　第 2 部分：试验方法　试验 Cab：恒定湿热试验》(GB/T 2423.3—2016)；

《环境试验　第 2 部分：试验方法　试验 Fc：振动(正弦)》(GB/T 2423.10—2019)；

《电磁兼容　试验和测量技术　静电放电抗扰度试验》(GB/T 17626.2—2018)；

《电磁兼容　试验和测量技术　射频电磁场辐射抗扰度试验》(GB/T 17626.3—2016)；

《电磁兼容　试验和测量技术　电快速瞬变脉冲群抗扰度试验》(GB/T 17626.4—2018)；

《电磁兼容　试验和测量技术　浪涌(冲击)抗扰度试验》(GB/T 17626.5—2019)；

《电磁兼容　试验和测量技术　射频场感应的传导骚扰抗扰度》(GB/T 17626.6—2017)；

《通信电源设备的防雷技术要求和测试方法》(YD/T 944—2007)；

《机车车辆车轮动态检测系统》(TB/T 3182—2007)。

第三节　动车组一级修检测机器人系统研究现状

广州局集团公司自 2016 年开始由广州动车段牵头对动车组一级修检测机器人系统开展研究探索，先后在广州南动车所、深圳动车所、广州东动车所、长沙动车所、三亚动车所(后期属海口机辆轮渡段)先后投入实验验证。保持创新开放、兼收并蓄、好中选优的抉择态度，由广州松兴电气股份有限公司、成都铁安科技有限责任公司、北京康拓红外技术股份有限公司、苏州华兴致远电子科技有限公司、广东科研世智能科技有限公司、东莞市诺丽电子科技有限公司等多家公司提供产品进行车底检测机器人的安装对比实验工作。

广州局集团公司通过试用、实用经验积累，2020 年 7 月，根据在各所先后试用的苏州华兴致远电子科技有限公司产品（三亚动车所）、广州松兴电气股份有限公司产品（广州东动车所、三亚动车所）、北京康拓红外技术股份有限公司产品（深圳动车所）、成都铁安科技有限责任公司产品（广州南动车所）、广东科研世智能科技有限公司产品（长沙动车所）依次开展了车底检测机器人评审。广州动车段根据当时的车底检测机器人评审规则，分为机器人设备性能和动车组机检适应性两个方面分别独立评审。安装在长沙动车所的车底检测机器人评审得分高于其他动车所的设备，排名靠前，具体优势体现在：图像分辨率高，能够准确在图片中标注出故障所在位置和判断依据；具有彩色相机，能够识别油位、油色；能够识别铁丝断裂、旋转部件上螺栓松动和丢失、管接头松动等难度大的故障类型；设备参数及识别能力、动车组机检适应性测试等指标优势明显。广州动车段由此开展动车组“人机交检”试用，2021 年发布《广州动车段 360°检测机器人和车底检测机器人评审规则》，广州局集团公司车辆部发布《广州局集团公司车辆部关于公布东莞市科研世智能科技有限公司车底检测机器人适应车型的通知》进行人机交检，由此逐步经历“人机共检”—“人机交检”—“人一机二”的动车组检修阶段。目前，长沙动车所等的车底检测机器人“人机共检”“人机交检”已经通过考核，与相关的 360°检测机器人共同联网使用，2021 年即进入“人机交检”的应用，2022 年推广至海口机辆轮渡段应用，同步发布《广州动车段动车组一级修综合检测系统运用管理办法》，广州局集团公司车辆部发布《动车组一级修综合检测系统运用管理办法》予以认可，由此通过了车辆部的评审验收和推广。

广州动车段 2022 年 12 月开展动车组一级修综合检测系统“人一机二”实验验证，2023 年 10 月 16 日经广州局集团公司车辆部批准正式进入“人一机二”运用工作状态，标志着动车组一级修检测机器人系统基本进入成熟运用阶段。目前 360°检测机器人已适应 CRH3C、CRH380B、CR400AF 等主要运用车型的评审验收和应用，车底检测机器人已适应 CRH1A、CRH1A-A、CRH3C、CRH380B、CR300AF、CR400AF 等主要运用车型的评审验收和应用，并不断拓展到其他运用车型，形成了成熟的运用机制。通过全路首次采用的彩色 4K 相机加持，为人工复核故障提供了便利条件，在 2023 年 7 月 30 日广州局集团公司 2023 年上半年安优建设平推会上被上级领导和专家公开确认评价为：“车底检测机器人投入使用后，检测项点达到 14 000 余个，作业性能实现了关键项点无漏报、故障识别准确率达 100%，组均误报少于 18.2 个，动车组检修作业时间压缩了 50%，节省了 37.5%的作业时间。”广州局集团公司除长沙动车所应用之外，现在深圳动车所、广州南动车所、广州东动车所、新塘动车所、三亚动车所（海口机辆轮渡段）都逐步得到了应用，由此覆盖广州局集团公司三个动车站段，并接受向其他铁路局集团公司的需求辐射推广；另一方面，通过逐步适应各种运用车型，进一步开展动车组一、二级修深度融合验证工作，向“一人多机”的方向努力，由此减轻动车所职工作业密集时段检修工作量，提高劳动生产率。

动车组一级修检测机器人系统的运用实践，实现了以科技保安全、提高效率的目标。机器人建设方面首创行业内规范性评审标准。一方面，在全路率先建立动车组一级修智能检测系统硬件指标评审标准，突出设备硬件配置、安全性能、检测效率、软件功能、检测范围、检测能力等 6 个方面；另一方面，采取贴近实战、真实拆装的方式开展机器人学习和故障考核工作，定期评审验证，促使设备厂家不断提高和改进算法识别技术，提高故障识别率、降低设备误报率。长沙动车所历经 5 年研发和验证，摒弃了原 2D 图像比对技术，采用了 2D+3D 深度学习算法识别，在全路首次采用光谱相机，通过光谱分析实现对齿轮箱油色、油位的精准判别，解决了齿轮箱油色、漏油判断等问题，也为人工复核故障提供了更有利条件。同时组织梳理机器人盲点库并划分人机分工界面，对机器人盲点分等级进行管控，梳理车底检测机器人检测 CR400AF 型动车组盲点 44 项、360°检测机器人检测 CR400AF 型动车组盲点 66 项，车底检测机器人检测 CRH3 型动车组盲点 38 项、360°检测机器人检测 CRH3 型动车组盲点 88 项。根据盲点的故障发生可能性及影响大小划分 A、B 两个等级，其中 A 级盲点在机器人作业时需进行人工补检，确保机器人检修安全。长沙动车所于 2022 年 5 月 18 日起开展车底检测机器人人机交检工作，至 11 月底共完成人机交检 5 744 标准组，发现真实故障 5 455 件，组均误报故障 17.8 件，无漏检。2023 年 10 月 30 日起开展连续两次机器人检的“人一机二”检修模式，同期共完成 127 轮次“人一机二”循环。“人一机二”的检修模式开展以后，动车所机器人日均检修车组数达到 12 组，长沙动车所在调度组设立机检分析员岗位，实现调度远程一键启动机器人作业，机检分析员对机器人报警故障提前分析，减少了现场复核时间。

目前，在动车组一级修检测机器人系统领域中，国内有多个厂家参与相关铁路局集团公司试用，市场竞争激烈，但大多处于产品试验阶段，各铁路局集团公司所属动车所均有一至两个厂家投入了试验性产品，取得了一定的检测效果并进行了公开报道。基于图像采集及分析技术的固定式检测系统在铁路行业客车、货车、动车组领域已有应用，如本丛书分册《动车组运行故障图像检测系统（TEDS）分析与运用管理》《滚动轴承故障轨边声学诊断系统（TADS）分析与运用管理》中的相关介绍，但针对车辆故障的自动判别仍在摸索攻关之中。

车底检测机器人可采用自动接车功能，采集入库动车组裙板、裙板螺栓、注水口、排污口、注砂口、转向架等动车组侧部可视部件外观图像和动车组走行部、侧部风机等关键部位声学信号，自动识别入库动车组的车组号和车辆号，实现动车组关键部件异常状态自动预警。车底检测机器人在定位方式上有齿条、激光测距、编码器等几种模式，其中齿条模式定位精度高，但轨道施工比较复杂，受环境温度影响较大；激光定位方式精度较高，定位算法复杂，容易受外物入侵的影响，对安全性要求较高，但轨道施工相对简单；编码器定位方式精度低，容易受外部影响。在运用方面各设备厂家会各取所长或达成共识。此外，一些公司还在研究跨股道运用的车底检测机器人。

通过机器人智能移动技术采集底板、底板螺栓及防松铁丝等动车组底部关键部件2D和3D图像信息；通过机器人高精度定位、机械臂控制及双目成像技术，采集闸片、开口销、卡簧、撒砂嘴、排障器等动车组底部转向架关键部件2D和3D图像信息。对动车组关键部件图像进行自动分析和故障识别，对动车组闸片厚度、撒砂嘴、排障器高度等进行尺寸自动测量，实现动车组关键部件异常状态和尺寸超限的自动报警提示，将图像及声学自动识别技术与机器人技术应用于动车组一级修，实现对动车组关键部件的自动故障检测和尺寸测量，有效提高了动车组一级修的检修效率和质量。AI技术的推广还将进一步拓展智能检测设备研究的思路和步伐。

复习思考题

1. 时速200 km及以下运营动车组检修周期是多久？
2. 请介绍动车组一级修检测机器人系统的基本组成。
3. 机检作业全面运用主要包括哪些方面的内容？
4. 动车组一级修检测机器人系统数据存储容量和数据传输时间分别为多少？
5. 请描述我国动车组一级修检测机器人系统研究发展现状。

第二章　360°检测机器人

360°检测机器人系统安装在动车组入库前端咽喉区位置，采用图像检测、声学检测、智能控制及自动识别技术，采集动车组侧部、底部、踏面、顶部及受电弓关键部件图像信息，有的产品还可采集走行部、侧部风机等全息声学信号，实现了对动车组走行列车进行360°全方位无死角自动检测；自动识别动车组车号，通过图像及声学信息对动车组潜在故障进行分析及判别，实现动车组信息与检测数据的自动匹配；通过平台对一级修检测结果进行查询及统计，通过数据挖掘技术分析动车组部件故障趋势，实现动车组一级修关键部件状态准确分析和自动故障预警，提升动车组一级修作业智能化水平。

第一节　360°检测机器人构成及功能

一、构　　成

360°检测机器人以机器视觉领域故障检测技术为核心，采用自动接车功能。可采集入库动车组车体外皮、车窗、外门、裙板、注水口盖板等各类活动盖板、走行部和其他动车组侧部可视部件外观图像，采集轨外侧制动夹钳、制动盘、裙板锁、走行部及其组件的紧固件、高压组件及其紧固件等动车组关键部件2D和3D图像信息，采集车轮踏面图像、顶部受电弓图像信息，部分型号设备还可采集动车组走行部、侧部风机等关键部位声学信号。通过自动识别入库动车组的车组号和车辆号，对动车组关键部件图像进行自动分析和故障识别，对动车组闸片厚度进行尺寸自动测量，实现动车组关键部件异常状态和尺寸超限的自动报警提示。通过大数据融合技术，自动记录、统计和诊断分析动车组的运行状态，生成动车组状态统计分析报表，指导动车组日常检修。

360°检测机器人主要由入库车辆检测装置、控制设备、侧部图像检测装置、底部图像检测装置、顶部图像及受电弓检测装置、踏面图像检测装置、声学检测装置(部分产品)、网络传输设备、识别服务器设备、AEI设备、车号体现识别装置、后台监控设备等组成。

入库车辆检测装置主要对入库的动车组进行来车信号判断，当装置检测到有车经过时，将来车信号传输到控制机外设端口，控制机接车软件对信号进行判别，根据中断信号的持续时间判断为是真实来车、还是有异物穿过。入库车辆检测装置通过光纤与信号集成处理设备连接。当检测为真实动车组通过，触发系统接车，系统开启声学采集阵列保护门，通知高速相机开始图像采集，踏面相机抓拍传感器根据车轮经过传感器信号触发踏面相机采集图像，前端采集设备对动车组进行侧部、顶部、踏面和底部关键部件、走行部进行图像和声学信息采集；网络传输设备则将获取的动车组关键部件图像及声学数据进行无线网络传输。当动车组离开入库车辆检测装置，系统计算形成此动车组车辆信息，并整合相机采集到的图像信息，形成完整的图像数据发送给识别服务器，识别服务器读取图像数据并进行识别算法识别车号和检测图像故障特征，生成识别结果并发送至存储服务器保存。AEI 设备可以自动检测入库车辆信息，平台浏览终端后台检测到有识别结果，将结果发送至浏览终端，再由机检分析员进行预分析，并通知检修班组作业人员通过手持终端对部分报警进行故障确认、处理作业，最后由机检分析员确认全部报警已处理完毕。

二、功　能

1. 图像采集功能

动车组车号采用 1 台相机进行拍摄，底部图像采用 8 台相机进行拍摄，侧部图像采用 8 台相机进行拍摄，顶部图像采用 4 台相机进行拍摄，受电弓图像采用 4 台相机进行拍摄，踏面图像采用 24 台相机进行拍摄。不同厂家生产产品具体配置参数有所不同。

能够拍摄车身的车组号及车辆号图像，车体底部关键部位（轨外侧闸片安装托、闸片）及车底部其他可视部位外观图像，车体侧部关键部位（活动盖板及其锁闭装置、裙板及其锁闭装置）等其他可视部位外观图像，车顶关键部位（受电弓、绝缘子、空调机组盖、车顶螺栓、避雷器、天线）及其他可视部件外观图像，车侧关键部位（侧部裙板、转向架及轴箱、车端连接部、车体车身、车窗、风挡）及其他可视部位外观图像。能够自动采集动车组车顶可视部件、车底走行部可视部件、车侧可视部件的高清图像，能够有效实现全车 360°图像动态监视。

图 2-1 所示为侧部、踏面图像采集模块现场安装，图 2-2 所示为顶部图像采集模块现场安装，图 2-3 为顶部相机拍摄照片，图 2-4 为轨外底相机图像拍摄照片，图 2-5 为左侧裙板、右侧裙板相机拍摄照片，图 2-6 为左侧转向架、右侧转向架相机拍摄照片，图 2-7 为底部相机拍摄照片，图 2-8 为顶部相机拍摄受电弓照片，图 2-9 为踏面相机拍摄照片。

2. 车辆信息采集功能

能够采集 AEI 主机车号信息，并通过采集车轮传感器信号实现自动计轴计辆、测速，形成完整的动车组车辆信息。

图 2-1　侧部、踏面图像采集模块现场安装

图 2-2　顶部图像采集模块现场安装

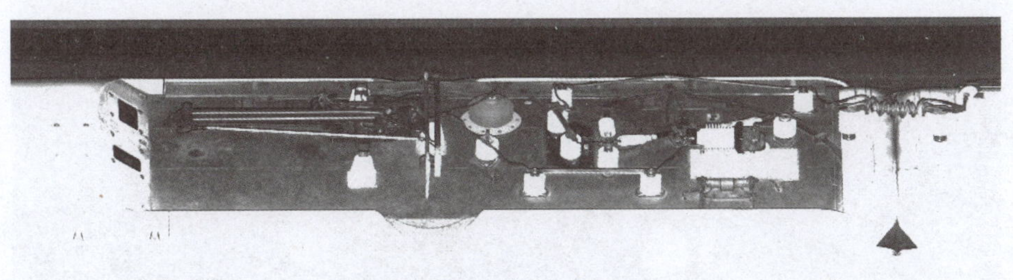

图 2-3　顶部相机拍摄照片

图 2-4　轨外底相机图像拍摄照片

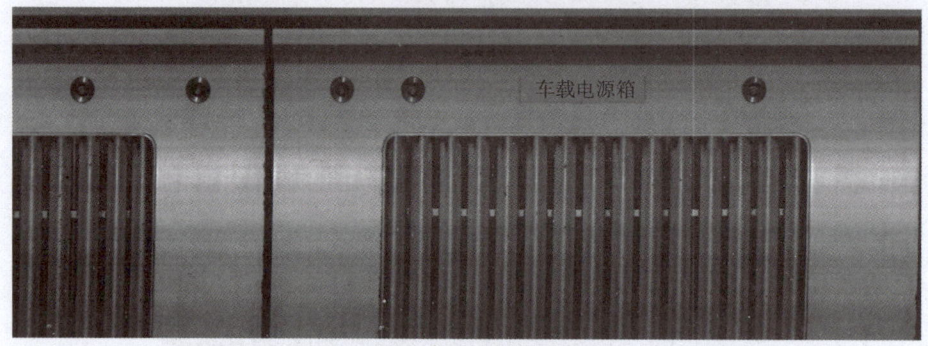

图 2-5　左侧裙板、右侧裙板相机拍摄照片

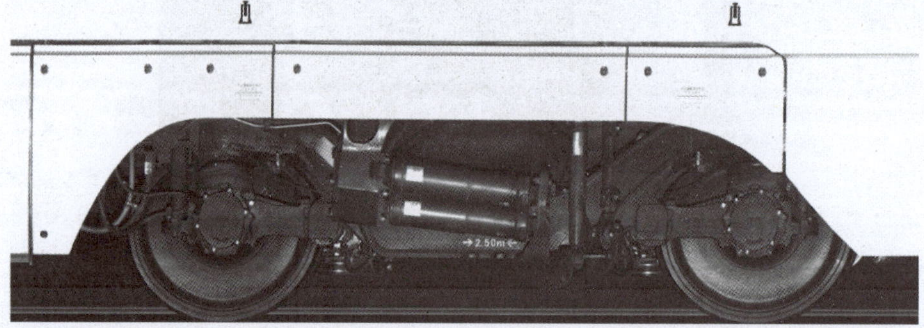

图 2-6　左侧转向架、右侧转向架相机拍摄照片

图 2-7　底部相机拍摄照片

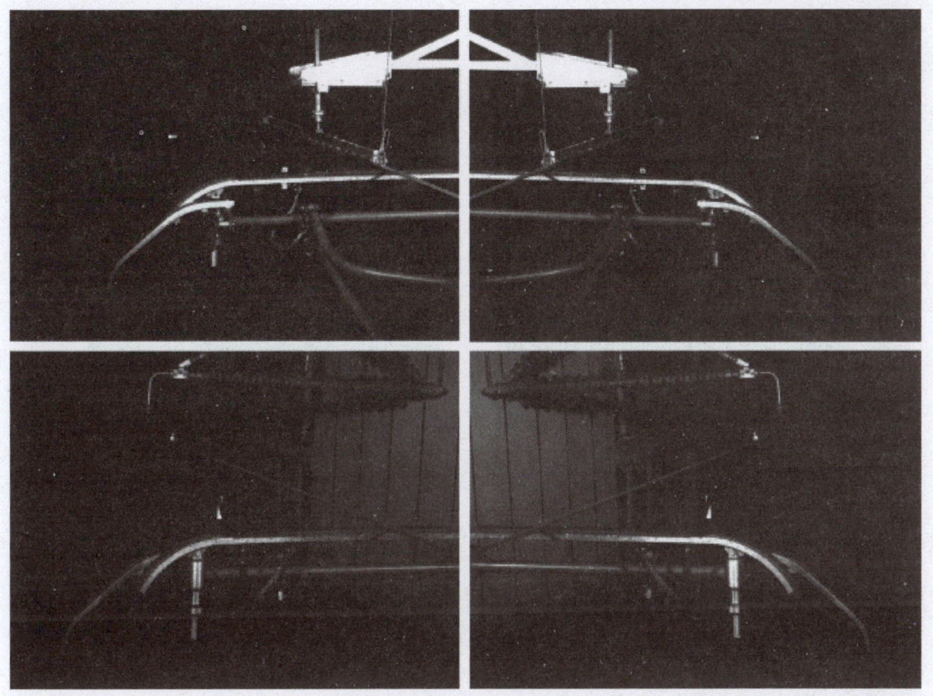

图 2-8　顶部相机拍摄受电弓照片

图 2-9　踏面相机拍摄照片

3. 关键部位图像识别自动报警功能

能够从多角度自动对动车组进行全景图像采集、存储和分析，自动对采集到的动车组图像进行分析和故障识别，主要检测项目包含车身存在的异物、关键部件的形变和丢失、车轮踏面擦伤、车轮踏面剥离和凹陷、受电弓滑板磨耗、闸片与制动盘间隙、闸片厚度、排障器和撒砂管高度检测等内容。对图像中异常的部位进行分级报警提示，对重复报警进行跟踪辨识。能够对关键部位的图像进行自动检测、定位分析和智能识别，对异常情况按部位及类型报警。该功能可以辅助质检人员和验收人员进行复核，减少故障的漏检。图像自动识别报警如图 2-10 所示。

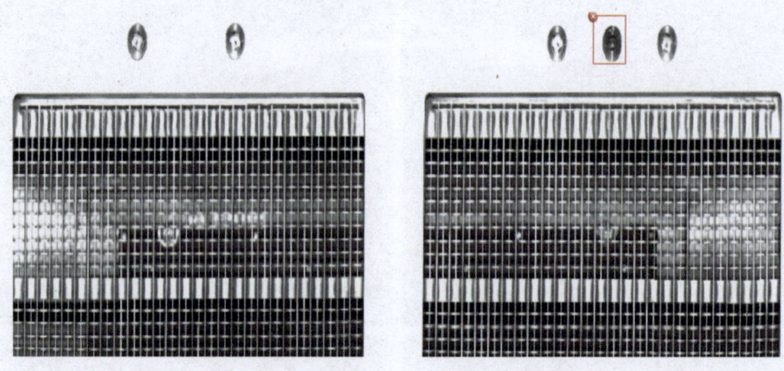

图 2-10　图像自动识别报警

4. 车号识别索引功能

系统安装 1 台专用高清相机拍摄动车组侧部的车号，采用车号识别技术自动识别动车组车辆号，建立车辆部件图像与车号的对应关系，实现车辆的部件图像自动识别和异常报警。

5. 外部数据交互功能

系统检测数据接入既有轮对、受电弓动态检测系统，统一报表中显示并满足存储、分析功能。

6. 自检及远程维护功能

能够定时对轨旁设备和专用通道进行自检，记录自检信息并及时进行故障报警。维护人员可远程监控探测站设备状态，并可通过远程控制方式维护探测站中的服务器、计算机等设备。

7. 统计分析功能

采用 B/S 架构，国铁集团、铁路局集团公司、动车段、动车所各级管理部门可以对系统采集的数据进行查询、分析和统计。

8. 抗雾雨雪、沙尘及阳光干扰功能

在雾雨、冰雪、沙尘及强烈阳光条件下，系统能正常进行图像采集。

第二节　车号识别模块

一、技术要求

1. 采用车号自动识别系统为各检测功能模块提供相关信息，系统技术要求应符合《铁路机车车辆自动识别设备技术条件》(GB/T 25340—2010)的规定。

2. 设备安装限界须符合《标准轨距铁路限界　第 2 部分：建筑限界》(GB 146.2—2020)的规定。

3. 能够对各检测功能模块提供车号识别结果、开关机信号信息、计轴计辆、端位信息。

4. 可根据实际需要扩展动力集中动车组车号图像信息采集模块。

5. 计轴误差：能自动计轴，计轴误差小于 3×10^{-6}。

6. 车辆方位识别：能够自动识别列车标签端位，1、2 位侧以及运行方向的左、右侧，识别准确率不低于 99.9%。

采用同一车号自动识别系统对各检测功能模块提供车号信息。

二、设备可靠性指标

设备可靠性指标见表 2-1。

表 2-1　车号识别模块设备可靠性指标

模　　块	平均无故障时间	平均故障恢复时间
硬件部分	≥90 天	≤12 h
软件部分	≥180 天	≤12 h

三、数据接口

1. 车号数据接口

车号采集系统为各检测模块提供车号的信息数据，其接口规范为踏面缺陷动态检测模块、车体外观动态检测模块和受电弓动态检测模块。

2. 接口规则

分析服务器利用网络接口实现数据交互，由数据转发程序将数据报文转发至各检测模块指定服务器。

(1)数据报文命名规则

文件名＝AEI 编号＋检测时间＋“.aei”

(2)数据文本格式

系统统一采用文本格式作为数据文件格式。其中，同一数据段中各条记录间以换行符(\n)作为分隔，而同一条记录中不同数据项间以 TAB 符(\t)分隔。若某个数据项无数据，则用“ * ”作为占位符，字符采用左对齐。

3. 车号数据文件的内容和格式(表 2-2)

表 2-2　车号数据文件

位　置	数据项内容
第 1 行	[AEM][AEI 编号][采集时间][列车总轴数][总辆数(包括机车、车辆)][机车辆数][标签数][运行方向][开门次数][关门次数][通过速度]
第 2 行	[L0][辆序][标签信息][标签位置]
第 3 行	[L1]
⋮	⋮
第 n 行	[Ln−2]

第三节　车速检测模块

一、技术要求

1. 采用车速自动识别系统为各检测功能模块提供相关信息,系统技术要求应符合《铁路机车车辆自动识别设备技术条件》(GB/T 25340—2010)的规定。

2. 设备安装限界须符合《标准轨距铁路限界　第 2 部分:建筑限界》(GB 146.2—2020)的规定。

3. 能够对各检测功能模块提供动态车速信息、来车方向、计辆。

4. 测速误差:能自动测量车速,正常行驶过程中测量速度误差不超过 5×10^{-2}。

5. 采用同一车速自动识别系统对各检测功能模块提供车速信息。

二、设备可靠性指标

设备可靠性指标见表 2-3。

表 2-3　车速检测模块设备可靠性指标

模　块	平均无故障时间	平均故障恢复时间
硬件部分	≥90 天	≤12 h
软件部分	≥180 天	≤12 h

三、数据接口

1. 车速数据接口

车速采集系统为各检测模块提供车速的信息数据,其接口规范为踏面缺陷动态检测模块、车体外观动态检测模块和受电弓动态检测模块。

2. 接口规则

分析服务器利用网络接口实现数据交互，由数据转发程序将数据报文转发至各检测模块指定服务器。

3. 车速数据文件的内容和格式(表 2-4)

表 2-4　车速数据文件

速度输出格式	速度表示
单字节输出模式	1 个字节表示速度(0～239 km/h) 例如：来向 10 km/h 速度的车辆，雷达发送 0A(十六进制)
双字节输出模式	2 个字节表示速度(0～239 km/h) 例如：来向 10 km/h 速度的车辆，雷达发送 F90A(十六进制)
四字节输出模式	4 个字节表示速度(0～999 km/h) 例如：来向 10 km/h 速度的车辆，雷达发送 2B303130(十六进制)

(1)单字节输出模式

单字节输出模式，实际输出 1 个字节。该字节用于获取车辆速度。当有车辆通过雷达照射区域，雷达将按照触发模式，输出车辆信息触发相机拍照。雷达输出单字节为车辆的车速 0x00～0xEF(对应车速为 0～239 km/h)。

示例：如果有来向 10 km/h 速度的车辆，雷达输出 0A(十六进制)。

(2)双字节输出模式

双字节输出模式，实际输出 2 个字节。相机通过解析第 1 个字节获取车辆的方向，第 2 个字节获取车辆的速度。当有车辆通过雷达照射区域，雷达将按照触发模式，输出车辆信息触发相机拍照。雷达输出第 1 个字节为车辆的方向 0xF7～0xF9(对应无方向、去向、来向，见表 2-5)；雷达输出第 2 个字节为车辆的车速 0x00～0xEF(对应车速为 0～239 km/h)。

示例：如果有来向 10 km/h 速度的车辆，雷达输出 F90A(十六进制)。

表 2-5　双字节输出模式

第一个字节	0xF7	0xF8	0xF9
对应车辆行驶方向	无方向	去向	来向

(3)四字节输出模式

四字节输出模式，实际输出 4 个字节。相机通过解析第 1 个字节获取车辆的方向，第 2、3、4 个字节获取车辆的速度。当有车辆通过雷达照射区域，雷达将按照触发模式，输出车辆信息触发相机拍照。雷达输出第 1 个字节为车辆的方向‘＋’、‘-’、‘＊’(对应来向、去向、无方向，见表 2-6)；雷达输出第 2、3、4 个字节为车辆的车速，三个字节直接输出车速三位数字的 ASC 码，例如速度为 67 km/h，输出三个字节为 067(0x300x360x37)。

示例：如果有来向 10 km/h 速度的车辆，雷达输出 2B303130(十六进制)。

表 2-6　四字节输出模式

第一个字节	'+'(0x2B)	'-'(0x2D)	'*'(0x2A)
对应车辆行驶方向	来向	去向	无方向

第四节　踏面缺陷动态检测模块

一、设备组成

踏面缺陷动态检测模块主要由图像采集单元、信号处理单元、控制处理单元和辅助设备(含标定装置、标准试样轮对)组成，实现动车组车轮踏面擦伤、剥离、硌伤、金属堆积、氧化皮等异常检测的基本功能，可按需扩展实现动力集中动车组车轮踏面擦伤、剥离、硌伤、金属堆积、氧化皮等异常检测功能。

二、设备功能

1. 通用功能(动车组)

(1)动态非接触自动图像分析处理并记录车轮踏面擦伤类故障。

(2)动态非接触自动图像分析处理并记录车轮踏面剥离类故障。

(3)动态非接触自动图像分析处理并记录车轮踏面金属堆积类故障。

(4)动态非接触自动图像分析处理并记录车轮踏面氧化皮类故障。

(5)具有检修任务信息查看、修改、输出等功能。

(6)具有机检故障信息查看、故障复核、输出故障复核文件等功能。

(7)具有机检电子台账自动生成、电子签名、打印、导入、导出等功能。

(8)具有机检设备自身设备状态查看、作业进度查看、图像识别进度查看等功能。

(9)具备与站段现有人员管理模块对接功能。

2. 扩展功能(动力集中动车组)

(1)动态非接触自动图像分析处理并记录车轮踏面擦伤类故障。

(2)动态非接触自动图像分析处理并记录车轮踏面剥离类故障。

(3)动态非接触自动图像分析处理并记录车轮踏面金属堆积类故障。

(4)动态非接触自动图像分析处理并记录车轮踏面氧化皮类故障。

(5)具有检修任务信息查看、修改、输出等功能。

(6)具有机检故障信息查看、故障复核、输出故障复核文件等功能。

(7)具有机检电子台账自动生成、电子签名、打印、导入、导出等功能。

(8)具有机检设备自身设备状态查看、作业进度查看、图像识别进度查看等功能。

(9)具备与站段现有人员管理模块对接功能。

三、主要技术参数

1. 检测参数(表 2-7)

表 2-7　踏面缺陷动态检测模块检测参数

检测部位	踏面检测准确率	踏面检测精度	
踏面全覆盖	80%	动车组检测技术指标	动力集中动车组检测技术指标
		±1 mm	±1 mm

2. 可靠性要求

(1)设备自诊断功能

具备关键器件故障自诊断及远程故障诊断功能,可记录自诊断信息并及时进行故障报警。

(2)设备可靠性指标(表 2-8)

表 2-8　踏面缺陷动态检测模块设备可靠性指标

模　　块	可靠性 MTBF(平均无故障时间)	可维护性 MTTR(平均故障恢复时间)
硬件部分	≥90 天	≤12 h
软件部分	≥180 天	≤12 h

3. 关键器件平均寿命(表 2-9)

表 2-9　踏面缺陷动态检测模块关键器件平均寿命

关键器件	平均寿命周期
触发传感器	≥2 年
相机模组	≥3 年
光源	≥2 年

4. 检修维护周期

(1)校验:每 1 个月需使用标准试样轮对设备进行一次校验。

(2)标定:每 3 个月采用标定装置对设备进行一次标定。

(3)检修维护周期:小修不小于 6 个月;大修不小于 6 年。

四、标准式样轮对

1. 适用范围

适用于机车车辆出入库踏面缺陷动态检测，实现动车组车轮踏面擦伤、剥离、硌伤、金属堆积、氧化皮等功能模块的性能测试、校验和标定。

2. 技术要求

用于制作标准试样轮对的车轮应采用轮辋宽度 135～140 mm、厚度≥60 mm 且外观完好的车轮，轮辋部位需进行内部超声检测，不应存在≥ϕ2 mm 平底孔当量的缺陷。

3. 几何参数

标准试样轮对组装后，应符合轮对组装技术要求，轮对内侧距为(1 353±1)mm，3 点差≤0.5 mm，轮辋宽度 135～140 mm，轮辋厚度≥60 mm，踏面圆度≤0.2 mm，两车轮轮径差<0.5 mm。踏面轮缘高度：圆周 3 点测量，偏差≤0.2 mm。踏面轮缘厚度：圆周 3 点测量，偏差≤0.2 mm。

4. 动车组踏面缺陷标准试样轮对

(1)踏面擦伤缺陷

加工踏面擦伤缺陷 1 处，深度 h 为 $0.3^{+0.2}_{0}$ mm(以踏面滚动圆为中心)；周向长度为 $2\times\sqrt{Dh-h^2}$ (D 为车轮滚动圆处直径)；轴向宽度为(35±5)mm。

(2)踏面表面缺陷

①动力集中动车组拖车(控制车)、动车组、客车

车轮踏面上加工 2 处锥形孔缺陷以及 1 处踏面刻槽(硌伤)，用来进行踏面缺陷动态检测单元的性能校验。锥形孔直径分别为 ϕ25 mm、ϕ20 mm，深度均为 3 mm。踏面人工刻槽(长×宽×深)为 25 mm×1 mm×2 mm。缺陷依次分布在踏面滚动圆周区域及轮辋外侧区域，如图 2-11 所示。

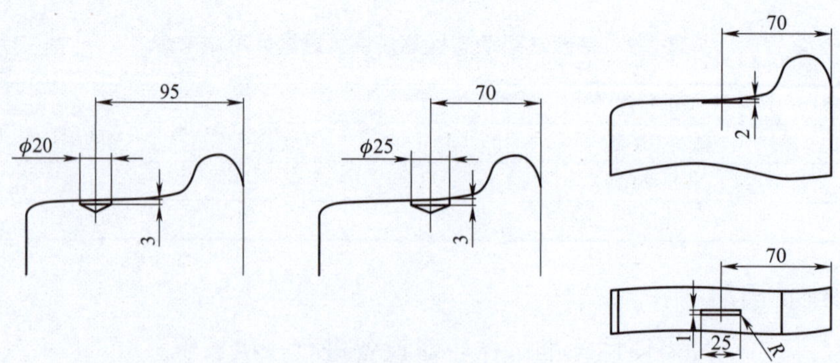

图 2-11　动力集中动车组拖车(控制车)、动车组、客车标准试样轮对踏面缺陷示意(单位：mm)

②动力集中动车组动力车、机车

车轮踏面上加工 2 处锥形孔缺陷以及 1 处踏面刻槽（硌伤），用来进行踏面缺陷动态检测单元的性能校验。锥形孔直径分别为 ϕ40 mm、ϕ20 mm，深度均为 3 mm。踏面人工刻槽尺寸（长×宽×深）为 25 mm×1 mm×2 mm。上述缺陷依次分布在踏面滚动圆周区域及轮辋外侧区域，如图 2-12 所示。

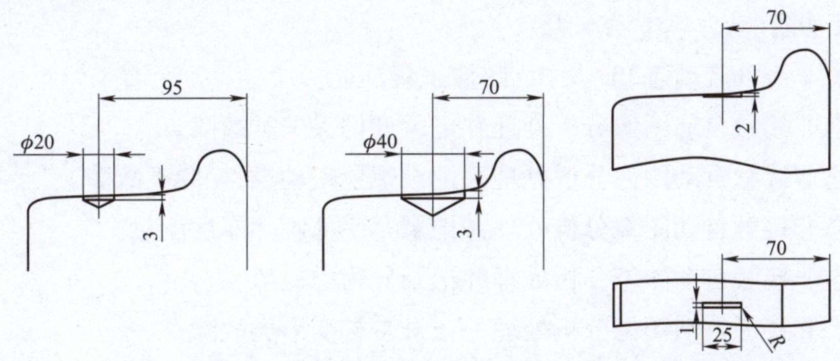

图 2-12　动力集中动车组动力车、机车标准试样轮对踏面缺陷示意（单位：mm）

第五节　车体外观动态检测模块

一、设备组成

车体外观动态检测模块主要由车底和走行部动态图像监测模块、车顶故障图像监测模块、车侧图像监测模块及轨旁综合控制模块等组成，各检测模块信息接口统一规范；实现动车组部件丢失类、松动类、断裂类、厚度测量类、表面缺陷类、异物检查类等故障自动报警的检测功能，可按需扩展实现动力集中动车组部件丢失类、松动类、断裂类、厚度测量类、表面缺陷类、异物检查类等故障自动报警的检测功能。

二、设备功能

1. 通用功能（动车组）

（1）具有车身外观动态 2D 及 3D 图像采集功能。

（2）动态非接触自动图像分析处理并记录部件丢失类故障。

（3）动态非接触自动图像分析处理并记录螺栓松动类、松脱类故障。

（4）动态非接触自动图像分析处理并记录车底部闸片厚度测量。

（5）动态非接触自动图像分析处理并记录异物类故障。

（6）动态非接触自动图像分析处理并记录击打变形类故障。

(7)具有检修任务信息查看、修改、输出等功能。

(8)具有机检故障信息查看、故障复核、输出故障复核文件等功能。

(9)具有机检电子台账自动生成、电子签名、打印、导入、导出等功能。

(10)具有机检设备自身设备状态查看、作业进度查看、图像识别进度查看等功能。具备与站段现有人员管理模块对接功能。

2. 扩展功能(动力集中动车组)

(1)具有车身外观动态 2D 及 3D 图像采集功能。

(2)动态非接触自动图像分析处理并记录部件丢失类故障。

(3)动态非接触自动图像分析处理并记录螺栓松动类、松脱类故障。

(4)动态非接触自动图像分析处理并记录车底部闸片厚度测量。

(5)动态非接触自动图像分析处理并记录异物类故障。

(6)动态非接触自动图像分析处理并记录击打变形类故障。

(7)具有检修任务信息查看、修改、输出等功能。

(8)具有机检故障信息查看、故障复核、输出故障复核文件等功能。

(9)具有机检电子台账自动生成、电子签名、打印、导入、导出等功能。

(10)具有机检设备自身设备状态查看、作业进度查看、图像识别进度查看等功能。具备与站段现有人员管理模块对接功能。

三、主要技术参数

1. 检测类别(表 2-10)

表 2-10　车体外观动态检测模块检测类别

序　号	图像识别	识别项点
1	丢失类	M8 及以上螺栓
		开尾销
		闸片、碳滑板、研磨子
		防松铁丝
		其他(注油堵、铭牌、防尘堵)
2	松动类	M8 及以上螺栓松动 3 mm 以上
3	断裂类	防松铁丝断裂 5 mm 以上
4	厚度测量类	闸片厚度、清扫研磨子等厚度,精度±0.9 mm
5	表面缺陷类	踏面及轮缘的剥离、擦伤、硌伤
6	异物检查类	能识别不同形态、不限部位的异物查找
7	其他类	能识别车顶板、车体外侧、车窗、底板击打等故障

2. 检测准确性(表 2-11)

表 2-11　车体外观动态检测模块检测准确性

序　号	图像识别	识别项点	备　注
1	丢失类	M8 及以上螺栓	能识别检查范围内各可视部件丢失，识别准确率≥80％
		开尾销	
		闸片、碳滑板、研磨子	
		防松铁丝	
		其他(注油堵、铭牌、防尘堵)	
2	松动类	M8 及以上螺栓松动 3 mm 以上	能识别螺栓螺母松动，并自动测量松动值，识别准确率≥80％
3	断裂类	防松铁丝断裂 5 mm 以上	能识别防松铁丝断裂类故障，识别准确率≥80％
4	厚度测量类	闸片等厚度，精度±0.9 mm	能测量闸片等厚度，测量精度±1 mm
5	表面缺陷类	踏面及轮缘的剥离、擦伤、硌伤	能识别踏面的缺陷，识别准确率≥80％
6	异物检查类	能够识别不同形态、不限部位的异物查找	能识别定位可视部件检查范围内夹异物，识别准确率≥80％
7	其他类	能识别车顶板、车体外侧、车窗、底板击打等故障	能识别车顶板、车体外侧、车窗、底板等可视部件击打变形或破损，识别准确率≥80％

3. 检测精度

(1)动车组

①可视关键部件图像采集分辨率：≤0.5 mm/pixel；

②螺栓松动测量精度：±0.5 mm；

③防松铁丝断裂测量精度：开口≥5 mm；

④闸片剩余厚度测量精度：±0.5 mm。

(2)动力集中动车组

①可视关键部件图像采集分辨率：≤1 mm/pixel；

②螺栓松动测量精度：±1 mm；

③防松铁丝断裂测量精度：开口≥5 mm；

④闸片剩余厚度测量精度：±1 mm。

4. 可靠性要求

(1)设备自诊断功能

具有设备关键器件故障自诊断及远程故障诊断功能，可记录自诊断信息并及时进行故障报警。

(2)设备可靠性指标(表 2-12)

表 2-12　车体外观动态检测模块设备可靠性指标

模　　块	可靠性 MTBF(平均无故障时间)	可维护性 MTTR(平均故障恢复时间)
硬件部分	≥90 天	≤12 h
软件部分	≥180 天	≤12 h

5. 关键器件平均寿命(表 2-13)

表 2-13　车体外观动态检测模块关键器件平均寿命

关键器件	平均寿命周期
触发传感器	≥3 年
相机模组	≥3 年
光源	≥2 年

6. 检修维护周期

(1)闸片厚度图像检测单元每 3 个月采用标定装置对设备进行一次标定。

(2)车顶、车侧、车底图像采集单元每 6 个月上道对设备进行状态确认。

(3)检修维护周期:小修不小于 6 个月;大修不小于 6 年。

第六节　声学采集装置模块

有的 360°检测机器人产品还采集走行部、侧部风机等全息声学信号。声学采集装置模块是采集动车组走行部及侧部风机的最基本单元,系统包含 3 台声学采集阵列,分别采集动车组走行部及侧部风机的声学信号。声学采集装置如图 2-13 所示。

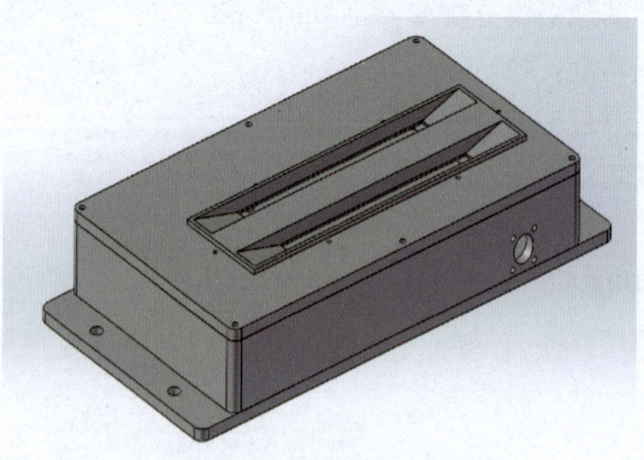

图 2-13　声学采集装置

声学检测模块(图 2-14)根据来车接车信号开启声学采集,并将采集到的数据进行压缩处理,最后将声学数据保存到采集计算机并传输到识别服务器。

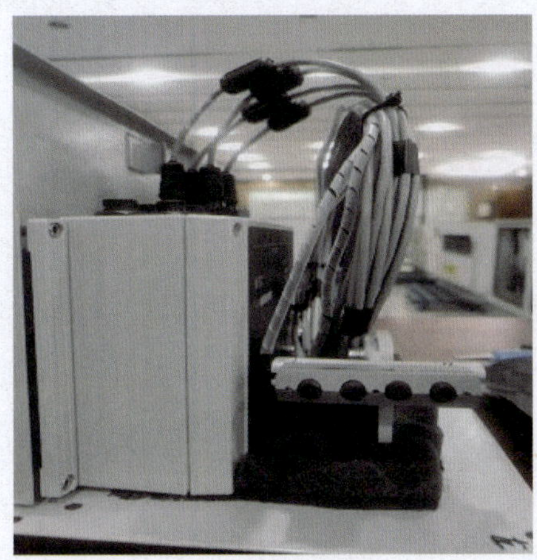

图 2-14　声学检测模块

接车侦听功能:接车控制程序具有来车信号侦听功能,能够判断来车的方向,负责将来车信号广播给系统其他程序。

声学检测:显示声学故障的发生位置,用户可以通过查询条件查找相关的故障,如图 2-15 所示。

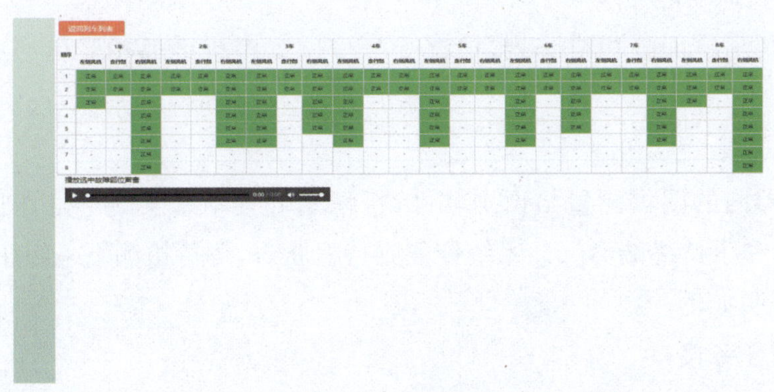

图 2-15　平台软件界面(声学检测)

第七节　360°检测机器人系统设备

一、设备组成

360°检测机器人系统安装在入所(场)咽喉处,系统主要由轨旁探测设备和轨旁控制中心组成。轨旁探测设备包括车号识别模块、车速动态检测模块、车体外观动态检测模块、踏面动态检测模块等装置；轨旁控制中心包括户外机柜、KVM一体机、图像采集计算机、采集计算机、算法服务器、系统主控箱、系统电源箱、车号主机、UPS电源、电源防雷和信号防雷等装置。

二、设备功能

1. 自动检测功能

系统采用全自动操作，可实现探测动车组到达、判定来车方向、计轴计辆、车速测量、识别车号、快速高清扫描、图像识别和检测报表，具有故障信息和拍照回填功能、电子故障复核单及手写签名复核确认、上传等功能。

2. 快速高清扫描功能

防护门打开，成像模块开始对车底3D和2D图像数据、走行部到车窗下侧的3D和2D图像数据、车窗图像数据、车窗上部到车顶图像数据、车辆顶面3D和2D图像数据进行采集。

3. 踏面360°扫描功能

在轨旁安装高清面阵相机阵列，根据轮对位置依次抓拍轮对踏面360°高清图像扫描。

4. 多角度受电弓扫描功能

在检修棚顶部安装高清面阵相机阵列，根据受电弓位置多维度抓拍受电弓各角度高清图像扫描。

5. 图像识别功能部署

在数据处理服务器内的图像测量与识别软件，将识别处理结果实时推送车底检测机器人前端Web平台和手持终端App。系统恢复到待机状态，等待检测下一组车。

前端、手持终端说明如下。

(1)获取全部检测任务接口

请求URL：

http://192.168.1.**/task_index/train_checking_menu

请求方式：

GET

返回参数“data360”字段说明见表2-14。

表 2-14　返回参数"data360"字段说明

参数名	类型	说明
train_id，id	int	车号 ID
title	string	车型＋车号
list	array	该车号中所有检测任务

返回参数"data360. list"字段说明见表 2-15。

表 2-15　返回参数"data360. list"字段说明

参数名	类型	说明
event_id，id	int	检测任务 ID
title	string	车型＋车号
status	string	检测状态(完成检测，中断，检测中)
max_carriage_no	int	车厢数
vehicle_model_id	int	车型 ID
vehicle_model_name	string	车型名称
percent_total	int	标准检测图片数量
percent_checked	int	算法完成图片统计数量
create_datetime，time	string	检测时间
finished_datetime	string	任务完成时间
percent	int	检测任务进度
detect_type	string	检修类型(0—车底检测机器人，1—360°检测机器人)
detect_name	string	检修类型

(2)获取故障处理统计数量接口

请求 URL：

http://192.168.1. ** /task_index_360/train_checking_event_360

请求方式：

GET

故障处理统计数量接口参数见表 2-16。

表 2-16　故障处理统计数量接口参数

参数名	必传	类型	说明
event_id	是	int	检测任务 ID
cx	否	string	车厢号
cj	否	string	车架
cz	否	string	轴号

续上表

参数名	必传	类型	说明
cw	否	string	车位
explanatory_report_text	否	string	故障类别
artificial_markers	否	string	按复核编辑搜索
colName	否	string	传值 label_detail_name（标签名称）和 subtitle（图片编码或图片 ID）
colValue	否	string	对应 colName 按标签名称或者图片编码/ID 传值的 value

(3)获取故障图片列表接口

请求 URL：

http://192.168.1.**/task_index_360/train_points_list_360

请求方式：

GET

故障图片列表接口参数见表 2-17。

表 2-17　故障图片列表接口参数

参数名	必传	类型	说明
event_id	是	int	检测任务 ID
page	是	int	当前页码
limit	是	int	分页条数
cx	否	string	车厢号
cj	否	string	车架
cz	否	string	轴号
cw	否	string	车位
explanatory_report_text	否	string	故障类别
check_state	否	string	1 为故障，0 为正常
artificial_markers	否	string	复核标记
label_name	否	string	检测类别
label_detail_name	否	string	标签名称
colName	否	string	按标签名或图片编码/图片搜索（label_detail_name，subtitle）
colValue	否	string	按标签名或图片编码/图片搜索 value 值
module_id	否	array	相机通道（1 为“轨道外左侧”，2 为“轨道外右侧”，3 为“走行部左侧”，4 为“走行部右侧”，5 为“车顶左侧”，6 为“车顶右侧”，7 为“车窗左侧”，8 为“车窗右侧”，9 为“车窗下左侧”，10 为“车窗下右侧”）

(4)获取故障图片详情接口

请求 URL：

http://192.168.1.**/task_index_360/train_points_detail_360

请求方式：

GET

故障图片详情接口参数见表 2-18。

表 2-18　故障图片详情接口参数

参数名	必传	类型	说明
event_id	是	int	检测任务 ID
point_id	是	int	点位 ID(图片 ID)

(5)获取全部故障类型选项接口

请求 URL：

http://192.168.1.**/pad_task_index/get_check_review

请求方式：

GET

返回参数字段说明见表 2-19。

表 2-19　返回参数字段说明

参数名	类型	说明
text_content	string	故障类型
image	string	平板端复核结果选项未选中图标
image_selected	string	平板端复核结果选项选中图标

(6)故障复核接口

请求 URL：

http://192.168.1.**/task_index_360/upd_label_record_360

请求方式：

POST

故障复核接口参数见表 2-20。

表 2-20　故障复核接口参数

参数名	必传	类型	说明
type	是	int	1 为标准检测项，2 为异物类

续上表

参数名	必传	类型	说明
record_id	是	int	检测记录 ID
check_review	否	string	复核结果选项
real_state_flag	int	string	当筛选复核标记为“真实故障无需处理时”传 1，其他选项传 0
artificial_markers	否	string	复核标记选项
remarker	否	string	复核备注选项
manual_review_value	否	string	人工复核值选项

(7)维修拍照图片上传接口

请求 URL：

http://192.168.1.**/api/task_index/upload_after_repaired_picdata

请求方式：

POST

维修拍照图片上传接口参数见表 2-21。

表 2-21 维修拍照图片上传接口参数

参数名	必传	类型	说明
event_id	是	int	检测任务 ID
record_id	是	int	记录 ID
scan_type	是	int	360°检测项目固定为 2
type	是	int	1 为标准检测类，2 为异物类
detect_type	是	int	360°检测项目固定为 1
pic_data	是	binary	图片文件

(8)导出故障复核通知单接口

请求 URL：

http://192.168.1.**/task_index_360/exports_check_review_360

请求方式：

POST

故障复核通知单接口参数见表 2-22。

表 2-22 故障复核通知单接口参数

参数名	必传	类型	说明
event_id	是	string	用户姓名搜索
all_err_num	是	int	报警数量

续上表

参数名	必传	类型	说明
to_be_checked	是	int	待复核数量
valid_err_num	是	int	真实故障数量
invalid_err_num	是	int	误报数量
repair_err_num	是	int	库内检修数量
train_id	是	int	列车车号 ID
max_carriage_no	是	int	车厢数
derived_flag	否	int	传值统一为 0
derived_user_id	是	int	当前登录用户 ID
check_deptname2	是	string	当前登录所属部门

(9)获取故障复核通知单列表接口

请求 URL：

http://192.168.1.**/task_index_360/get_check_review_list_360

请求方式：

GET

故障复核通知单列表接口参数见表 2-23。

表 2-23 故障复核通知单列表接口参数

参数名	必传	类型	说明
page	是	int	当前页码
limit	是	int	分页条数
train_no	否	string	按列车编号搜索
grp_type	否	string	按编组类型搜索
create_datetime	否	string	按检测时间范围搜索(如:2022-06-07—2022-06-17)

(10)获取故障复核通知单详情接口

请求 URL：

http://192.168.1.**/task_index_360/get_valid_error_detail_360

请求方式：

GET

故障复核通知单详情接口参数见表 2-24。

表 2-24 故障复核通知单详情接口参数

参数名	必传	类型	说明
event_id	是	int	检测任务 ID

(11)检修工长批量签名接口

请求 URL:

http://192.168.1.**/task_index_360/save_valid_error_detail_signature_batch_360

请求方式:

POST

检修工长批量签名接口参数见表 2-25。

表 2-25　检修工长批量签名接口参数

参数名	必传	类型	说明
login_name	是	string	登录名或工号
password	是	int	检修工长用户密码
event_id	是	int	检测任务 ID
maintain_manager_id	是	int	检修工长用户 ID
maintain_manager_e_signature	是	int	检修工长电子签名

(12)检修工长单条签名接口

请求 URL:

http://192.168.1.**/task_index_360/save_valid_error_detail_signature_360

请求方式:

POST

检修工长单条签名接口参数见表 2-26。

表 2-26　检修工长单条签名接口参数

参数名	必传	类型	说明
login_name	是	string	登录名或工号
password	是	string	检修工长用户密码
event_id	是	int	检测任务 ID
scan_type	是	int	1 为精扫,2 为快扫
type	是	int	1 为标准检测项,2 为异物类
record_id	是	int	对应复核通知单详情返回 record_id
maintain_manager_id	是	int	检修工长用户 ID
maintain_manager_e_signature	是	int	检修工长电子签名

(13)获取用户角色为检修工长接口

请求 URL:

http://192.168.1.**/manage_users/get_role_userlist? type=4

请求方式：

GET

返回参数“data”字段说明见表 2-27。

表 2-27　返回参数“data”字段说明

参数名	类　型	说　明
id，user_id	int	用户 ID
user_name，name	string	姓名
loginName	string	登录名
XB	string	性别
DEPTNAME2	string	部门名称
role_name	string	角色名称
audit_state	string	审核状态(未审核或已审核)
role_id	string	角色 ID

(14)获取任务列表接口

请求 URL：

http://192.168.1.**/task_index_360/analysis_index_360

请求方式：

GET

任务列表接口参数见表 2-28。

表 2-28　任务列表接口参数

参数名	必　传	类　型	说　明
page	是	int	当前页码
limit	是	int	分页条数
title	否	string	按车号搜索(如:CRH3C-3072)
create_date	否	string	按时间段搜索(如:2022-06-08—2022-06-10)
ids	否	array	搜索单条任务信息或者多条

(15)平板端获取菜单接口

请求 URL：

http://192.168.1.**/manage_users/user_menulist

请求方式：

GET

平板端获取菜单接口参数见表 2-29。

表 2-29　平板端获取菜单接口参数

参 数 名	必　传	类　型	说　明
id	是	int	用户 ID
channel	是	int	平板端传值固定为 1

(16)获取故障图片列表接口

请求 URL：

http://192.168.1.**/task_index_360/train_image_list_360

请求方式：

GET

故障图片列表接口参数见表 2-30。

表 2-30　故障图片列表接口参数

参 数 名	必　传	类　型	说　明
event_id	是	int	检测任务 ID
page	是	int	当前页码
limit	是	int	分页条数
cx	否	string	车厢号
cj	否	string	车架
cz	否	string	轴号
cw	否	string	车位
explanatory_report_text	否	string	故障类别
check_state	否	string	1 为故障,0 为正常
artificial_markers	否	string	复核标记
capture_explain	否	string	检测类别
module_id	否	array	相机通道 ID(1 为“轨道外左侧”,2 为“轨道外右侧”,3 为“走行部左侧”,4 为“走行部右侧”,5 为“车顶左侧”,6 为“车顶右侧”,7 为“车窗左侧”,8 为“车窗右侧”,9 为“车窗下左侧”,10 为“车窗下右侧”)

6. 远程操作控制功能

具备调度室远程开关机、远程操控设备沉箱门开关、手动采集、视频监控等动作功能。

7. 无线网络

需满足自动识别后的图像数据回传至调度室和检查库机器人 Web 端、App 端操控平台进行复核,网络需覆盖检修库(场)的检修作业区域。

8. 安全防护功能

车底、轮对、走行部采集模组具备自动防护功能，室外机柜具备电源防雷、信号防雷功能。

三、主要技术参数

1. 主要设备参数(表 2-31)

表 2-31 360°检测机器人主要设备参数

序号	名称	子系统	参数要求	单套数量
1	采集单元	车速测量单元	适应车速 5～12 km/h	1
		车号识别单元	图像识别＋AEI 识别，识别率≥80%	1
		车顶侧成像单元	2D_4K 以上＋3D 线阵成像模组，3D 成像精度误差在±2 mm 以内	2
		车体两侧上部成像单元	2D_4K 以上线阵成像模组	2
		车体两侧下部成像单元	2D_4K 以上线阵成像模组	2
		车体两侧走行部成像单元	2D_4K 以上＋3D 线阵成像模组，3D 成像精度误差在±2 mm 以内	2
		轨底两侧成像单元	2D_4K 以上＋3D 线阵成像模组，3D 成像精度误差在±2 mm 以内	2
		踏面成像单元	2D 面阵成像模组，像素≥200 万	1
		沉箱组件	具备自动防护功能	1
2	室外恒温机柜	机柜	室外恒温机柜，防水等级≥IP54	1
		采集计算机	CPU：≥I9 内存：≥128 GB 硬盘：≥4 TB 固态	9
		控制计算机	CPU：≥I9 内存：≥32 GB 硬盘：≥2 TB 固态	1
		UPS	在线式；8 000 V·A	1
		防雷装置	电源防雷单元及信号防雷单元	1
		主控制箱	定制	1
		图像处理服务器	系统盘：SSD≥500 GB 存储盘：≥2 TB CPU：≥E5-2680V4×2 GPU：≥NVIDIA24G×2 内存：≥内存 64 GB	1
		数据存储服务器	存储盘：≥4 TB×6	1

续上表

序号	名称	子系统	参数要求	单套数量
3	远程操作台	无线网络	无线网络需覆盖对应库、所、场全部检修线	1
		操作平板	质量:≤0.8 kg 安卓系统品牌:市面主流品牌	1
		操作电脑	CPU:≥I7 内存:≥8 GB 硬盘:≥500 GB 固态 显示器:30 寸曲面屏	1

2. 平台软件功能(表 2-32)

表 2-32 360°检测机器人平台软件功能

序号	模块名称	模块	参数描述
1	操作平台	车辆检测	具备检修任务信息查看、修改、输出等功能
		故障处理	具备故障信息查看、故障复核、输出故障复核文件等功能
		电子台账	具备电子台账自动生成、电子签名、打印、导入、导出等功能
		状态监控	自身设备状态
			作业进度、图像识别进度
		人员权限管理	具备与动车段现在人员管理模块对接
		系统设置	具备该功能
2	App 平板操作平台	故障处理	具备故障信息查看、故障复核、输出故障复核文件等功能
		电子台账	具备电子台账自动生成、电子签名、打印、导入、导出等功能
		状态监控	具备运行状态实时状态监控
		系统设置	具备该功能
3	软件互通功能	数据交互	具备与车底检测机器人共 Web 端和 App 端平台数据交互和共平台操作

3. 系统可识别范围(表 2-33)

表 2-33 360°检测机器人系统可识别范围

检测效率	整体作业时间	采集时间≤10 min,完成故障报警≤20 min
结果输出	信息描述	能详细表达报警信息,如“螺栓丢失”“螺栓松动及实测值”“闸片测量实测值”“异物”“部件缺损”等,不得显示“图片异常”
		处理完成的图片中准确标记检查过的内容(包含正确和问题信息)
识别能力	丢失类	能识别检查范围内各部件丢失,识别准确率≥80%
	松动类	能识别螺栓螺母松动并自动测量松动值,识别准确率≥80%
	断裂类	能识别防松铁丝断裂类故障,识别准确率≥80%
	厚度测量类	能测量闸片等厚度及间隙,测量精度 1 mm

识别能力	异物检查类	能识别定位车底部检查范围内夹异物，识别准确率≥80%
	变形类	能识别底板、车体、车窗等击打变形或破损，识别准确率≥80%
误报	误报数量	误报数≤40 个/标准组

4. 可靠性要求

(1)设备自诊断功能

具有设备关键器件故障自诊断及远程故障诊断功能，可记录自诊断信息并及时进行故障报警。

(2)设备可靠性指标(表 2-34)

表 2-34　360°检测机器人设备可靠性指标

模　块	可靠性 MTBF(平均无故障时间)	可维护性 MTTR(平均故障恢复时间)
硬件部分	≥90 天	≤12 h
软件部分	≥180 天	≤12 h

5. 关键器件平均寿命(表 2-35)

表 2-35　360°检测机器人关键器件平均寿命

关键器件	平均寿命周期
相机	≥3 年
闪光灯	≥2 年

6. 检修维护周期

(1)校验：每 1 个月须对设备进行一次校验。

(2)标定：每 3 个月须对系统进行一次标定。

(3)检修维护周期：小修不小于 6 个月；大修不小于 6 年。

复习思考题

1. 请简述 360°检测机器人的用途。
2. 车号识别模块的技术要求有哪些？
3. 车速检测模块分为哪几种输出模式？
4. 踏面缺陷动态检测模块的通用功能是什么？
5. 360°检测机器人系统设备组成有哪些？

第三章　车底检测机器人

第一节　车底检测机器人构成及通用技术条件

一、构　　成

车底检测机器人由智能小车搭载六关节机械臂构成，具体结构及功能如下。

1. 机械臂结构

机械臂末端搭载高精度精扫相机，可对转向架关键部件进行 2D、3D 及彩色图像采集。

2. 智能小车

智能小车车身配备两组快扫相机，可对动车组定位及车底板快速扫描成像。其次，智能小车的安全防护由激光雷达和灵敏的防碰撞传感器组合而成，可对小车前后人或物进行预警及紧急制动。

3. 动力源

车底检测机器人的动力源采用超聚能的锂电池技术，满载电能可执行 5 组动车组检测，一次充电 30 min。车底检测机器人构成如图 3-1 所示。

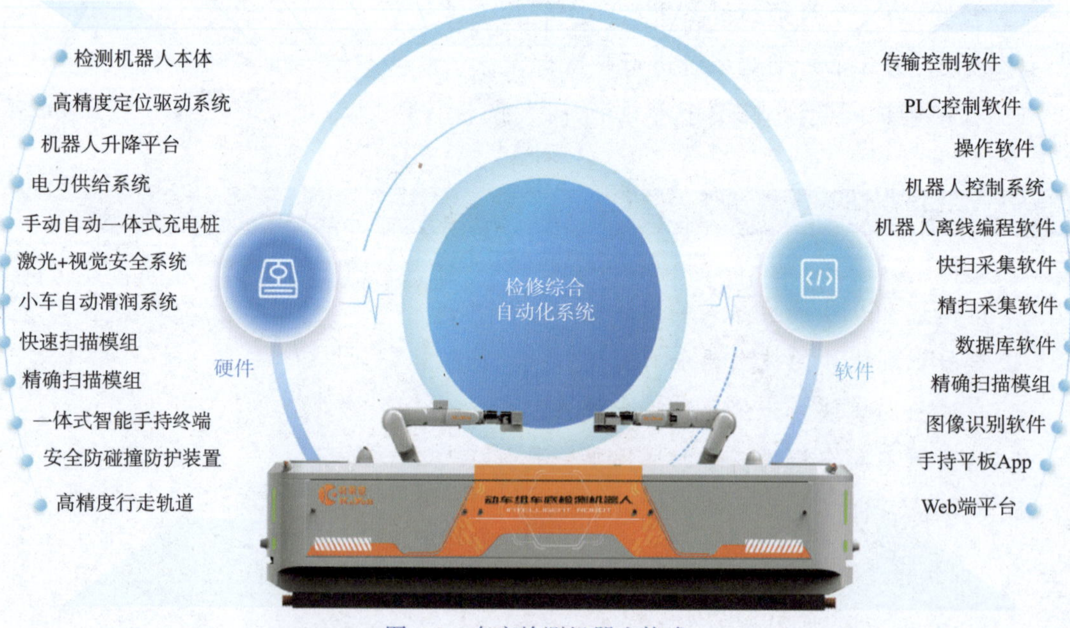

图 3-1　车底检测机器人构成

二、通用技术条件

1. 设备用途

车底检测机器人由工业机器人技术、机器视觉技术、数据分析处理技术、图像深度学习技术、3D测量技术、精准运动控制技术、锂电池技术等多种最新技术组合研发而成，能对车体底部及转向架内部关键部件检测和测量，覆盖动车组一级修的主要内容。车底检测机器人的使用既减轻了作业者的检修作业强度、缩减了一级修作业时间周期，又降低了人为不可控因素安全风险，可提供检修数据的分析和追溯。

2. 运行环境

(1)海拔高度：≤2 500 m；

(2)工作环境温度：－25～＋45 ℃；

(3)月平均最大相对湿度：≤85％；

(4)最高相对湿度：≤90％；

(5)三相五线制：AC 380×(1±10％)V，50 Hz。

3. 安装环境

我国铁路实行车辆计划预防性检修制度，按检修内容分为定期检修和日常维修两类。动车组一级修作业在动车所检修库进行，为便于检修作业，检修库配套建设检查地沟。地沟按照动车组编组分为Ⅰ、Ⅱ列位，总长度满足8编组和16编组动车组检查。为方便检查人员作业，检查地沟高度为轨面－1.65 m，地沟宽度为1.1 m左右。

车底检测机器人安装在检查地沟内，铺设专用轨道，系统利用轨道自走行，通过彩色图像识别实现动车组车底部件的自动检查，并上传发现故障由人工进行复核。同时轨道安装不影响检修人员通行，可实现人机共检。

车底检测机器人安装在检修库内地沟线路终端，称之为固定股道配置型车底检测机器人，如无特指均为上述形式，能力和技术普及要求需要每条检修线(或列位)至少安装一台。

此外，还有跨股道运用型车底检测机器人，系统可以不利用轨道，通过预埋磁条引导自走行，甚至可以通过平台顶升和磁路引导至股道间地面进行两侧裙板检测作业，也可以自走行至另外股道进行对位后检修作业，现已在部分轨道交通及地铁公司有所应用，具体介绍详见本章第五节“跨股道运用型车底检测机器人探索”。

4. 总体性能要求

(1)可靠性

系统中主要设备均采用工业级产品，并应采用成熟技术及工艺，系统可用率＞99％，保证系统的可靠性、稳定性与安全性。

(2)易用性

所有操作系统均采用中文操作系统,所有交互系统提供中文图形界面,符合常规窗口式系统的操作模式,对于非专业技术人员,经过短期培训即可熟练掌握整个系统的操作。系统具有合理的使用成本,有利于运营单位长期、有效地利用该系统进行人员培训与考核,实现系统的易用性。

(3)可维护性

系统中的各种设备均具有良好的可维护性,可进行拆装与调整,便于日常维护。为系统选配的备品备件完全满足系统质保期结束后两年的正常使用。

(4)可扩展性

系统应采用模块化设计,预留如调度指挥、PHM 等后期扩展系统的接口,利于后续升级与扩展。

(5)先进性

系统从整体结构的设计到关键技术的采用都应遵循先进且实用的原则,以满足用户对系统在功能、性能、扩展性等方面的要求。

5. 适用范围

车底检测机器人适用于动车所动车组一级修车底作业,具有快速扫描、精确扫描、图像识别和检测报表等功能。该系统采用全自动操作,可实现车底检测机器人自动定位到检测位置和自动检测,检测完毕后自动回归原点及自动充电。

系统可根据车组的实际情况,采取合适的检测方式:

(1)标准长编组和 2 列短编组重联:主机、从机同时检测;

(2)2 列短编组解编停放:主机、从机可同时或者分别检测;

(3)1 列短编组解编:可控制离车辆相近的主机或者从机检测。

第二节　车底快速检测模块

一、设备组成

车底快速检测模块主要由 2D 及 3D 图像采集单元、信号处理单元、控制处理单元和辅助设备组成,各检测模块信息接口统一规范;实现动车组部件丢失类、松动类、断裂类、间隙测量类、表面缺陷类、异物检查类等故障自动报警的检测功能,可按需扩展实现动力集中动车组部件丢失类、松动类、断裂类、间隙测量类、表面缺陷类、异物检查类等故障自动报警的检测功能。

二、设备功能

1. 通用功能(动车组)

(1)具有车底中部 2D 及 3D 图像采集功能。

(2)非接触自动图像分析处理并记录部件丢失类故障。

(3)非接触自动图像分析处理并记录铁丝断裂类故障。

(4)非接触自动图像分析处理并记录导流罩间隙检测。

(5)非接触自动图像分析处理并记录螺栓松动类、松脱类故障。

(6)非接触自动图像分析处理并记录异物类故障。

(7)非接触自动图像分析处理并记录击打变形类故障。

(8)具有检修任务信息查看、修改、输出等功能。

(9)具有机检故障信息查看、故障复核、输出故障复核文件等功能。

(10)具有机检电子台账自动生成、电子签名、打印、导入、导出等功能。

(11)具有机检设备自身设备状态查看、作业进度查看、图像识别进度查看等功能。

(12)具备与站段现有人员管理模块对接功能。

2. 扩展功能(动力集中动车组)

(1)具有车底中部 2D 及 3D 图像采集功能。

(2)非接触自动图像分析处理并记录部件丢失类故障。

(3)非接触自动图像分析处理并记录铁丝断裂类故障。

(4)非接触自动图像分析处理并记录导流罩间隙检测。

(5)非接触自动图像分析处理并记录螺栓松动类、松脱类故障。

(6)非接触自动图像分析处理并记录异物类故障。

(7)非接触自动图像分析处理并记录击打变形类故障。

(8)具有检修任务信息查看、修改、输出等功能。

(9)具有机检故障信息查看、故障复核、输出故障复核文件等功能。

(10)具有机检电子台账自动生成、电子签名、打印、导入、导出等功能。

(11)具有机检设备自身设备状态查看、作业进度查看、图像识别进度查看等功能。

(12)具备与站段现有人员管理模块对接功能。

三、主要技术参数

1. 检测类别(表 3-1)

表 3-1　车底快速检测模块检测类别

序　号	图像识别	识 别 项 点
1	丢失类	M8 及以上螺栓
		六棱施封锁或开尾销
		喉箍
		闸片、踏面清扫装置
		防松铁丝
		其他(注油堵、铭牌、防尘堵)
2	松动类	M8 及以上螺栓松动 3 mm 以上
		管接头松动 5 mm 以上
3	旋转部件类	螺栓丢失
		螺栓松动
4	断裂类	防松铁丝或六棱施封锁断裂 5 mm 以上
		开尾销断裂
5	厚度测量类	闸片厚度、撒砂管高度、踏面清扫装置检测及研磨子测量能力,精度±1 mm
6	表面缺陷类	踏面、空气弹簧、防尘套、风挡等表面缺陷,底板击打
7	油检查类	齿轮箱油位检查
		油色检查
		漏油检查(区分油水)
8	异物检查类	能够识别不同形态、不同颜色,不限部位的异物查找
9	其他类	闸片 U 形锁、底板锁开关状态

2. 检测准确性(表 3-2)

表 3-2　车底快速检测模块检测准确性

序　号	图像识别	识 别 项 点	指　　标
1	丢失类	M8 及以上螺栓	能识别检查范围内各部件丢失,识别准确率≥90%
		六棱施封锁或开尾销	
		喉箍	
		闸片、踏面清扫装置	
		防松铁丝	
		其他(注油堵、铭牌、防尘堵)	
2	松动类	M8 及以上螺栓松动 3 mm 以上	能识别螺栓螺母松动、管接头松动并自动测量松动值,识别准确率≥80%
		管接头松动 5 mm 以上	

续上表

序　号	图像识别	识 别 项 点	指　　标
3	旋转部件类	螺栓丢失	能识别联轴节、制动盘等旋转部件上的故障，识别准确率≥90%
		螺栓松动	
4	断裂类	防松铁丝或六棱施封锁断裂 5 mm 以上	能识别防松铁丝、吊绳等断裂类故障，识别准确率≥80%
		开尾销断裂	
5	厚度测量类	闸片厚度、撒砂管高度、踏面清扫装置检测及研磨子测量能力，精度±1 mm	能测量闸片、研磨子、排障器等厚度及间隙，测量精度在 1 mm 以内
6	表面缺陷类	踏面、空气弹簧、防尘套、风挡等表面缺陷	能识别检测踏面、空气弹簧等部件表面缺陷，识别准确率≥80%
		底板击打	
7	油检查类	齿轮箱油位检查	能识别检测油位、油色、漏油，识别准确率≥80%
		油色检查	
		漏油检查(区分油水)	
8	异物检查类	能够识别不同形态、不同颜色，不限部位的异物查找	能识别定位车底部检查范围内夹异物，识别准确率≥90%
9	其他类	闸片 U 形锁、底板锁开关状态	能识别 U 形锁闭合、击打变形等故障，识别准确率≥80%

3. 检测精度

(1)动车组

①可视关键部件图像采集分辨率：≤0.5 mm/pixel；

②螺栓松动测量精度：±0.5 mm；

③防松铁丝断裂测量精度：开口≥5 mm；

④闸片剩余厚度测量精度：±0.5 mm。

(2)动力集中动车组

①可视关键部件图像采集分辨率：≤1 mm/pixel；

②螺栓松动测量精度：±1 mm；

③防松铁丝断裂测量精度：开口≥5 mm；

④闸片剩余厚度测量精度：±1 mm。

4. 可靠性要求

(1)设备自诊断功能

具有设备关键器件故障自诊断及远程故障诊断功能，可记录自诊断信息并及时进行故障报警。

(2)设备可靠性(表 3-3)

表 3-3　车底快速检测模块设备可靠性指标

模　块	可靠性 MTBF(平均无故障时间)	可维护性 MTTR(平均故障恢复时间)
硬件部分	≥90 天	≤12 h
软件部分	≥180 天	≤12 h

5. 关键器件平均寿命(表 3-4)

表 3-4　关键器件平均寿命

关键器件	平均寿命周期
触发传感器	≥3 年
相机模组	≥3 年
光源	≥2 年

6. 检修维护周期

(1)车底图像采集单元每 6 个月上道对设备进行状态确认。

(2)检修维护周期:小修不小于 6 个月;大修不小于 6 年。

第三节　精准部位多维检测模块

一、设备组成

精准部位多维检测模块主要由 2D、3D 及 RGB 彩色图像采集单元、信号处理单元、控制处理单元、辅助设备组成,各检测模块信息接口统一规范;实现动车组静态及旋转部件丢失类、断裂类、松动类、松脱类、厚度测量类、高度测量类、表面缺陷类、异物、油色、油位、漏油检查类等故障自动报警的检测功能,可按需扩展实现动力集中动车组静态及旋转部件丢失类、断裂类、松动类、松脱类、厚度测量类、高度测量类、表面缺陷类、异物、油色、油位、漏油检查类等故障自动报警的检测功能。

二、设备功能

1. 通用功能(动车组)

(1)具有车底中部 2D、3D 及 RGB 图像采集功能。

(2)非接触自动图像分析处理并记录静态部件丢失类故障。

(3)非接触自动图像分析处理并记录旋转部件丢失类故障。

(4)非接触自动图像分析处理并记录铁丝断裂类故障。

(5)非接触自动图像分析处理并记录螺栓松动类、松脱类故障。

(6)非接触自动图像分析处理并记录闸片、研磨子厚度检测。

(7)非接触自动图像分析处理并记录喷砂嘴、扫石器高度检测。

(8)非接触自动图像分析处理并记录异物类故障。

(9)非接触自动图像分析处理并记录击打变形类故障。

(10)非接触自动图像分析处理并记录油色、油位检测。

(11)非接触自动图像分析处理并记录漏油故障。

(12)具有检修任务信息查看、修改、输出等功能。

(13)具有机检故障信息查看、故障复核、输出故障复核文件等功能。

(14)具有机检电子台账自动生成、电子签名、打印、导入、导出等功能。

(15)具有机检设备自身设备状态查看、作业进度查看、图像识别进度查看等功能。

(16)具备与站段现有人员管理模块对接功能。

2. 扩展功能(动力集中动车组)

(1)具有车底中部2D、3D及RGB图像采集功能。

(2)非接触自动图像分析处理并记录静态部件丢失类故障。

(3)非接触自动图像分析处理并记录旋转部件丢失类故障。

(4)非接触自动图像分析处理并记录铁丝断裂类故障。

(5)非接触自动图像分析处理并记录螺栓松动类、松脱类故障。

(6)非接触自动图像分析处理并记录闸片、研磨子厚度检测。

(7)非接触自动图像分析处理并记录喷砂嘴、扫石器高度检测。

(8)非接触自动图像分析处理并记录异物类故障。

(9)非接触自动图像分析处理并记录击打变形类故障。

(10)非接触自动图像分析处理并记录油色、油位检测。

(11)非接触自动图像分析处理并记录漏油故障。

(12)具有检修任务信息查看、修改、输出等功能。

(13)具有机检故障信息查看、故障复核、输出故障复核文件等功能。

(14)具有机检电子台账自动生成、电子签名、打印、导入、导出等功能。

(15)具有机检设备自身设备状态查看、作业进度查看、图像识别进度查看等功能。

(16)具备与站段现有人员管理模块对接功能。

三、主要技术参数

1. 检测类别(表 3-5)

表 3-5 精准部位多维检测模块检测类别

序 号	图像识别	识 别 项 点
1	丢失类	M8 及以上螺栓
		六棱施封锁或开尾销
		喉箍
		闸片、踏面清扫装置
		防松铁丝
		其他(注油堵、铭牌、防尘堵)
2	松动类	M8 及以上螺栓松动 3 mm 以上
		管接头松动 5 mm 以上
3	旋转部件类	螺栓丢失
		螺栓松动
4	断裂类	防松铁丝或六棱施封锁断裂 5 mm 以上
		开尾销断裂
5	厚度测量类	闸片厚度、撒砂管高度、踏面清扫装置检测及研磨子测量能力,精度±1 mm
6	表面缺陷类	踏面、空气弹簧、防尘套、风挡等表面缺陷
		底板击打
7	油检查类	齿轮箱油位检查
		油色检查
		漏油检查(区分油水)
8	异物检查类	能够识别不同形态、不同颜色,不限部位的异物查找
9	其他类	闸片 U 形锁、底板锁开关状态

2. 检测准确性(表 3-6)

表 3-6 精准部位多维检测模块检测准确性

序 号	图像识别	识 别 项 点	指 标
1	丢失类	M8 及以上螺栓	能识别检查范围内各部件丢失,识别准确率≥95%
		六棱施封锁或开尾销	
		喉箍	
		闸片、踏面清扫装置	
		防松铁丝	
		其他(注油堵、铭牌、防尘堵)	

续上表

序　号	图像识别	识别项点	指　　标
2	松动类	M8及以上螺栓松动3 mm以上	能识别螺栓螺母松动、管接头松动并自动测量松动值，识别准确率≥90%
		管接头松动5 mm以上	
3	旋转部件类	螺栓丢失	能识别联轴节、制动盘等旋转部件上的故障，识别准确率≥90%
		螺栓松动	
4	断裂类	防松铁丝或六棱施封锁断裂5 mm以上	能识别防松铁丝、吊绳等断裂类故障，识别准确率≥90%
		开尾销断裂	
5	厚度测量类	闸片厚度、撒砂管高度、踏面清扫装置检测及研磨子测量能力，精度±1 mm	能测量闸片、研磨子、排障器等厚度及间隙，测量精度在1 mm以内
6	表面缺陷类	踏面、空气弹簧、防尘套、风挡等表面缺陷	能识别检测踏面、空气弹簧等部件表面缺陷，识别准确率≥90%
		底板击打	
7	油检查类	齿轮箱油位检查	能识别检测油位、油色、漏油，识别准确率≥90%
		油色检查	
		漏油检查(区分油水)	
8	异物检查类	能够识别不同形态、不同颜色，不限部位的异物查找	能识别定位车底部检查范围内夹异物，识别准确率≥90%
9	其他类	闸片U形锁、底板锁开关状态	能识别U形锁闭合、击打变形等故障，识别准确率≥80%

3. 检测精度

(1)动车组

①可视关键部件图像采集分辨率：≤0.5 mm/pixel；

②螺栓松动测量精度：±0.5 mm；

③防松铁丝断裂测量精度：开口≥5 mm；

④闸片剩余厚度测量精度：±0.5 mm。

(2)动力集中动车组

①可视关键部件图像采集分辨率：≤1 mm/pixel；

②螺栓松动测量精度：±1 mm；

③防松铁丝断裂测量精度：开口≥5 mm；

④闸片剩余厚度测量精度：±1 mm。

4. 可靠性要求

(1)设备自诊断功能

具有设备关键器件故障自诊断及远程故障诊断功能，可记录自诊断信息并及时进行故障报警。

(2)设备可靠性(表 3-7)

表 3-7　精准部位多维检测模块设备可靠性指标

模　　块	可靠性 MTBF(平均无故障时间)	可维护性 MTTR(平均故障恢复时间)
硬件部分	≥90 天	≤12 h
软件部分	≥180 天	≤12 h

5. 关键器件平均寿命(表 3-8)

表 3-8　精准部位多维检测模块关键器件平均寿命

关键器件	平均寿命周期
触发传感器	≥3 年
相机模组	≥3 年
光源	≥2 年

6. 检修维护周期

(1)车底图像采集单元每 6 个月上道对设备进行状态确认。

(2)检修维护周期:小修不小于 6 个月;大修不小于 6 年。

第四节　车底检测机器人系统模块

一、设备组成

车底检测机器人系统模块安装在动车所(检修场库)检修线地沟,主要由高精度齿条导轨、智能检测小车、轨旁控制中心组成。高精度齿条导轨由主轨、辅轨、垫板、防滑齿条、调节组件等组成,轨道采用标准钢轨精制加工而成,钢轨可实现上下左右调节,齿条采用标准规格齿条淬火加工,安装后确保直线运动精度及防滑要求。智能检测小车由快扫 2D、3D 图像采集单元,精扫 2D、3D 及 RGB 彩色图像采集单元,图像采集服务器,工业六轴机械臂,自动升降台,激光及视频避障,锂电池,远程开机模块,信号处理单元,控制处理单元组成。轨旁控制中心由户外机柜、算法服务器、UPS 电源、网络组件和辅助设备组成。

二、设备功能

1. 基本功能(动车组)

(1)作业节拍

①8 编组动车组作业节拍≤38 min(包含车底快速扫描和转向架精确扫描并完成检

测识别）。

②快扫完成采集后到结果输出时间差≤15 min。

③精扫单张图片采集后到结果输出时间差≤2 min。

④完成所有检查项点采集到结果输出时间差≤2 min。

(2)自动检测功能

①系统全自动操作。

②车底检测机器人确定定位信息后自动检测，检测完毕后自动回原点及自动充电，无需人工过多干预。

(3)操作控制功能

①可采用手持平板 App 进行现场操控机器人，也可采用调度远程操控机器人，同时具备即停即走一键启动及复位功能。

②显示机器人自身设备状态，须提供多台机器人同时机检作业操控画面截图。

③手持平板 App 和调度展示 Web 端能够实时同步显示机器人作业进度和监控画面以及每一张图识别处理结果，具有远程故障复核和现场故障复核功能。

④手持平板 App 具有故障信息和现场拍照回填功能，具有电子故障复核单及手写签名复核确认功能。

(4)高精度定位功能

①车底快速扫描时对列车高精度定位，包含行进精度±1 mm(运行轨道采用齿条轨形式，保证运行精度)。

②升降精度±0.1 mm。

(5)车底快速扫描

①快速扫描区域：车底轮对内侧。

②匹配车底检测机器人以 1 m/s 的速度采集车底数据，获取高精度 2D+3D 匹配图像。

(6)转向架部件精确扫描

①精扫区域：转向架。

②采用六轴机械臂+精扫模块对转向架部件进行精确扫描，获取彩色图像及 3D 数据。

(7)无线传输

车底检测机器人与数据处理服务器采用无线传输(传输速度≥50 Mbit/s)。

(8)图像识别

能够识别部件丢失、松动、断裂、变形、油色油位、异物等故障。实时结果输出与呈现，机器人采集数据后回原点，2 min 内检测结果全部呈现。

(9)输出报表

①数据处理服务器在图像识别结束后,检测结果以报表形式呈现在手持平板 App 和 Web 端上。处理完成的图片中准确标记检查过的内容(包含正确和问题信息)。

②能够准确描述故障信息如"螺栓丢失""螺栓松动及实测值""闸片测量实测值""异物""部件缺损"等,不得显示表述不清的故障信息,如"图片异常"或"其他"。

(10)安全防护功能

①车底检测机器人前、后方安装激光雷达,具有区域障碍扫描功能。在 5 m 外检测到障碍物报警并停止前进。

②防碰撞器安装在机械臂第六轴,用以保护车体与关键扫描模块。

③车底检测机器人整体具备 IP54 防水等级,具备自动防护罩;接地电阻≤4 Ω。

2. 扩展功能(动力集中动车组)

(1)自动检测功能

①系统全自动操作。

②车底检测机器人确定定位信息后自动检测,检测完毕后自动回原点及自动充电,无需人工过多干预。

(2)操作控制功能

①可采用手持平板 App 进行现场操控机器人,也可采用调度远程操控机器人,同时具备即停即走一键启动及复位功能。

②显示机器人自身设备状态,须提供多台机器人同时机检作业操控画面截图。

③手持平板 App 和调度展示 Web 端能够实时同步显示机器人作业进度和监控画面以及每一张图识别处理结果,具有远程故障复核和现场故障复核功能。

④手持平板 App 具有故障信息和现场拍照回填功能,具有电子故障复核单及手写签名复核确认功能。

(3)高精度定位功能

①车底快速扫描时对列车高精度定位,包含行进精度±1 mm(运行轨道采用齿条轨形式,保证运行精度)。

②升降精度±0.1 mm。

(4)车底快速扫描

①快速扫描区域:车底轮对内侧。

②匹配车底检测机器人以 1 m/s 的速度采集车底数据,获取高精度 2D+3D 匹配图像。

(5)转向架部件精确扫描

①精扫区域:转向架。

②采用六轴机械臂+精扫模块对转向架部件进行精确扫描，获取彩色图像及3D数据。

(6)无线传输

车底检测机器人与数据处理服务器采用无线传输(传输速度≥50 Mbit/s)。

(7)图像识别

能够识别部件丢失、松动、断裂、变形、油色油位、异物等故障。实时结果输出与呈现，机器人采集数据后回原点，2 min内检测结果全部呈现。

(8)输出报表

①数据处理服务器在图像识别结束后，检测结果以报表形式呈现在手持平板App和Web端上。处理完成的图片中准确标记检查过的内容(包含正确和问题信息)。

②能够准确描述故障信息如“螺栓丢失”“螺栓松动及实测值”“闸片测量实测值”“异物”“部件缺损”等，不得显示表述不清的故障信息，如“图片异常”或“其他”。

(9)安全防护功能

①车底检测机器人前、后方安装激光雷达，具有区域障碍扫描功能。在5 m外检测到障碍物报警并停止前进。

②防碰撞器安装在机械臂第六轴，用以保护车体与关键扫描模块。

③车底检测机器人整体具备IP54防水等级，具备自动防护罩；接地电阻≤4 Ω。

三、主要技术参数

1. 主要设备参数(表3-9)

表3-9　车底检测机器人系统模块主要设备参数

序号	设备名称	参数描述		单位	单台数量	部署位置
1	工业六轴机械臂	作业半径	≥1 m	套	2	机器人
		重复定位精度	±0.03 mm			
		负载重量	≥10 kg			
		综合速度	每分钟循环数140次 (移动:25 mm+305 mm+25 mm,1 kg负载)			
2	机械臂升降台	升降速度	≥0.25 m/s	套	2	机器人
		升降行程	≥200 mm			
		负载重量	≥100 kg			
		重复定位精度	±0.1 mm			
3	精扫模块	2D+3D相机模组	像素≥300万	套	2	机器人
			景深≥500 mm			
			3D精度±0.5 mm			
		彩色相机模组	彩色图像≥300万像素	套	2	

续上表

序　号	设备名称	参数描述		单位	单台数量	部署位置
4	快扫模块	2D图像分辨	≥4K	套	1	机器人
			景深 400～1 200 mm			
		3D图像精度	±0.2 mm			
5	无线传输模块	无线传输综合平均速度	≥50 Mbit/s	套	1	机器人
6	锂电池组和管理系统及逆变	储存电量	≥9 kW·h	套	1	机器人
		标准循环寿命	≥5 000 次			
		工作温度范围	−10～55 ℃			
		工作续航时间	≥4 h			
		逆变后输出电压	AC 380 V/AC 220 V/DC 24 V			
7	手自一体充电桩	充电输入电压	AC 380 V	套	1	机器人
		充电 0～90%时间	≤60 min			
		手动充电	预留手动充电插口			
		自动插枪式充电	充电触头不裸露			
8	车载实时监控	视频监控	具备彩色录像,可追溯 1 个月的数据	套	2	机器人
9	运动控制	PLC 等控制单元	以太网总线通信方式	套	1	机器人
10	列车位置定位模块	激光采集装置及数据分析软件	行进方向定位精度±1 mm	套	1	机器人
			升降方向定位精度±0.5 mm			
11	安全保障装置	前后激光雷达	小车前后 10 m,预警 5 m 急停	套	2	机器人
		机械臂前端防撞装置	力矩感应			
		视觉避障装置	识别范围 5 m 地沟内障碍物			
		自动防护罩	整体具备 IP54 防水等级			
		接地电阻	≤4 Ω			
12	移动小车本体及其他	行走速度	≥1 m/s	套	1	机器人
		润滑装置	自动润滑	套	1	
13	服务器	控制及定位服务器	SSD≥4 TB,内存≥16 GB,CPU:i7 以上	套	1	机器人
		快扫采集服务器	SSD≥4 TB,内存≥16 GB,CPU:i7 以上	套	1	
		精扫采集服务器	SSD≥4 TB,内存≥16 GB,CPU:i7 以上	套	1	
14	机器人本体	总质量	≤2.5 t	套	1	机器人
15	高精度齿条轨	重轨精密加工	等级≥30 kg/m 重轨	列位	1	地沟内
			轨中心距 750 mm			
			平面度±1 mm/30 m			
			直线度±1 mm/30 m			
		精密齿条	精度:8 级以上(符合 GB/Z 10096—2022)			
		调整组件	具有防积水的左右高低可调组件,可调行程≥±30 mm			

续上表

序　号	设备名称	参数描述		单位	单台数量	部署位置
16	操作平板	手持平板	质量≤0.8 kg	台	1	现场
			安卓系统			
			品牌：市面主流品牌			
	操作电脑	台式电脑	SSD≥500 GB，内存≥16 GB，CPU：i7（九代）以上	台	1	
	电源	UPS	≥2 kW（续航≥1 h）	台	1	恒温室
	处理服务器	图像处理服务器	系统盘：SSD≥500 GB	台	1	
			存储盘：SSD≥3.84 TB×8			
			双 CPU：E5-12 核以上×2			
			内存：≥32 GB×4			
			GPU：RTXTi3090×2			

2. 平台软件功能（表 3-10）

表 3-10　车底检测机器人系统模块平台软件功能

序　号	模块名称	模　　块	功能描述	备注
1	操作平台（Windows 平台）	列车检测	具备检修任务信息查看、修改、输出等功能	
		故障处理	具备故障信息查看、故障复核、输出故障复核文件等功能	
		电子台账	具备电子台账自动生成、电子签名、打印、导入、导出等功能	
		实时状态监控	机器人自身设备实时状态	
			机器人作业进度、图像识别进度机	
		机器人控制	具备平台一键启动功能	
		故障地图	具备地图故障查看功能	
		人员权限管理	具备与站段现在人员管理模块对接	
		系统设置	常用系统参数调整功能	
2	App 平板操作平台（安卓平台）	故障处理	具备故障信息查看、故障复核、输出故障复核文件等功能	
		电子台账	具备电子台账自动生成、电子签名、打印、导入、导出等功能	
		状态监控	具备运行状态实时状态监控	
		机器人控制	具备平台一键启动功能	
		故障地图	具备地图故障查看功能	
		系统设置	常用系统参数调整功能	

3. 系统识别范围（表 3-11）

表 3-11　车底检测机器人系统模块系统识别范围

序　号	类　　别	内　　容	指　　标
1	机器人检查范围	可检查项	根据人工检查作业标准≥80%
		可检查点位	≥15 000 个

续上表

序　号	类　别	内　容	指　标
2	检测效率	整体作业时间	采集时间≤36 min,完成故障报警≤2 min
		单张图片处理时间	快扫完成采集后到结果输出时间差≤15 min
			精扫图片采集后到结果输出时间差≤2 min
3	结果输出	信息描述	能详细表达报警信息,如“螺栓丢失”“螺栓松动及实测值”“闸片测量实测值”“异物”“部件缺损”等,不得显示表述不清的故障信息,如“图片异常”或“其他”
			处理完成的图片中准确标记检查过的内容(包含正确和问题信息)
4	识别能力	丢失类	能识别检查范围内各部件丢失,识别准确率≥90%
5		松动类	能识别螺栓螺母松动、管接头松动并自动测量松动值,识别准确率≥80%
6		旋转部件类	能识别联轴节、制动盘等旋转部件上的故障,识别准确率≥90%
7		断裂类	能识别防松铁丝、吊绳等断裂类故障,识别准确率≥80%
8		厚度测量类	能测量闸片、研磨子、排障器等厚度及间隙,测量精度在1 mm以内
9		表面缺陷类	能识别检测踏面等部件表面缺陷,识别准确率≥80%
10		油检查类	能识别检测油位、油色、漏油,识别准确率≥80%
11		异物检查类	能识别定位车底部检查范围内夹异物,识别准确率≥90%
12		其他类(U形锁、击打变形等)	能识别U形锁闭合、击打变形等故障,识别准确率≥80%
13	误报	误报数量	误报数≤40个/标准组

4. 可靠性要求

(1)设备自诊断功能

具有设备关键器件故障自诊断及远程故障诊断功能,可记录自诊断信息并及时进行故障报警。

(2)设备可靠性(表3-12)

表3-12　车底检测机器人系统模块设备可靠性指标

模　块	可靠性MTBF(平均无故障时间)	可维护性MTTR(平均故障恢复时间)
硬件部分	≥90天	≤12 h
软件部分	≥180天	≤12 h

5. 关键器件平均寿命(表 3-13)

表 3-13　车底检测机器人系统模块关键器件平均寿命

关键器件	平均寿命周期
导轨	5 年
驱动轮、承重轮、导向轮	≥3 年
齿轮、齿条	5 年
工业六轴机械臂	5 年
锂电池	≥3 年
激光等传感器	≥3 年
快扫相机	≥3 年
精扫相机	≥3 年
服务器、工控机	≥3 年

6. 检修维护周期

(1)校验：每 1 个月须对设备进行一次校验。

(2)标定：每 3 个月须对系统进行一次标定。

(3)检修维护周期：小修不小于 6 个月；大修不小于 6 年。

第五节　跨股道运用型车底检测机器人探索

一、智能巡检机器人智能导航自主行走

智能巡检机器人可具备智能导航功能，具备双向导航和双向行驶的能力，实现机器人在运用库内自主定位行走。机器人系统采用激光的方式实现自主导航。激光雷达定位技术通过激光传感器确定机器人在全局坐标系下的位置，再基于激光数据与地图实时匹配的方式做到机器人的精确定位。

定位方式包括两大核心技术：地图等比构建技术和激光数据实时匹配定位技术。首次进入运行环境，需通过运行机器人所搭载的激光进行环境地图等比例构建，并在后续的运行过程中将激光实时扫描的地形与等比例构建地图实时匹配，从而确保机器人精确位置。激光扫描环境示意如图 3-2 所示。

激光雷达的工作原理与雷达非常相近，以激光作为信号源，由激光器发射出的脉冲激光打到地面的树木、道路、桥梁和建筑物上，引起散射，一部分光波会反射到激光雷达的接收器上，根据激光测距原理计算，就得到从激光雷达到目标点的距离，脉冲激光不断地扫描目标物，就可以得到目标物上全部目标点的数据，用此数据进行成像处理后，

就可得到精确的三维立体图像。激光雷达原理示意如图 3-3 所示。

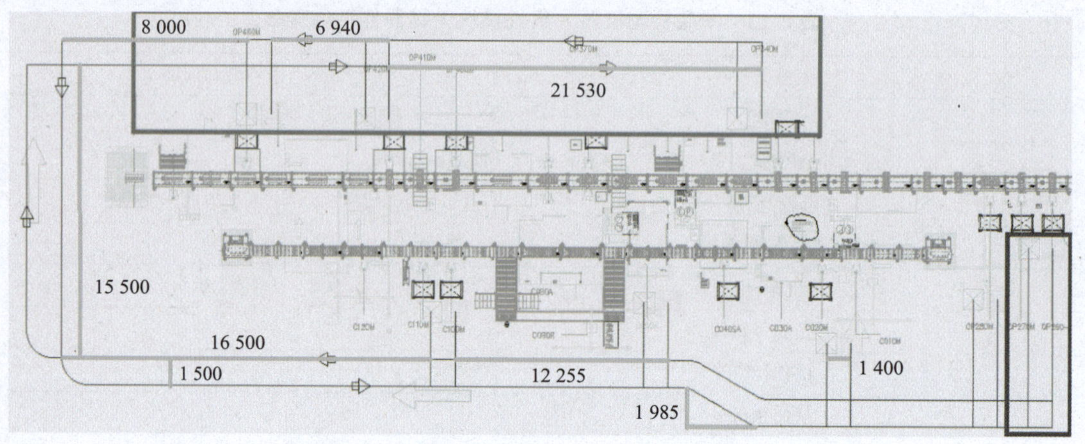

图 3-2　激光扫描环境示意(单位:mm)

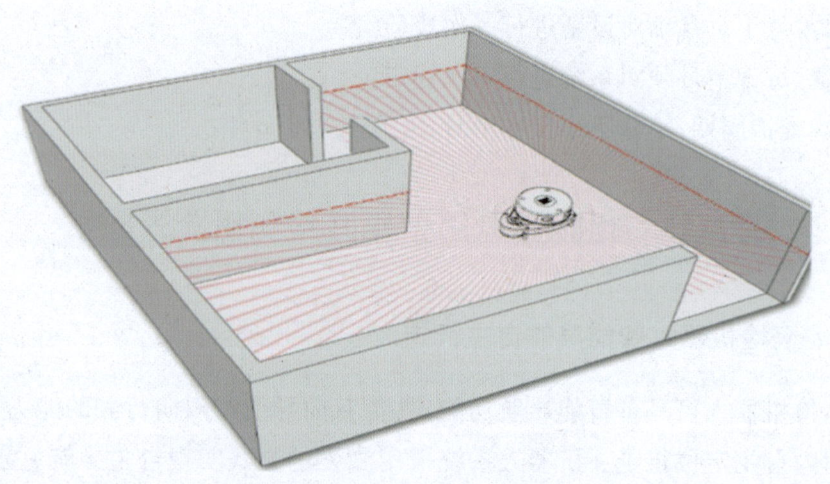

图 3-3　激光雷达原理示意

机器人行走驱动车轮对称布置在底盘四角上,四轮全部可以全向转动,可实现实时四驱。机器人走行驱动器采用伺服电机进行驱动,利用 PID 闭环控制技术实现定位的精确控制。可以根据作业内容、时间制定不同的行走方案。全向舵轮驱动架构可以实现前进、后退、原地旋转、横向移动等动作,可以适应狭窄地沟、平交道缝隙、斜坡等场地,适应多种类型地沟形式,如柱式、半壁半柱式地沟等。全向舵轮驱动示意如图 3-4 所示。

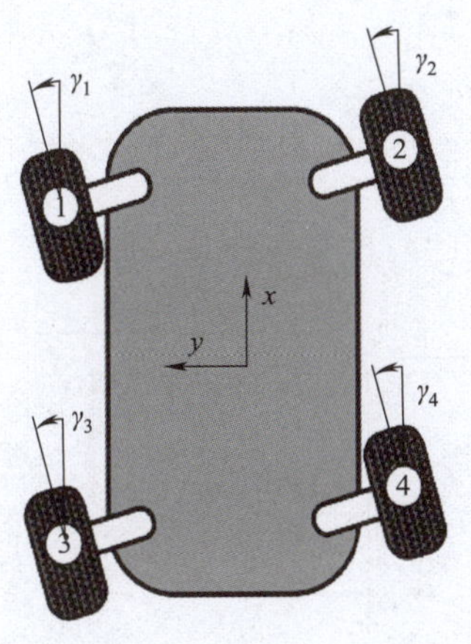

图 3-4　全向舵轮驱动示意

二、智能巡检机器人股道转换方案

智能巡检机器人采用自主导航、自主定位的移动方式进行自动作业，股道转换方案为：通过在现场每条地沟端部安装固定升降平台，检修地沟内的机器人可以自动行走到升降平台，借助升降平台自动升起到地面。机器人到达地面后，根据任务调度系统指令自动行走至下一个检修地沟的升降平台，然后下降到检修地沟开展检测任务，地沟端部自动升降平台如图 3-5 所示；也可通过检修地沟端部预留斜坡进出地沟，完成自动跨越，进行股道转换，如图 3-6 所示。

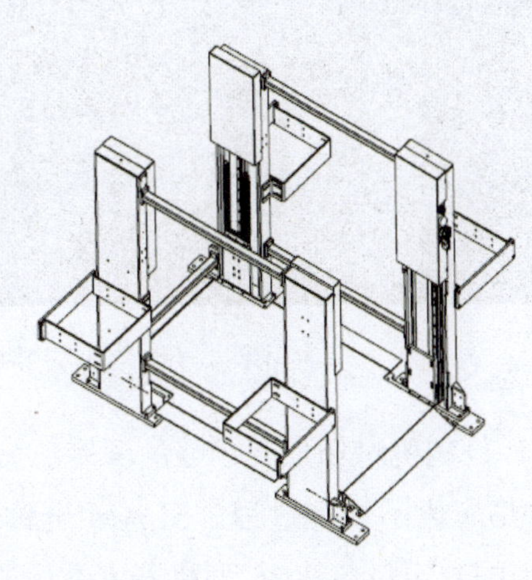

图 3-5　地沟端部自动升降平台

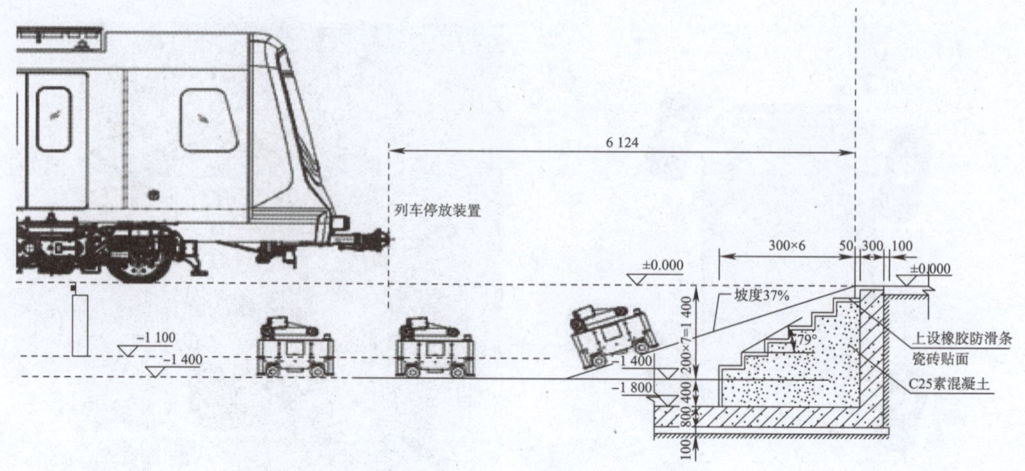

图 3-6　通过地沟端部斜坡进行股道转换

三、智能巡检机器人检测效率

智能巡检机器人具备精确定位功能，实现车底关键部位的精准检测，定位精度在±5 mm 以内。机器人通过激光雷达导航到达列车部件位置附近后，再通过 RGB-D 相机和 SLAM 算法，定位车辆每个部件相对于地图的位置，更加精准地定位每个需要检测的部位。机器人相对于列车部件的运行轨迹如图 3-7 所示。

图 3-7　机器人相对于列车部件的运行轨迹

RGB-D 相机对场景有较强的深度感知能力，避免了以往算法对场景深度进行估计的依赖，并简化了计算过程。SLAM 全称为 simultaneous localization and mapping，中文翻译为同步定位与建图，即机器人在未知环境中从一个未知位置开始移动，在移动过程中根据位置和地图进行自身定位，同时在自身定位的基础上建造增量式地图，实现机器人的自主定位和导航。列车部件匹配定位如图 3-8 所示。

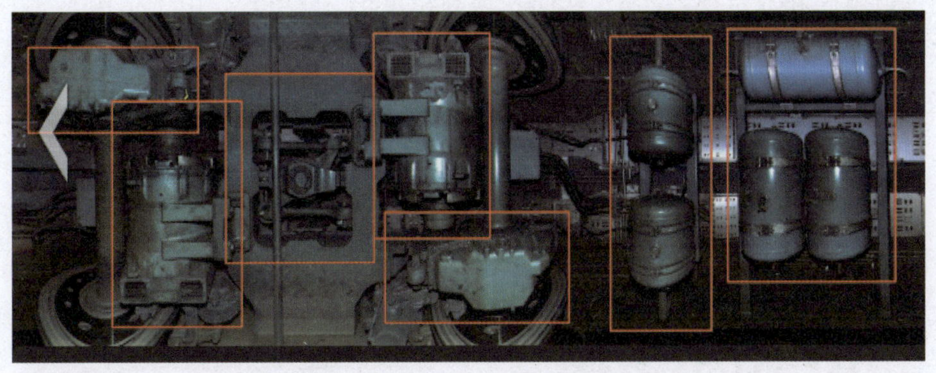

图 3-8　列车部件匹配定位

智能巡检机器人对车底可视部件的检测覆盖率不低于 95%，可对列车检修股道内侧车底设备配件转向架、各类箱体、空压机、电气和气动管路等实现自动检测，能够统计涵盖十余项大类的缺陷检测内容，覆盖单列列车 5 000 多个检测点位的巡检工作，包括识别各部件存在的变形、异物、缺失；识别各类销、各类管线（不锈钢管与软管连接处）、线夹是否脱落；识别温度标签颜色，包含初始色、正常色、异常色等；识别油脂是否渗漏；检测阀门、管接头是否正常；检测各类柜体（开合）是否正常等。标贴纸脱落识别如图 3-9 所示。

图 3-9　标贴纸脱落识别

智能巡检机器人具备先进的图像检测功能，通过二维图像采集和三维轮廓采集，自动测量指定区域的平面信息、厚度信息、间隙尺寸，实现对目标部件的检测。系统的成像单元采用双目视觉＋衍射光栅组合模式，使用双目三维成像技术，对特定目标进行拍摄，重构目标物体三维结构，并分析目标物体的状态、测量目标物体的尺寸、识别目标物体的信息。

双目结构光 3D 相机，一般指采用多幅条纹光栅，即先通过光栅投射模组（按照时间序列依次投射在被测物体表面），再通过双目对物体表面的光栅进行拍照，基于事先编码规则进行解码和双目视差匹配，从而获得高精度的 3D 点云。由于结构光 3D 相机采用了多幅光栅进行编码，原理上编码精度可精细到 1 个像素甚至亚像素。

基于时间序列编码的结构光光栅如图 3-10 所示。

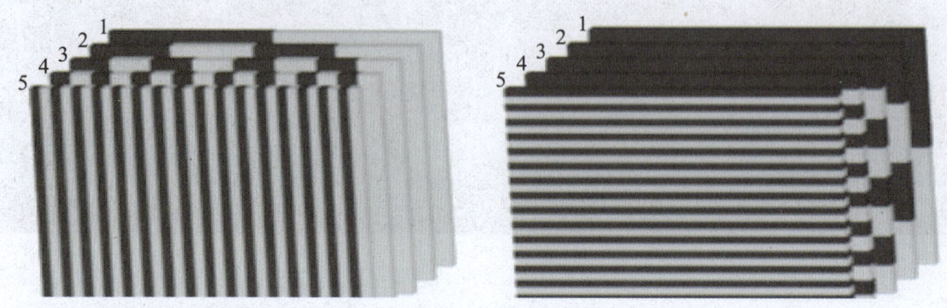

图 3-10 基于时间序列编码的结构光光栅

光栅投射模组光路示意如图 3-11 所示。

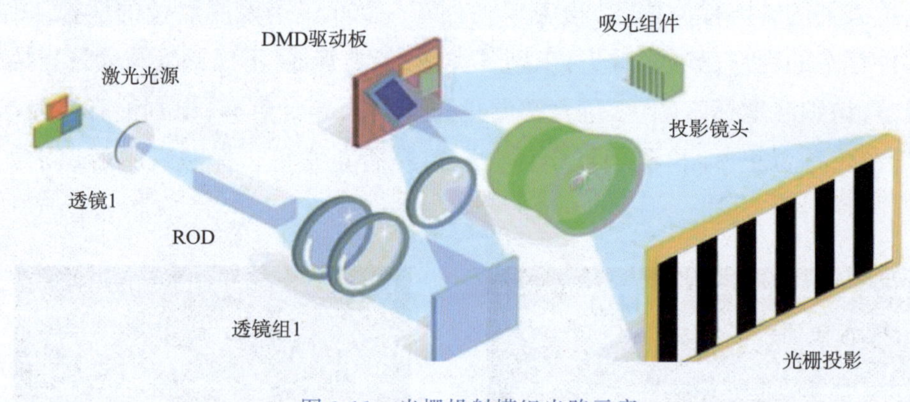

图 3-11 光栅投射模组光路示意

双目结构光三维轮廓采集原理如图 3-12 所示。

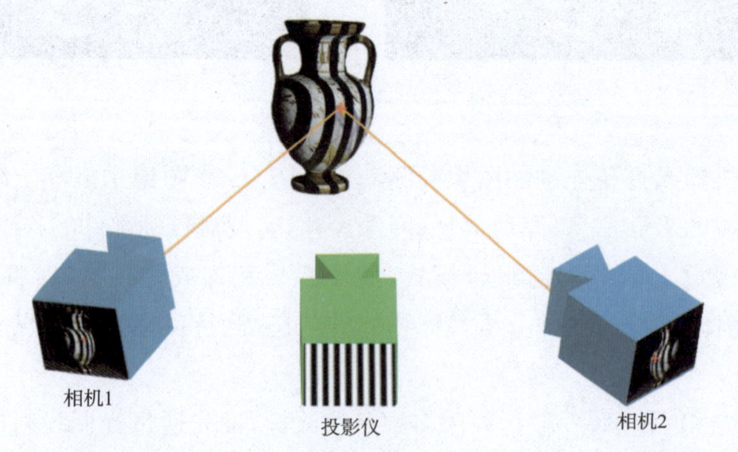

图 3-12 双目结构光三维轮廓采集原理

二维尺寸检测如图 3-13 所示。

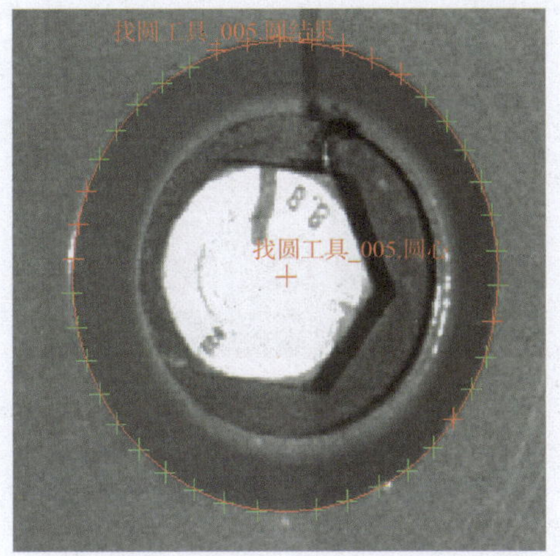

图 3-13　二维尺寸检测

三维高度变化检测如图 3-14 所示。

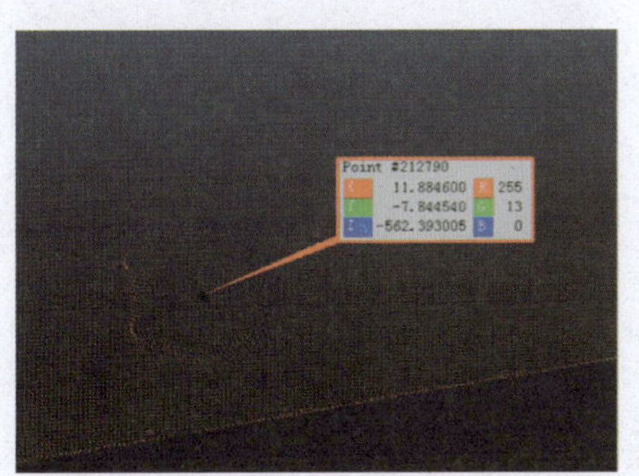

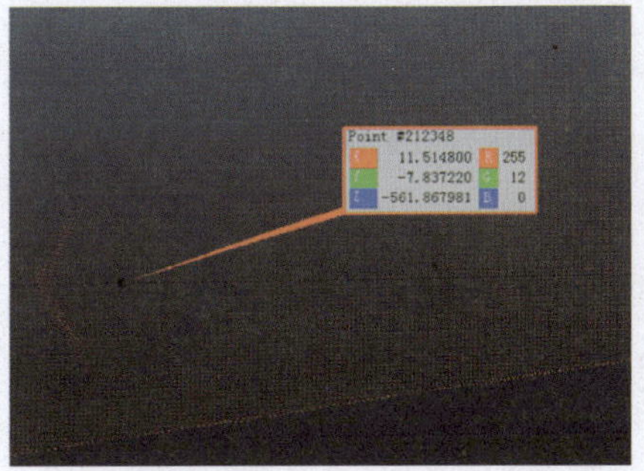

图 3-14　三维高度变化检测

螺栓松动检测算法流程如图 3-15 所示。

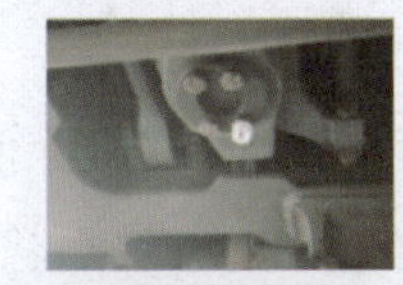

螺栓实物图　螺栓拍摄点云图　建立基准平面　检测螺栓高度

滤波去杂散点采样　聚类算法效果图　正常高度　超高异常

图 3-15　螺栓松动检测算法流程

螺钉松动检测如图 3-16 所示。

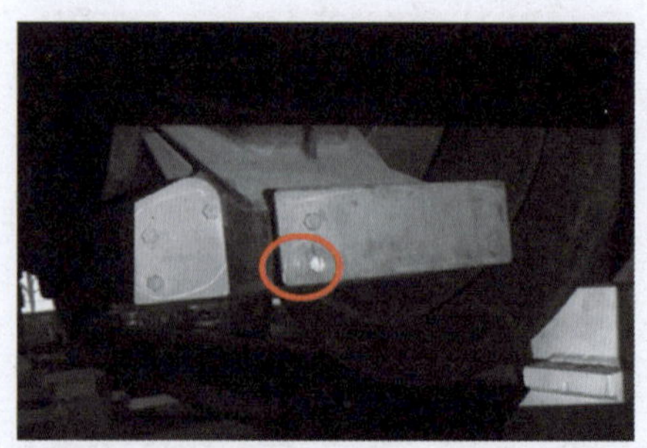

图 3-16 螺钉松动检测

四、智能巡检机器人经济效益分析

智能巡检机器人的应用，可有效缩短人工作业时间、降低人工作业强度和难度、改善作业环境、提高检修效率和质量、及时和全面地消除列车运行存在的安全隐患。经济效益主要体现在以下方面：

(1)提高检测效率：采用智能巡检机器人系统检测后，减少检修的工作量，让班组聚焦核心问题和检修优化。

(2)缩减时间成本：实现自动检测、自动预警异常结果，从而进行有针对性的维护，缩短单编组列车的日常作业时间。

(3)降低安全风险：机器视觉的优点在于严谨的流程，相比人工作业而言，不需担心作业人员责任心问题而导致的检查不彻底，进一步减少乃至杜绝列车带着故障运行。

(4)降低管理成本：规范的数据管理方式，可以开展有效的工作责任追溯，使工作人员责任心更强，从而降低管理成本。

(5)提供学习/培训素材：通过收集、汇总典型的故障现象，提炼共性，提出预防措施，作为提升作业小组技能水平的培训材料。

智能化检测设备的应用对车辆全寿命周期维保降本增效具有重要意义和价值。人工检测特别是夜检，检修人员容易疲劳，易造成漏检，同时检修任务重，工作时间长，无法快速准确定位故障点。正确使用巡检系统的数据，通过机检人复核或者机检代替人检，可有效缩短人工作业时间、降低人工作业难度、减少成本、提高线路利用效率。

复习思考题

1. 车底检测机器人的系统构成是什么？

2. 车底检测机器人的性能要求主要体现在几个方面?

3. 对于不同的车组情况,车底检测机器人系统的检测方式分别是什么?

4. 车底快速检测模块主要技术参数是什么?

5. 精准部位多维检测模块的试验验证方法是什么?

6. 车底检测机器人系统模块的设备可靠性是什么?

7. 车底快速检测模块和精准部位多维检测模块设备组成及实现功能各有哪些?

8. 车底快速检测模块图像识别有哪几类? 对于动车组配件丢失类问题有哪些识别项点?

9. 车底检测机器人系统模块主要包括哪些设备?

第四章　动车组一级修检测机器人系统联网应用子系统及基础设施平台

第一节　网络架构及安全防护

动车组一级修检测机器人系统依托由铁路数据通信网承载的内部服务网建设，其总体网络架构如图 4-1 所示。

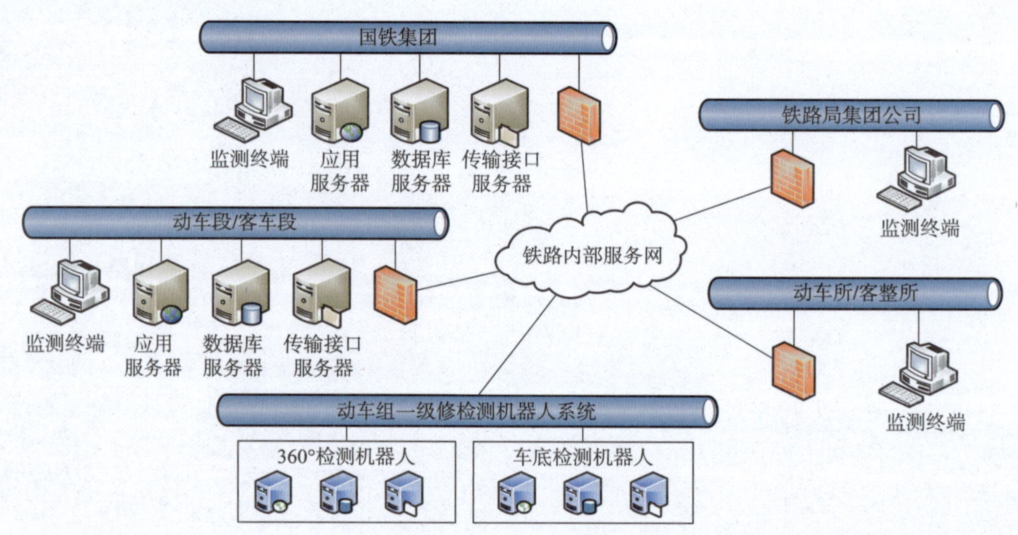

图 4-1　动车组一级修检测机器人系统总体网络架构

为满足各级联网节点之间的数据传输需求，应满足以下要求：

(1)国铁集团、铁路局集团公司、动车段/客车段、动车所/客整所之间，传输带宽不低于 20 Mbit/s，并建议设计通道冗余措施。

(2)国铁集团、铁路局集团公司、动车段/客车段、动车所/客整所内部，应建设千兆局域网络。

(3)网络性能应满足丢包率≤1/1 000，网络时延≤500 ms，抖动≤100 ms。

(4)系统各级联网节点根据具体条件可采用 CE 设备或其他传输通道就近接入铁路内部服务网广域网。

（5）铁路内部服务网为系统提供满足应用需求的网络带宽保证，其中局域网网络设备和服务器设备的 IP 地址，由铁路信息部门统一规划分配。

动车组一级修检测机器人系统安全防护应满足《信息安全技术　网络安全等级保护基本要求》（GB/T 22239—2019）中等级保护第二级标准。

第二节　应用功能

动车组一级修检测机器人系统作为铁路机辆运行安全监控系统联网及信息综合应用的一部分，应实现全路统一的联网接入及综合应用管理。

一、国铁集团级应用

（1）能够接收并存储全路动车组一级修检测机器人出入库过车信息、故障报警信息及设备运行状态信息，可与外部信息系统进行信息共享。

（2）提供全路/动车组/动力集中动车组出入库过车信息、报警信息、设备状态信息等数据的查询、统计及分析，并提供统计分析报表。

（3）提供用户管理功能，不同管理职能、权限的用户根据业务需求进行访问授权。

二、铁路局集团公司级应用

（1）能够实时监控管辖范围内过车信息、故障报警信息。

（2）提供管辖范围内过车信息、报警信息、设备状态信息等数据的查询、统计及分析。

（3）提供用户管理功能，不同管理职能、权限的用户根据业务需求进行访问授权。

三、动车段/客车段级应用

（1）能够接收并存储管辖范围内动车组一级修检测机器人系统检测设备上传的过车信息、故障报警信息及设备运行状态信息，可与国铁集团级系统数据同步。

（2）能够实时监控管辖范围内过车信息、故障报警信息。

（3）具备故障报警信息的提醒、确认及处理回填功能。

（4）具备管辖范围内过车信息、报警信息、设备状态信息等数据的查询、统计及分析功能。

（5）提供用户管理功能，不同管理职能、权限的用户根据业务需求进行访问授权。

四、动车所/客整所级应用

（1）能够实时监控管辖范围内过车信息、故障报警信息。

(2)具备故障报警信息的提醒、确认及处理回填功能。

(3)具备管辖范围内过车信息、报警信息、设备状态信息等数据的查询、统计及分析功能。

(4)提供用户管理功能,不同管理职能、权限的用户根据业务需求进行访问授权。

第三节　主要配置参数

动车组一级修检测机器人系统依托既有铁路机辆运行安全监控系统的结构部署,国铁集团级系统部署于国铁集团主数据中心,动车段/客车段级平台与既有铁路机辆运行安全监控相关系统同址建设。

一、国铁集团级系统

1. 硬件配置

国铁集团级系统需存储较长时间全路的出入库过车信息及故障报警信息,供各级主管部门调阅与统计分析,应至少配备应用服务器、传输接口服务器、数据库服务器、监测(复示)终端、网络设备等设备,服务器配置见表 4-1。

表 4-1　国铁集团级系统服务器配置

设备名称	功　能	说　明
应用服务器	用于业务功能实现	8 核 CPU,主频≥2.0 GHz,32 GB 内存,≥500 GB 固态硬盘,至少 2 台
传输接口服务器	用于全路数据接收及文件存储	8 核 CPU,主频≥2.0 GHz,32 GB 内存,≥10 TB 固态硬盘,至少 6 台,至少保障 3 年报文及文件存储
数据库服务器	用于数据存储处理与分析	8 核 CPU,主频≥2.0 GHz,32 GB 内存,≥1 TB 硬盘(根据数据存储量自适应增加),保障 10 年系统业务数据存储

2. 软件配置

国铁集团主要软件应至少包括操作系统、数据库软件以及全路统一的监测联网应用软件、数据联网软件等,具体软件配置见表 4-2。

表 4-2　国铁集团级系统软件配置

序　号	设备名称	说　明
通用软件		
1	操作系统	Windows 系统,提供联网应用系统运行环境
2	数据库软件	mysql-8.0.19-winx64,提供数据库服务的基础功能

续上表

序 号	设备名称	说 明
动车组一级修检测机器人系统软件		
1	全路统一的动车组一级修检测机器人系统联网应用软件	监测信息综合联网应用管理
2	全路统一的动车组一级修检测机器人系统数据联网软件	联网应用平台数据传输基础

二、动车段/客车段级系统

1. 硬件配置

动车段/客车段级系统存储较长时间管内的出入库过车信息及故障报警信息，并为局、段、所级用户提供应用服务，应至少配备应用服务器、传输接口服务器、数据库服务器、监测(复示)终端、网络设备等设备。为保障系统运行资源充足、环境稳定，原则上应采用硬件虚拟化技术配置独立的虚拟化服务器资源，条件不具备的情况下，可增配既有铁路机辆运行安全监控相关系统服务资源实现部署，但应保证应用及数据的容灾能力，网络设备及其他设备可与既有铁路机辆运行安全监控系统共用。动车段/客车段硬件配置见表4-3。

表4-3 动车段/客车段级系统硬件配置

<table>
<tr><th>序 号</th><th colspan="2">设备名称</th><th>功 能</th><th colspan="2">说 明</th></tr>
<tr><td colspan="6">服务器设备</td></tr>
<tr><td rowspan="3">1</td><td rowspan="3">虚拟化平台</td><td>虚拟应用服务器</td><td>业务功能实现</td><td>8核CPU，主频≥2.0 GHz，64 GB内存，≥1 TB硬盘(主备各1台)</td><td rowspan="3">虚拟化平台应至少配备3台物理机，配置PCIE固态硬盘缓存比例≥10%</td></tr>
<tr><td>虚拟传输接口服务器</td><td>出入库检测设备数据接收及处理优化</td><td>8核CPU，主频≥2.0 GHz，64 GB内存，≥10 TB硬盘(根据TRDS设备数量增配)</td></tr>
<tr><td>虚拟数据库服务器</td><td>数据存储处理与分析</td><td>8核CPU，主频≥2.0 GHz，64 GB内存，≥10 TB硬盘(根据数据量增配)</td></tr>
<tr><td>2</td><td colspan="2">备份服务器</td><td>数据备份</td><td colspan="2">8核CPU，主频≥2.0 GHz，64 GB内存，≥10 TB硬盘，实体物理机(异地)</td></tr>
<tr><td>3</td><td colspan="2">万兆交换机</td><td>虚拟化平台数据交换</td><td colspan="2">≥24口光纤万兆交换机</td></tr>
<tr><td colspan="6">网络设备</td></tr>
<tr><td>1</td><td colspan="2">路由器</td><td>接入铁路内部服务网广域网</td><td colspan="2">2台堆叠</td></tr>
<tr><td>2</td><td colspan="2">防火墙</td><td>网络安全防护</td><td colspan="2">标准设备</td></tr>
<tr><td>3</td><td colspan="2">核心交换机</td><td>数据交换</td><td colspan="2">2台堆叠</td></tr>
<tr><td>4</td><td colspan="2">接入交换机</td><td>数据交换</td><td colspan="2">不低于24口千兆</td></tr>
</table>

续上表

序　号	设备名称	功　　能	说　　明
其他设备			
1	不间断电源	电源应急保障	支持 1 h 供电
2	监测终端	应用功能的显示及业务处理	4 核 CPU，主频≥3.0 GHz，8 GB 内存，≥1 TB 硬盘，分辨率 1 920×1 080 配置数量根据需求确定

2. 软件配置

动车段/客车段级系统主要软件应包括操作系统、数据库软件以及全路统一的监测联网应用软件、数据联网软件等，具体软件配置见表 4-4。

表 4-4　动车段/客车段级系统软件配置

序　号	软件名称	说　　明
通用软件		
1	操作系统	提供联网应用系统运行环境
2	数据库软件	提供数据库服务的基础功能
3	虚拟化平台软件	提供虚拟服务器的虚拟服务
动车组一级修检测机器人系统软件		
1	全路统一的动车组一级修检测机器人系统联网应用软件	监测信息综合联网应用管理
2	全路统一的动车组一级修检测机器人系统数据联网软件	联网应用平台数据传输基础

第四节　平台技术要求

动车组一级修检测机器人系统基础设施平台包括 360°检测机器人的检测棚、整体道床部分，车底检测机器人的检修地沟部分，还有各自的设备机房及其附属设施等，为各检测模块正常工作的给排水、供电、网络通信、配套土建工程等提供保障条件。

一、检测棚（360°检测机器人）

检测棚的设计须满足《标准轨距铁路限界　第 2 部分：建筑限界》（GB 146.2—2020）的要求。

1. 外形尺寸

（1）长度：原则≥30 m，可根据现场实际情况进行适当调整，动车组检测棚的长度原则≥25 m。

（2）高度：≥8 m，接触网与棚顶下表面最小距离≥2 m。

2. 建设要求

满足房屋建筑相关设计规范的要求：

(1)检测棚内配套设置受电弓检测模块及整车图像检测模块安装、检修作业平台，采用钢结构垂直攀爬梯，平台宽度≥0.5 m，与接触网最小距离≥2 m。

(2)检测棚前后直线段≥25 m。

(3)检测棚股道坡度≤15‰。

(4)样板轮间至检测线路设置硬化路面或平交道，道口宽度≥3.5 m。

(5)预留轨底中沉箱基坑≥1 400 mm×500 mm×800 mm[长×宽×深(轨面往下)]。

(6)预留轨底外沉箱基坑≥750 mm×500 mm×800 mm[长×宽×深(轨面往下)]。

(7)距离铁轨中心线左、右(2 600±50)mm，两侧预留侧箱基坑≥1 000 mm×900 mm×800 mm[长×宽×深(地面往下)]。

(8)检测棚二层平台预留车顶采集模组、受电弓采集单元安装空间≥7 500 mm(长度)。

(9)预留线缆沟至二层平台线槽。

二、整体道床(360°检测机器人)

(1)检测区域采用整体道床，整体道床长度不短于检测棚长度，设伸缩缝，缝宽≥2 cm；预埋地脚螺栓，道床基础不得出现不均匀沉降、开裂、孔洞等现象。

(2)检测区域地面硬化处理，表面采用防水自流平，并设置3%防水坡。

(3)整体道床与普通道床前后衔接部分设10 m过渡段，过渡段道床厚度不应小于300 mm，道砟层底部采用混凝土硬化。

(4)线缆井设置在整体道床两侧，线缆井采用复合沟盖板。

(5)整体道床内钢轨支承块的中心距及预埋底座须满足设备安装条件，固定扣件按现场实际选用Ⅱ型或专用弹条扣件。

(6)轨底坡≤25‰，轨顶标高为±0.000，等同于站场同处股道轨顶设计绝对标高。

(7)检测棚区域轨道的高差、水平度、直线度≤4 mm。

三、检修地沟(车底检测机器人)

(1)检修地沟截止线端设维修槽(宽≥3.5 m、长≥6.5 m)。

(2)检修地沟面到轨面高度距离(170±3)cm。

(3)检修地沟居中于两轨之间，宽度距离(110±3)cm，与轨道中心线偏差±2 cm。

(4)检修地沟踏板宽度170 mm，踏板安装顶面距离地沟面(390±5)mm。

(5)检修地沟排水沟居中于两轨之间，宽度距离(400±3)mm，深度根据排水需求约定。

四、机房设备

1. 360°检测机器人

(1)设备机房包含服务器间、样板轮间、工具备品间，总面积≥60 m^2，室内净空≥3 m。

(2)服务器间安装配电箱，配电箱容量≥50 kV・A/380 V。

(3)各房间设 380 V、220 V 电源插座，服务器间设空调插座。

(4)服务器间内安装防静电地板，安装高度为 200～300 mm。

(5)原则上设备机房与检测棚合建，如条件不具备时可轨旁安装户外恒温机柜替代服务器间，需保持服务器到检测设备之间布线长度不应超过 100 m。

(6)服务器间预留电话接口及网络接口(IP 地址)。

(7)服务器间照明平均照度≥300 lx，其余房间平均照度≥200 lx。

(8)机房应具备安全监控、防雷、防火、防水、防大电流冲击等安全监测及防护设备。

(9)机房环境运维管理系统，实现对供电、温湿度、水侵以及烟感的报警，在机房内、检测棚区域安装视频监控，具备入侵报警功能。

2. 车底检测机器人

(1)设备机房包含服务器间、工具备品间，总面积≥10 m^2，室内净空≥3 m。

(2)服务器间安装配电箱，配电箱容量:≥90 kV・A/380 V。

(3)各房间设 380 V、220 V 电源插座，服务器间设空调插座。

(4)服务器间内安装防静电地板，安装高度为 200～300 mm。

(5)原则上设备机房与检修地沟合建，如条件不具备时可在检修地沟旁安装户外恒温机柜替代服务器间，需保持服务器到检修地沟端头网桥设备之间布线长度不应超过 100 m，如果超过 100 m 需设立多个设备机房。

(6)服务器间预留电话接口及网络接口(IP 地址)。

(7)服务器间照明平均照度≥300 lx，其余房间平均照度≥200 lx。

(8)机房应具备安全监控、防雷、防火、防水、防大电流冲击等安全监测及防护设备。

(9)机房环境运维管理系统，实现对供电、温湿度、水侵以及烟感的报警，在机房内、机房外区域、车底检测机器人前后安装视频监控，具备入侵报警功能。

五、附属设施

1. 远程控制室

(1)控制室区域设置防静电地板。

(2)设 380 V、220 V 电源插座,预留空调插座。

(3)配电要求:≥10 kW/380 V。

(4)控制室面积≥24 m^2。

(5)预留网络接口(IP 地址)及电话接口(号码)。

(6)可与调度指挥中心(合署办公)合建。

2. 通信、信息

(1)设备机房设路网接口,并配置网络交换机。

(2)360°检测机器人设备机房与检修棚铺设电缆、光缆,采用桥架或线槽铺设,并设置可拆卸防尘盖板。

(3)车底检测机器人设备机房与检修地沟端头信号箱铺设电缆、光缆,采用预埋管铺设,分段预埋可穿线管径≥50 mm×1.2 mm 长的镀锌金属线管。

(4)各设备机房与远程控制台之间设单模铠装信号光缆,带宽≥1 Gbit/s,光缆两端均采用光纤接头。

3. 接触网

(1)检测棚内接触网拉出值≤100 mm。

(2)检测棚内设置一根接触网、承力索,不允许有斜拉线,双弓隔断支架之间不允许安装吊弦。

(3)在检测棚端头外部设置隔离开关,距离≥5 m。

4. 给排水

(1)在检测棚就近设置耦合液供给池,储水量≥4.5 m^3,并配置盖板、过滤网等,井室、孔洞盖板采用双层保温井盖。

(2)耦合液供给池采用通径≥25 mm 的自来水管供水,设置截止阀;耦合液供给池内配置潜水泵,扬程≥15 m。

(3)设置引水槽,预埋安装通径≥75 mm 的排水管道;排水方式为直排式,直接排入站场就近的排水系统,泄水孔可采用管道或明沟泄水。

(4)从外部水源处引入自来水管,须做好水管防冻措施,必要时可加伴热带。

(5)管道明铺设绝热保温层,管道绝热层厚度≥25 mm。

(6)设置回水管道,预埋安装通径≥75 mm 的回水管道,道床上的耦合液能回流到耦合液供给池。

5. 暖通

(1)设备机房间设空调,北方地区须考虑供暖系统。

(2)设备机房采用轴流风机通风换气。

6. 接地

(1)检测棚及设备机房设避雷及接地,接地网埋入地坪≥1 m。

(2)接地体与地网采用双面焊接,焊接长度≥100 mm。

(3)避雷针与钢屋架焊接长度≥100 mm。

(4)所有焊接处作防锈防腐处理。

(5)检测棚及设备机房接地阻值≤4 Ω。

(6)断接卡箱≥250 mm×180 mm×120 mm(长×宽×高),中心点标高≥0.5 mm。

(7)道床线缆沟两侧及设备间均须预留接地扁铁,用于设备接地,且接地阻值≤4 Ω。

第五节　360°检测机器人子模块安装要求

一、踏面故障检测模块

1. 技术要求

(1)整体道床长度:≥3 m。

(2)设备安装股道与相邻线间距符合 GB 146.2 有关铁路限界要求。轨旁设备房屋距线路中心距离≥限界。

2. 设备安装线路条件

(1)线路平直要求左、右高差:≤3 mm。

(2)线路平顺要求:≤3 mm。

(3)线路坡度要求:≤3‰。

(4)现场电源:220×(1±10%)V,20 kV·A。

(5)远程控制中心室电源:220 V,5 kV·A。

(6)现场接地参照 GB 50343—2012 和 GB/T 2887—2011 规范。

二、图像检测模块

1. 技术要求

(1)整体道床长度:≥30 m。

(2)设备安装股道与相邻线间距符合 GB 146.2 有关铁路限界要求。轨旁设备房屋距线路中心距离≥限界。

(3)预留轨底中沉箱基坑≥1 400 mm×500 mm×800 mm[长×宽×深(轨面往下)]。

(4)预留轨底外沉箱基坑≥750 mm×500 mm×800 mm[长×宽×深(轨面往下)]。

(5)距离轨道中心线左、右(2 600±50)mm,两侧预留侧箱基坑≥1 000 mm×900 mm×800 mm[长×宽×深(地面往下)]。

(6)检测棚二层平台预留车顶采集模组安装空间长度≥1 200 mm。

2. 设备安装线路条件

(1)线路平直要求左、右高差:≤3 mm。

(2)线路平顺要求:≤3 mm。

(3)线路坡度要求:≤3‰。

(4)现场电源:220×(1±7%)V,20 kV·A。

(5)远程控制中心室电源:220 V,5 kV·A。

(6)现场接地参照 GB 50343—2012 和 GB/T 2887—2011 规范。

三、受电弓检测模块

1. 技术要求

(1)整体道床长度:≥30 m。

(2)设备安装股道与相邻线间距符合 GB 146.2 有关铁路限界要求。轨旁设备房屋距线路中心距离≥限界。

(3)检测棚二层平台预留受电弓采集单元安装空间长度≥5 000 mm,采集单元分为相机、光源、触发传感器单独安装,相机距离触发传感器 5 000 mm。

2. 设备安装线路条件

(1)线路平直要求左、右高差:≤3 mm。

(2)线路平顺要求:≤3 mm。

(3)线路坡度要求:≤3‰。

(4)设备区段接触导线拉出值:≤100 mm。

(5)现场电源:220×(1±7%)V,20 kV·A。

(6)远程控制中心室电源:220 V,5 kV·A。

(7)现场接地参照 GB 50343—2012 和 GB/T 2887—2011 规范。

第六节　动车组一级修检测机器人系统设备试验检验

一、环境试验

动车组一级修检测机器人系统设备的高温、低温、恒定温热、振动等环境试验应符合行业规定。

二、电磁兼容试验

静电放电抗扰度试验应按照 GB/T 17626.2—2018 的要求进行，射频电磁场辐射抗扰度试验应按照 GB/T 17626.3—2016 的要求进行，电快速瞬变脉冲群抗扰度试验应按照 GB/T 17626.4—2018 的要求进行，浪涌(冲击)抗扰度试验应按照 GB/T 17626.5—2019 的要求进行，射频场感应的传导骚扰抗扰度试验应按照 GB/T 17626.6—2017 的要求进行。

复习思考题

1. 动车组一级修检测机器人系统联网应用功能分为几大应用?

2. 动车所/客整所级动车组一级修检测机器人系统应用包括哪些?

3. 动车段级动车组一级修检测机器人系统软件培训包括哪些内容?

4. 为满足各级联网节点之间的数据传输需求，动车组一级修检测机器人系统网络架构应满足哪些要求?

5. 360°检测机器人整体道床有哪些技术要求?

6. 简述接触网的技术要求。

7. 简述车底检修机器人检修地沟技术要求。

8. 简述踏面故障检测模块的设备安装线路条件。

9. 简述受电弓检测模块的技术要求。

10. 简述图像检测模块的技术要求。

第五章　检验评价规则

第一节　检 验 分 类

产品的检验分为出厂检验和型式试验。

出厂检验:指产品在制造完成后,通过对产品进行全面、细致的检验和测试,以确保产品的质量符合相关的标准和要求。出厂检验由企业自行检验,需要每批产品出厂前都进行检验。

型式试验:指为了验证产品能否满足技术规范的全部要求所进行的试验。它是新产品鉴定中必不可少的一个环节,只有通过型式试验,该产品才能正式投入生产。为了达到认证目的而进行的型式试验,是对一个或多个具有代表性的样品利用试验手段进行合格性评估。本书所述的型式试验由国家铁路产品质量监督检验中心组织进行。

两者的区别在于:

检验时间不同:出厂检验需要每批产品出厂前都进行检验,检验合格方能出厂。型式试验只需每半年进行一次。

检验范围不同:出厂检验大多时候只需要完成部分的检测项目,而型式试验需要完成规定的所有检测项目,且型式检验是由质监局或第三方来完成检测,出厂检验是生产企业对自己生产产品的部分技术要求指标自己进行的检验;型式试验是对产品的全部技术要求指标进行的检验,一般是由第三方进行的检验。

检验前提标准不同:型式试验的检验针对新产品或产品转厂生产的试制定型鉴定,出厂检验针对质量,必须站在第三方的立场上,坚持质量验货的公正性、客观性。

第二节　出 厂 检 验

产品在出厂前,制造厂应按要求进行检验,合格后出具产品合格证明。

一、360°检测机器人

1. 外形尺寸和外观质量检验

外形尺寸检查一是检查机械加工质量,二是检查装配质量。

轨底中沉箱：1 328 mm×360 mm×440 mm，对角线误差±2 mm；

轨底外沉箱：720 mm×360 mm×410 mm，对角线误差±2 mm；

侧箱：540 mm×432 mm×1 140 mm，对角线误差±2 mm；

侧部 LQ 成像单元：260 mm×230 mm×120 mm；

车顶成像单元：1 000 mm×330 mm×220 mm；

轨旁柜：600 mm×375 mm×1 200 mm，箱帽 660 mm×430 mm，对角线误差±2 mm；

室内机柜：750 mm×900 mm×1 800 mm，对角线误差±2 mm。

外观质量主要是检查金属件等的涂覆层质量和平整度。涂覆层有喷塑或喷漆等几种，总的要求是均匀、附着力强、喷涂层厚度达到规定要求，色彩一致并符合规定，喷涂层不能有皱纹、流痕、针孔、气泡透底，无划痕等。平整度的要求是每米内的凹凸不超过 1 mm。

2. 装配质量检查

检查所用元器件型号、规格、数量是否符合图样要求；元器件的安装、布局是否符合工艺要求；元器件是否有完整的标志、铭牌，标牌上的内容是否正确；元器件安装是否牢靠、合理、符合元器件生产厂的安装要求；电气元件和功能单元中带电部件的电气间隙和爬电距离是否符合规定。

各部件装配表面光洁、无划痕，螺栓齐全、无损伤，连接器无损伤。

互换性检查：相同规格的功能单元之间进行互换性试验。规格相同，则应能互换，而且互换应可靠，来回运动应灵活、方便，例如相同尺寸沉箱安装位置互换等。

3. 机械、电气操作试验

(1)结构的机械强度和刚度检查

框架和外壳应有足够的强度和刚度，能承受所安装的元器件产生的机械应力，不能因吊装、运输而影响装置的性能。

(2)机械、电气操作试验内容

在安装和接线都正确的前提下，要按电气原理图进行模拟动作试验，即通电试验。

轨底、走行部、LQ 成像单元、车顶成像单元设备上电，网口、电源指示灯正常。

轨底、走行部成像单元风扇正常转动。

沉箱、侧箱开关门按钮点击一次开关门打开，再点击一次，开关门关闭；开关门动作到位；电源箱对应的指示灯正常。

磁钢对应信号箱指示灯常亮红色；使用铁质工具划过磁钢表面，信号箱对应的指示灯灭一下。

雷达在计算机端打开窗口助手，配置对应的串口后，在雷达前边挥手，有速度信息。

系统电源箱：打开前面板总输入空开，浪涌保护器指示灯亮、AC 220 V 指示灯亮；打开 UPS 输出空开，AC 220 V-OUT-UPS 指示灯亮；打开 UPS 输入空开，AC 220 V-IN-UPS 指示灯亮、DC 24 V-PLC 指示灯亮、DC 24 V-CX 指示灯亮；打开轨旁供电 1 空开，AC 220 V-LPS 指示灯亮；打开轨旁供电 2 空开，AC 220 V-LQ 指示灯亮；打开轨旁风扇，AC 220 V-FAN 指示灯亮。

开关门状态指示灯：关门红色，开门绿色。

液位指示灯状态：不超限，不亮；超限，常亮绿色。

三个按钮开关作用：

沉箱开关：强制手动打开和关闭沉箱门。

风扇开关：强制手动打开和关闭风扇。

水泵开关：强制手动打开和关闭水泵。

(3)联调功能测试

轨底、走行部、车底成像单元给外触发信号，激光器开启且指示灯正常，相机外触发可根据触发频率采图(相机为动态频率采集)，2D 相机和 3D 相机网络连接为千兆。

LQ 成像单元给外触发信号，激光器开启且指示灯正常，相机外触发可根据触发频率采图(相机为动态频率采集)，2D 相机网络连接为千兆。

4. 车体外观动态检测模块试验方法

(1)试验条件

试验应在下列环境条件下进行：

温度：－10～＋55 ℃；

相对湿度：45％～85％；

大气压力：86～106 kPa。

螺栓松动、防松铁丝断裂、导流罩间隙测量复核测量设备精度要求不低于设备检测精度要求。

(2)试验验证方法

①可视关键部件图像采集分辨率

随机抽查车底快扫图像采集数据中 10 颗螺栓，查看采集图像中该部件螺栓像素数，使用游标卡尺实际测量螺栓直径尺寸。按公式(5-1)计算螺栓对应图像中的分辨率。记录测量情况，取 10 次测量的平均像素分辨率作为验证结果。

$$P_{\mathrm{CSK}}=\frac{L_{\mathrm{CSK}}}{N_{\mathrm{CSK}}} \tag{5-1}$$

式中　P_{CSK}——像素分辨率；

L_{CSK}——实际测量螺栓实物直径尺寸，mm；

N_{CSK}——设备采集图像中螺栓直径对应像素数。

②螺栓松动准确率

随机在车底快扫拍照范围内设置螺栓松动真实故障，设置松动在 4 mm 以上，使用设备以 1 m/s 检测速度进行螺栓松动测量，取得结果，使用游标卡尺实际测量螺栓高度尺寸，按公式(5-2)计算螺栓松动检测准确率。测试样本不少于 20 例。

$$\phi_{CSL}=\frac{M_{CSL}}{N_{CSL}}\times 100\% \tag{5-2}$$

式中 ϕ_{CSL}——检测准确率；

M_{CSL}——设备测量结果与人工测量结果偏差满足检测精度范围的螺栓数；

N_{CSL}——被测螺栓总数。

③防松铁丝断裂测量精度

随机扣留车辆并在机器人拍照范围内设置断裂铁丝真实故障，设置开口大小在 5 mm 以上，使用设备以速度不低于最高检测速度 90%进行断裂铁丝开口检测，取得结果，设备检出断裂数与人工设置断裂数进行对比，按公式(5-3)计算铁丝断裂检测准确率。测试样本不少于 20 例。

$$\phi_{CSF}=\frac{M_{CSF}}{N_{CSF}}\times 100\% \tag{5-3}$$

式中 ϕ_{CSF}——检测准确率；

M_{CSF}——设备检出断裂铁丝数(应去除误报和重报数)；

N_{CSF}——人工实际设置断裂铁丝数。

④闸片剩余厚度测量精度

随机抽取设备以速度不低于最高检测速度 90%进行闸片剩余厚度测量，取得结果，与人工测量结果(采用闸片复核工具尺实车复核对应闸片剩余厚度)进行对比，按公式(5-4)计算闸片磨耗模块的检测准确率。测试样本不少于 30 例。

$$\phi_{CSZ}=\frac{M_{CSZ}}{N_{CSZ}}\times 100\% \tag{5-4}$$

式中 ϕ_{CSZ}——检测准确率；

M_{CSZ}——设备测量结果与人工测量结果偏差满足检测精度范围的闸片数；

N_{CSZ}——被测闸片总数。

⑤导流罩间隙测量精度

随机在车底快扫拍照范围内设置导流罩开口真实故障，设置开口大小在 5 mm 以上，使用设备以 1 m/s 速度检测导流罩开口，取得结果，与人工测量结果进行对比，按公式(5-5)计算导流罩开口检测准确率。测试样本不少于 10 例。

$$\phi_{CSD}=\frac{M_{CSD}}{N_{CSD}}\times 100\% \tag{5-5}$$

式中　ϕ_{CSD}——检测准确率；

M_{CSD}——设备测量结果与人工测量结果偏差满足检测精度范围的导流罩数；

N_{CSD}——被测导流罩总数。

二、车底检测机器人

1. 外形尺寸和外观质量检验

外形尺寸检查一是检查机械加工质量，二是检查装配质量。

单根机器人轨道长度±1 mm，轨道高度±0.5 mm，主轨道齿条安装底面距离轨顶面±0.1 mm，齿条长度误差±0.2 mm。

机器人轨道轨内距(700±2)mm，主轨直线度±1 mm(20 m内)，主辅轨顶面平面度±0.3 mm(2 m)。

车底检测机器人宽度<920 mm，以便适应地沟宽度。

外观质量主要是检查金属件等的涂覆层质量和平整度。涂覆层有喷塑或喷漆等几种，总的要求是均匀、附着力强、喷涂层厚度达到规定要求，色彩一致并符合规定，喷涂层不能有皱纹、流痕、针孔、气泡透底，无划痕等。平整度的要求是每米内的凹凸不超过1 mm。

2. 装配质量检查

检查所用元器件型号、规格、数量是否符合图样要求；元器件的安装、布局是否符合工艺要求；元器件是否有完整的标志、铭牌，标牌上的内容是否正确；元器件安装是否牢靠、合理、符合元器件生产厂的安装要求；电气元件和功能单元中带电部件的电气间隙和爬电距离是否符合规定。

各部件装配表面光洁、无划痕，螺栓齐全、无损伤，连接器无损伤。

互换性检查：相同规格的功能单元之间进行互换性试验。规格相同，则应能互换，而且互换应可靠，来回运动应灵活、方便，例如相同尺寸门板安装位置互换、尺寸间隙均不小于1 mm等。

3. 机械、电气操作试验

(1)结构的机械强度和刚度检查

外壳应有足够的强度和刚度，能承受所安装的元器件产生的机械应力，不能因吊装、运输而影响装置的性能。

通风口设置的检查：为了使车底检测机器人在运行时能正常通风散热一般应设置通风口，但通风口的设置，不能降低柜体的机械强度，不应降低车的防护等级。

(2)机械、电气操作试验内容

设备未通电，手动推车底检测机器人在轨道上运行顺畅，无卡滞、异响。机械臂升降机构无下坠。

在安装和接线都正确的前提下，要按电气原理图进行模拟动作试验，即通电试验。

车底检测机器人开机旋钮正常(远程开关机正常)；电池组逆变输出电压 AC 380 V/220 V。

设备通电后，各显示模块、指示灯正常，手动推不动车底检测机器人，拍下急停后才能手动推动车底检测机器人。

车底检测机器人在轨道上运行顺畅，无卡滞、异响；机械臂升降机构运行顺畅，无卡滞、异响；快扫防护门、充电座防护门、充电座等运动机构运行顺畅，无卡滞、异响。

通风风扇正常转动，风向由设备内部到设备外部；轴定位传感器风扇、快扫风扇正常转动。

设备前后雷达报警正常；监控画面清晰无延时，车底检测机器人前后观看地沟情形、机械臂动作。

车底检测机器人行走速度≥1 m/s，行走重复定位精度±1 mm。

机械臂升降台速度≥0.3 m/s，重复定位精度±0.1 mm。

机械臂动作正常，综合速度≥3 m/s，重复定位精度±0.03 mm。

4. 充电

充电机输入电压 AC 380 V，充电枪符合国标，执行标准为 GB/T 20234.3—2023。

5. 车底快速检测模块试验方法

(1)试验条件

试验应在下列环境条件下进行：

温度：−10～+55 ℃；

相对湿度：45%～85%；

大气压力：86～106 kPa。

螺栓松动、防松铁丝断裂、导流罩间隙测量复核测量设备精度要求不低于设备检测精度要求。

(2)试验验证方法

①可视关键部件图像采集分辨率

随机抽查车底快扫图像采集数据中 10 颗螺栓，查看采集图像中该部件螺栓像素数，使用游标卡尺实际测量螺栓直径尺寸。按公式(5-6)计算螺栓对应图像中的分辨率。记录测量情况，取 10 次测量的平均像素分辨率作为验证结果。

$$P_{\mathrm{CCKK}}=\frac{L_{\mathrm{CCKK}}}{N_{\mathrm{CCKK}}} \tag{5-6}$$

式中 P_{CCKK}——像素分辨率；

L_{CCKK}——实际测量螺栓实物直径尺寸，mm；

N_{CCKK}——设备采集图像中螺栓直径对应像素数。

②螺栓松动准确率

随机在车底快扫拍照范围内设置螺栓松动真实故障，设置松动在 4 mm 以上，使用设备以 1 m/s 检测速度进行螺栓松动测量，取得结果，使用游标卡尺实际测量螺栓高度尺寸，按公式(5-7)计算螺栓松动检测准确率。测试样本不少于 20 例。

$$\phi_{CCKL}=\frac{M_{CCKL}}{N_{CCKL}}\times 100\% \tag{5-7}$$

式中　ϕ_{CCKL}——检测准确率；

M_{CCKL}——设备测量结果与人工测量结果偏差满足检测精度范围的螺栓数；

N_{CCKL}——被测螺栓总数。

③防松铁丝断裂测量精度

随机在车底快扫拍照范围内设置断裂铁丝真实故障，设置开口大小在 5 mm 以上，使用设备以 1 m/s 速度检测断裂铁丝开口，取得结果，设备检出断裂数与人工设置断裂数进行对比，按公式(5-8)计算铁丝断裂检测准确率。测试样本不少于 20 例。

$$\phi_{CCKF}=\frac{M_{CCKF}}{N_{CCKF}}\times 100\% \tag{5-8}$$

式中　ϕ_{CCKF}——检测准确率；

M_{CCKF}——设备检出断裂铁丝数(应去除误报和重报数)；

N_{CCKF}——人工实际设置断裂铁丝数。

④导流罩间隙测量精度

随机在车底快扫拍照范围内设置导流罩开口真实故障，设置开口大小在 5 mm 以上，使用设备以 1 m/s 速度检测导流罩开口，取得结果，与人工测量结果进行对比，按公式(5-9)计算导流罩开口检测准确率。测试样本不少于 10 例。

$$\phi_{CCKD}=\frac{M_{CCKD}}{N_{CCKD}}\times 100\% \tag{5-9}$$

式中　ϕ_{CCKD}——检测准确率；

M_{CCKD}——设备测量结果与人工测量结果偏差满足检测精度范围的导流罩数；

N_{CCKD}——被测导流罩总数。

6. 精准部位多维检测模块试验方法

(1)试验条件

试验应在下列环境条件下进行：

温度：－10～＋55 ℃；

相对湿度：45％～85％；

大气压力:86～106 kPa。

螺栓松动、防松铁丝断裂、厚度测量、高度测量复核测量设备精度要求不低于设备检测精度要求。

(2)试验验证方法

①可视关键部件图像采集分辨率

随机抽查车底精扫图像采集数据中 10 颗螺栓,查看采集图像中该部件螺栓像素数,使用游标卡尺实际测量螺栓直径尺寸。按公式(5-10)计算螺栓对应图像中的分辨率。记录测量情况,取 10 次测量的平均像素分辨率作为验证结果。

$$P_{\mathrm{CCJK}}=\frac{L_{\mathrm{CCJK}}}{N_{\mathrm{CCJK}}} \tag{5-10}$$

式中 P_{CCJK}——像素分辨率;

L_{CCJK}——实际测量螺栓实物直径尺寸,mm;

N_{CCJK}——设备采集图像中螺栓直径对应像素数。

②螺栓松动准确率

随机在车底精扫拍照范围内设置螺栓松动真实故障,设置松动在 4 mm 以上,使用设备以机械手臂不低于最高速度 85%的速度检测螺栓松动,取得结果,使用游标卡尺实际测量螺栓高度尺寸,按公式(5-11)计算螺栓松动检测准确率。测试样本不少于 20 例。

$$\phi_{\mathrm{CCJL}}=\frac{M_{\mathrm{CCJL}}}{N_{\mathrm{CCJL}}}\times 100\% \tag{5-11}$$

式中 ϕ_{CCJL}——检测准确率;

M_{CCJL}——设备测量结果与人工测量结果偏差满足检测精度范围的螺栓数;

N_{CCJL}——被测螺栓总数。

③防松铁丝断裂测量精度

随机在车底精扫拍照范围内设置断裂铁丝真实故障,设置开口大小在 5 mm 以上,使用设备以机械手臂不低于最高速度 85%的速度检测断裂铁丝开口,取得结果,设备检出断裂数与人工设置断裂数进行对比,按公式(5-12)计算铁丝断裂检测准确率。测试样本不少于 20 例。

$$\phi_{\mathrm{CCJF}}=\frac{M_{\mathrm{CCJF}}}{N_{\mathrm{CCJF}}}\times 100\% \tag{5-12}$$

式中 ϕ_{CCJF}——检测准确率;

M_{CCJF}——设备检出断裂铁丝数(应去除误报和重报数);

N_{CCJF}——人工实际设置断裂铁丝数。

④闸片测量精度

随机抽取设备以机械手臂不低于最高速度85%的速度检测闸片，取得结果，与人工测量结果进行对比，按公式(5-13)计算闸片检测准确率。测试样本不少于10例。

$$\phi_{\mathrm{CCJZ}}=\frac{M_{\mathrm{CCJZ}}}{N_{\mathrm{CCJZ}}}\times 100\% \tag{5-13}$$

式中　ϕ_{CCJZ}——检测准确率；

M_{CCJZ}——设备测量结果与人工测量结果偏差满足检测精度范围的闸片数；

N_{CCJZ}——被测闸片总数。

三、踏面检测模块

1. 外形尺寸和外观质量检验

外形尺寸检查一是检查机械加工质量，二是检查装配质量。

单个踏面采集模组：720 mm×580 mm×205 mm；

单边踏面采集模组：3 664 mm×580 mm×400 mm；

轨旁柜：600 mm×375 mm×1 200 mm，箱帽660 mm×430 mm，对角线误差±2 mm。

外观质量主要是检查金属件等的涂覆层质量和平整度。涂覆层有喷塑或喷漆等几种，总的要求是均匀、附着力强、喷涂层厚度达到规定要求，色彩一致并符合规定，喷涂层不能有皱纹、流痕、针孔、气泡透底，无划痕等。平整度的要求是每米内的凹凸不超过1 mm。

2. 装配质量检查

检查所用元器件型号、规格、数量是否符合图样要求；元器件的安装、布局是否符合工艺要求；元器件是否有完整的标志、铭牌，标牌上的内容是否正确；元器件安装是否牢靠、合理、符合元器件生产厂的安装要求；电气元件和功能单元中带电部件的电气间隙和爬电距离是否符合规定。

各部件装配表面光洁、无划痕，螺栓齐全、无损伤，连接器无损伤。

互换性检查：相同规格的功能单元之间进行互换性试验。规格相同，则应能互换，而且互换应可靠，来回运动应灵活、方便，例如相同尺寸沉箱安装位置互换等。

3. 机械、电气操作试验

(1)结构的机械强度和刚度检查

框架和外壳应有足够的强度和刚度，能承受所安装的元器件产生的机械应力，不能因吊装、运输而影响装置的性能。

(2)机械、电气操作试验内容

在安装和接线都正确的前提下,要按电气原理图进行模拟动作试验,即通电试验。

吹尘风扇正常转动。

防护开关门按钮点击一次开关门打开,再点击一次,开关门关闭;开关门动作到位。

触发传感器对应信号箱指示灯常亮绿色/黄色;使用铁质工具划过传感器表面,指示灯变成红色一下;触发光源闪烁、相机采集图像。

(3)推轮子测试

推轮子轧过传感器,触发光源闪烁、相机采集图像。传感器安装位置合适。

4. 踏面检测模块试验方法

(1)试验条件

试验应在下列环境条件下进行:

温度:$-10\sim+55$ ℃;

相对湿度:45%~85%;

大气压力:86~106 kPa。

踏面检测复核测量设备精度要求不低于设备检测精度要求。

(2)试验验证方法

采用具有擦伤、剥离、硌伤、金属堆积、氧化皮缺陷外形的标准试样轮对,以不低于最高检测速度90%的速度通过,记录设备测量结果。按公式(5-14)计算踏面检测模块的检测准确率。测试样本不少于20例。

$$\phi_{CT}=\frac{M_{CT}}{N_{CT}}\times 100\% \tag{5-14}$$

式中 ϕ_{CT}——检测准确率;

M_{CT}——设备测量结果与标准试样轮对踏面缺陷参数偏差满足检测精度范围的车轮数;

N_{CT}——被测车轮总数。

四、受电弓检测模块

1. 外形尺寸和外观质量检验

外形尺寸检查一是检查机械加工质量,二是检查装配质量。

受电弓成像单元:250 mm×200 mm×180 mm;

受电弓光源:350 mm×200 mm×200 mm;

光电探测模块:60 mm×40 mm×20 mm。

外观质量主要是检查金属件等的涂覆层质量和平整度。涂覆层有喷塑或喷漆等几种，总的要求是均匀、附着力强、喷涂层厚度达到规定要求，色彩一致并符合规定，喷涂层不能有皱纹、流痕、针孔、气泡透底，无划痕等。平整度的要求是每米内的凹凸不超过 1 mm。

2. 装配质量检查

检查所用元器件型号、规格、数量是否符合图样要求；元器件的安装、布局是否符合工艺要求；元器件是否有完整的标志、铭牌，标牌上的内容是否正确；元器件安装是否牢靠、合理、符合元器件生产厂的安装要求；电气元件和功能单元中带电部件的电气间隙和爬电距离是否符合规定。

各部件装配表面光洁、无划痕，螺栓齐全、无损伤，连接器无损伤。

互换性检查：相同规格的功能单元之间进行互换性试验。规格相同，则应能互换，而且互换应可靠，来回运动应灵活、方便。

3. 机械、电气操作试验

(1)结构的机械强度和刚度检查

框架和外壳应有足够的强度和刚度，能承受所安装的元器件产生的机械应力，不能因吊装、运输而影响装置的性能。

(2)机械、电气操作试验内容

在安装和接线都正确的前提下，要按电气原理图进行模拟动作试验，即通电试验。设备上电，网口、电源指示灯正常。给外触发信号，光源闪烁、指示灯正常。

4. 试验

(1)试验条件

试验应在下列环境条件下进行：

温度：－10～＋55 ℃；

相对湿度：45％～85％；

大气压力：86～106 kPa。

试验电源满足以下要求：

试验电源：频率 50 Hz，允许偏差±1 Hz；

电压：AC 220 V，允许偏差±5％。

(2)试验验证方法

①受电弓滑板磨耗检验

被测滑板分别采用全新滑板和现场随机抽取的已磨耗滑板，用卷尺确认滑板中心，用游标卡尺测量距滑板中心±50 mm、±100 mm、滑板最小剩余厚度位置处滑板厚度，游标卡尺测量面应为系统检测面。分别针对以上 5 处位置人工重复测量 3 次取平均值。

查询该滑板样本在通过速度不低于最高检测速度90%条件下的设备检测结果，与人工测量结果进行对比，按公式(5-15)计算设备检测准确率。测试样本中全新滑板不少于2例，已磨耗滑板不少于18例。

$$\phi_{CSM}=\frac{M_{CSM}}{N_{CSM}}\times 100\% \tag{5-15}$$

式中 ϕ_{CSM}——检测准确率；

M_{CSM}——设备测量结果与人工测量结果偏差满足检测精度范围的样本数；

N_{CSM}——被测样本总数。

②受电弓中心偏移检验

a. 用卷尺测量并标记车顶中心线。

b. 降弓状态下，采用卷尺确认受电弓滑板中心，并划线标记。

c. 升弓状态下，在受电弓中心点悬挂铅锤。铅锤与车顶表面尽可能接近。用游标卡尺测量铅锤中心点与车体中心之间的距离，并与系统测量值进行对比检验。

③滑板掉块检测精度检验

a. 被测滑板应有至少一处≥10 mm×10 mm 掉块或人工设置类似大小故障，用游标卡尺测量各掉块缺陷尺寸信息。

b. 被检测系统重复测量≥3次，要求≥10 mm×10 mm 掉块能全部检出。

c. 查询该滑板缺陷或人工设置故障样本在通过速度不低于最高检测速度90%条件下的设备检测结果，与人工测量结果进行对比，按公式(5-16)计算设备检测准确率。测试样本不少于20例，人工设置故障样本占比不超过50%。

$$\phi_{CSD}=\frac{M_{CSD}}{N_{CSD}}\times 100\% \tag{5-16}$$

式中 ϕ_{CSD}——检测准确率；

M_{CSD}——人工确认故障的检出总数；

N_{CSD}——人工模拟故障总数或真实滑板掉块缺陷总数。

第三节 型式试验

有下列情况之一时，应进行型式试验：

1. 新产品试制完成时；
2. 产品结构、材料和工艺发生较大改变时；
3. 产品停产1年及以上重新恢复生产时。

型式试验样品应从出厂检验合格的产品中抽取进行。

一、360°检测机器人

1. 外形尺寸和外观质量检验

外形尺寸检查一是检查机械加工质量，二是检查装配质量。

轨底中沉箱：1 328 mm×360 mm×440 mm，对角线误差±2 mm；

轨底外沉箱：720 mm×360 mm×410 mm，对角线误差±2 mm；

侧箱：540 mm×432 mm×1 140 mm，对角线误差±2 mm；

侧部 LQ 成像单元：260 mm×230 mm×120 mm；

车顶成像单元：1 000 mm×330 mm×220 mm；

轨旁柜：600 mm×375 mm×1 200 mm，箱帽 660 mm×430 mm，对角线误差±2 mm；

室内机柜：750 mm×900 mm×1 800 mm，对角线误差±2 mm。

外观质量主要是检查金属件等的涂覆层质量和平整度。涂覆层有喷塑或喷漆等几种，总的要求是均匀、附着力强、喷涂层厚度达到规定要求，色彩一致并符合规定，喷涂层不能有皱纹、流痕、针孔、气泡透底，无划痕等。平整度的要求是每米内的凹凸不超过1 mm。

2. 装配质量检查

检查所用元器件型号、规格、数量是否符合图样要求；元器件的安装、布局是否符合工艺要求；元器件是否有完整的标志、铭牌，标牌上的内容是否正确；元器件安装是否牢靠、合理、符合元器件生产厂的安装要求；电气元件和功能单元中带电部件的电气间隙和爬电距离是否符合规定。

各部件装配表面光洁、无划痕，螺栓齐全、无损伤，连接器无损伤。

互换性检查：相同规格的功能单元之间进行互换性试验。规格相同，则应能互换，而且互换应可靠，来回运动应灵活、方便，例如相同尺寸沉箱安装位置互换等。

3. 机械、电气操作试验

(1)结构的机械强度和刚度检查

框架和外壳应有足够的强度和刚度，能承受所安装的元器件产生的机械应力，不能因吊装、运输而影响装置的性能。

(2)机械、电气操作试验内容

在安装和接线都正确的前提下，要按电气原理图进行模拟动作试验，即通电试验。

轨底、走行部、LQ 成像单元、车顶成像单元设备上电，网口、电源指示灯正常。

轨底、走行部成像单元风扇正常转动。

沉箱、侧箱开关门按钮点击一次开关门打开，再点击一次，开关门关闭；开关门动作到位;电源箱对应的指示灯正常。

磁钢对应信号箱指示灯常亮红色;使用铁质工具划过磁钢表面,信号箱对应的指示灯灭一下。

雷达在计算机端打开窗口助手,配置对应的串口后,在雷达前边挥手,有速度信息。

系统电源箱:打开前面板总输入空开,浪涌保护器指示灯亮、AC 220 V 指示灯亮;打开 UPS 输出空开,AC 220 V-OUT-UPS 指示灯亮;打开 UPS 输入空开,AC 220 V-IN-UPS 指示灯亮、DC 24 V-PLC 指示灯亮、DC 24 V-CX 指示灯亮;打开轨旁供电 1 空开,AC 220 V-LPS 指示灯亮;打开轨旁供电 2 空开,AC 220 V-LQ 指示灯亮;打开轨旁风扇,AC 220 V-FAN 指示灯亮。

开关门状态指示灯:关门红色,开门绿色。

液位指示灯状态:不超限,不亮;超限,常亮绿色。

三个按钮开关作用:

沉箱开关:强制手动打开和关闭沉箱门。

风扇开关:强制手动打开和关闭风扇。

水泵开关:强制手动打开和关闭水泵。

(3)联调功能测试

轨底、走行部、车底成像单元给外触发信号,激光器开启且指示灯正常,相机外触发可根据触发频率采图(相机为动态频率采集),2D 相机和 3D 相机网络连接为千兆。

LQ 成像单元给外触发信号,激光器开启且指示灯正常,相机外触发可根据触发频率采图(相机为动态频率采集),2D 相机网络连接为千兆。

4. 试验

(1)试验条件

试验应在下列环境条件下进行:

温度:−10～+55 ℃;

相对湿度:45%～85%;

大气压力:86～106 kPa。

螺栓松动、防松铁丝断裂、导流罩间隙测量复核测量设备精度要求不低于设备检测精度要求。

(2)试验验证方法

①可视关键部件图像采集分辨率

随机抽查车底快扫图像采集数据中 10 颗螺栓,查看采集图像中该部件螺栓像素数,使用游标卡尺实际测量螺栓直径尺寸。按公式(5-17)计算螺栓对应图像中的分辨率。

记录测量情况，取 10 次测量的平均像素分辨率作为验证结果。

$$P_{\mathrm{XSK}}=\frac{L_{\mathrm{XSK}}}{N_{\mathrm{XSK}}} \tag{5-17}$$

式中 P_{XSK}——像素分辨率；

L_{XSK}——实际测量螺栓实物直径尺寸，mm；

N_{XSK}——设备采集图像中螺栓直径对应像素数。

②螺栓松动准确率

随机在车底快扫拍照范围内设置螺栓松动真实故障，设置松动在 4 mm 以上，使用设备以 1 m/s 速度进行螺栓松动测量，取得结果，使用游标卡尺实际测量螺栓高度尺寸，按公式(5-18)计算螺栓松动检测准确率。测试样本不少于 20 例。

$$\phi_{\mathrm{XSL}}=\frac{M_{\mathrm{XSL}}}{N_{\mathrm{XSL}}}\times 100\% \tag{5-18}$$

式中 ϕ_{XSL}——检测准确率；

M_{XSL}——设备测量结果与人工测量结果偏差满足检测精度范围的螺栓数；

N_{XSL}——被测螺栓总数。

③防松铁丝断裂测量精度

随机在车底快扫拍照范围内设置断裂铁丝真实故障，设置开口大小在 5 mm 以上，使用设备以 1 m/s 速度检测断裂铁丝开口，取得结果，设备检出断裂数与人工设置断裂数进行对比，按公式(5-19)计算铁丝断裂检测准确率。测试样本不少于 20 例。

$$\phi_{\mathrm{XSF}}=\frac{M_{\mathrm{XSF}}}{N_{\mathrm{XSF}}}\times 100\% \tag{5-19}$$

式中 ϕ_{XSF}——检测准确率；

M_{XSF}——设备检出断裂铁丝数(应去除误报和重报数)；

N_{XSF}——人工实际设置断裂铁丝数。

④导流罩间隙测量精度

随机在车底快扫拍照范围内设置导流罩开口真实故障，设置开口大小在 5 mm 以上，使用设备以 1 m/s 速度检测导流罩开口，取得结果，与人工测量结果进行对比，按公式(5-20)计算导流罩开口检测准确率。测试样本不少于 10 例。

$$\phi_{\mathrm{XSD}}=\frac{M_{\mathrm{XSD}}}{N_{\mathrm{XSD}}}\times 100\% \tag{5-20}$$

式中 ϕ_{XSD}——检测准确率；

M_{XSD}——设备测量结果与人工测量结果偏差满足检测精度范围的导流罩数；

N_{XSD}——被测导流罩总数。

二、车底检测机器人

1. 外形尺寸和外观质量检验

外形尺寸检查一是检查机械加工质量，二是检查装配质量。

单根机器人轨道长度±1 mm，轨道高度±0.5 mm，主轨道齿条安装底面距离轨顶面±0.1 mm，齿条长度误差±0.2 mm。

机器人轨道轨内距(700±2)mm，主轨直线度±1 mm(20 m 内)，主辅轨顶面平面度±0.3 mm(2 m)。

车底检测机器人宽度＜920 mm，以便适应地沟宽度。

外观质量主要是检查金属件等的涂覆层质量和平整度。涂覆层有喷塑或喷漆等几种，总的要求是均匀、附着力强、喷涂层厚度达到规定要求，色彩一致并符合规定，喷涂层不能有皱纹、流痕、针孔、气泡透底，无划痕等。平整度的要求是每米内的凹凸不超过1 mm。

2. 装配质量检查

检查所用元器件型号、规格、数量是否符合图样要求；元器件的安装、布局是否符合工艺要求；元器件是否有完整的标志、铭牌，标牌上的内容是否正确；元器件安装是否牢靠、合理、符合元器件生产厂的安装要求；电气元件和功能单元中带电部件的电气间隙和爬电距离是否符合规定。

各部件装配表面光洁、无划痕，螺栓齐全、无损伤，连接器无损伤。

互换性检查：相同规格的功能单元之间进行互换性试验。规格相同，则应能互换，而且互换应可靠，来回运动应灵活、方便，例如相同尺寸门板安装位置互换、尺寸间隙均不小于1 mm等。

3. 机械、电气操作试验

(1)结构的机械强度和刚度检查

外壳应有足够的强度和刚度，能承受所安装的元器件产生的机械应力，不能因吊装、运输而影响装置的性能。

通风口设置的检查：为了使车底检测机器人在运行时能正常通风散热一般应设置通风口，但通风口的设置，不能降低柜体的机械强度，不应降低车的防护等级。

(2)机械、电气操作试验内容

设备未通电，手动推车底检测机器在轨道上运行顺畅，无卡滞、异响。机械臂升降机构无下坠。

在安装和接线都正确的前提下，要按电气原理图进行模拟动作试验，即通电试验。

车底检测机器人开机旋钮正常(远程开关机正常);电池组逆变输出电压 AC 380 V/220 V。

设备通电后,各显示模块、指示灯正常,手动推不动车底检测机器人,拍下急停后才能手动推动车底检测机器人。

车底检测机器人在轨道上运行顺畅,无卡滞、异响;机械臂升降机构运行顺畅,无卡滞、异响;快扫防护门、充电座防护门、充电座等运动机构运行顺畅,无卡滞、异响。

通风风扇正常转动,风向由设备内部到设备外部;轴定位传感器风扇、快扫风扇正常转动。

设备前后雷达报警正常;监控画面清晰无延时,车底检测机器人前后观看地沟情形、机械臂动作。

车底检测机器人行走速度≥1 m/s,行走重复定位精度±1 mm。

机械臂升降台速度≥0.3 m/s,重复定位精度±0.5 mm。

机械臂动作正常,综合速度≥3 m/s,重复定位精度±0.03 mm。

4. 充电

充电机输入电压 AC 380 V,充电枪符合国标,执行标准为 GB/T 20234.3—2023。

5. 快扫试验

(1)试验条件

试验应在下列环境条件下进行:

温度:−10～+55 ℃;

相对湿度:45%～85%;

大气压力:86～106 kPa。

螺栓松动、防松铁丝断裂、导流罩间隙测量复核测量设备精度要求不低于设备检测精度要求。

(2)试验验证方法

①可视关键部件图像采集分辨率

随机抽查车底快扫图像采集数据中 10 颗螺栓,查看采集图像中该部件螺栓像素数,使用游标卡尺实际测量螺栓直径尺寸。按公式(5-21)计算螺栓对应图像中的分辨率。记录测量情况,取 10 次测量的平均像素分辨率作为验证结果。

$$P_{\mathrm{XCKK}}=\frac{L_{\mathrm{XCKK}}}{N_{\mathrm{XCKK}}} \tag{5-21}$$

式中　P_{XCKK}——像素分辨率;

L_{XCKK}——实际测量螺栓实物直径尺寸,mm;

N_{XCKK}——设备采集图像中螺栓直径对应像素数。

②螺栓松动准确率

随机在车底快扫拍照范围内设置螺栓松动真实故障，设置松动在 4 mm 以上，使用设备以 1 m/s 检测速度进行螺栓松动测量，取得结果，使用游标卡尺实际测量螺栓高度尺寸，按公式(5-22)计算螺栓松动检测准确率。测试样本不少于 20 例。

$$\phi_{XCKL}=\frac{M_{XCKL}}{N_{XCKL}}\times 100\% \tag{5-22}$$

式中 ϕ_{XCKL}——检测准确率；

M_{XCKL}——设备测量结果与人工测量结果偏差满足检测精度范围的螺栓数；

N_{XCKL}——被测螺栓总数。

③防松铁丝断裂测量精度

随机在车底快扫拍照范围内设置断裂铁丝真实故障，设置开口大小在 5 mm 以上，使用设备以 1 m/s 速度检测断裂铁丝开口，取得结果，设备检出断裂数与人工设置断裂数进行对比，按公式(5-23)计算铁丝断裂检测准确率。测试样本不少于 20 例。

$$\phi_{XCKF}=\frac{M_{XCKF}}{N_{XCKF}}\times 100\% \tag{5-23}$$

式中 ϕ_{XCKF}——检测准确率；

M_{XCKF}——设备检出断裂铁丝数(应去除误报和重报数)；

N_{XCKF}——人工实际设置断裂铁丝数。

④导流罩间隙测量精度

随机在车底快扫拍照范围内设置导流罩开口真实故障，设置开口大小在 5 mm 以上，使用设备以 1 m/s 速度检测导流罩开口，取得结果，与人工测量结果进行对比，按公式(5-24)计算导流罩开口检测准确率。测试样本不少于 10 例。

$$\phi_{XCKD}=\frac{M_{XCKD}}{N_{XCKD}}\times 100\% \tag{5-24}$$

式中 ϕ_{XCKD}——检测准确率；

M_{XCKD}——设备测量结果与人工测量结果偏差满足检测精度范围的导流罩数；

N_{XCKD}——被测导流罩总数。

6. 精扫试验

(1)试验条件

试验应在下列环境条件下进行：

温度：−10～+55 ℃；

相对湿度：45%～85%；

大气压力：86～106 kPa。

螺栓松动、防松铁丝断裂、厚度测量、高度测量复核测量设备精度要求不低于设备检测精度要求。

(2)试验验证方法

①可视关键部件图像采集分辨率

随机抽查车底精扫图像采集数据中 10 颗螺栓，查看采集图像中该部件螺栓像素数，使用游标卡尺实际测量螺栓直径尺寸。按公式(5-25)计算螺栓对应图像中的分辨率。记录测量情况，取 10 次测量的平均像素分辨率作为验证结果。

$$P_{XCJK}=\frac{L_{XCJK}}{N_{XCJK}} \tag{5-25}$$

式中　P_{XCJK}——像素分辨率；

L_{XCJK}——实际测量螺栓实物直径尺寸，mm；

N_{XCJK}——设备采集图像中螺栓直径对应像素数。

②螺栓松动准确率

随机在车底精扫拍照范围内设置螺栓松动真实故障，设置松动在 4 mm 以上，使用设备以机械手臂不低于最高速度 85%速度进行螺栓松动测量，取得结果，使用游标卡尺实际测量螺栓高度尺寸，按公式(5-26)计算螺栓松动检测准确率。测试样本不少于 20 例。

$$\phi_{XCJL}=\frac{M_{XCJL}}{N_{XCJL}}\times 100\% \tag{5-26}$$

式中　ϕ_{XCJL}——检测准确率；

M_{XCJL}——设备测量结果与人工测量结果偏差满足检测精度范围的螺栓数；

N_{XCJL}——被测螺栓总数。

③防松铁丝断裂测量精度

随机在车底精扫拍照范围内设置断裂铁丝真实故障，设置开口大小在 5 mm 以上，使用设备以机械手臂不低于最高速度 85%速度检测断裂铁丝开口，取得结果，设备检出断裂数与人工设置断裂数进行对比，按公式(5-27)计算铁丝断裂检测准确率。测试样本不少于 20 例。

$$\phi_{XCJF}=\frac{M_{XCJF}}{N_{XCJF}}\times 100\% \tag{5-27}$$

式中　ϕ_{XCJF}——检测准确率；

M_{XCJF}——设备检出断裂铁丝数(应去除误报和重报数)；

N_{XCJF}——人工实际设置断裂铁丝数。

④闸片测量精度

随机抽取设备以机械手臂不低于最高速度 85%速度检测闸片，取得结果，与人工测量结果进行对比，按公式(5-28)计算闸片检测准确率。测试样本不少于 10 例。

$$\phi_{\mathrm{XCJZ}}=\frac{M_{\mathrm{XCJZ}}}{N_{\mathrm{XCJZ}}}\times 100\% \tag{5-28}$$

式中 ϕ_{XCJZ}——检测准确率；

M_{XCJZ}——设备测量结果与人工测量结果偏差满足检测精度范围的闸片数；

N_{XCJZ}——被测闸片总数。

三、踏面检测模块

1. 外形尺寸和外观质量检验

外形尺寸检查一是检查机械加工质量，二是检查装配质量。

单个踏面采集模组：720 mm×580 mm×205 mm。

单边踏面采集模组：3 664 mm×580 mm×400 mm。

轨旁柜：600 mm×375 mm×1 200 mm，箱帽 660 mm×430 mm，对角线误差±2 mm。

外观质量主要是检查金属件等的涂覆层质量和平整度。涂覆层有喷塑或喷漆等几种，总的要求是均匀、附着力强、喷涂层厚度达到规定要求，色彩一致并符合规定，喷涂层不能有皱纹、流痕、针孔、气泡透底，无划痕等。平整度的要求是每米内的凹凸不超过 1 mm。

2. 装配质量检查

检查所用元器件型号、规格、数量是否符合图样要求；元器件的安装、布局是否符合工艺要求；元器件是否有完整的标志、铭牌，标牌上的内容是否正确；元器件安装是否牢靠、合理、符合元器件生产厂的安装要求；电气元件和功能单元中带电部件的电气间隙和爬电距离是否符合规定。

各部件装配表面光洁、无划痕，螺栓齐全、无损伤，连接器无损伤。

互换性检查：相同规格的功能单元之间进行互换性试验。规格相同，则应能互换，而且互换应可靠，来回运动应灵活、方便，例如相同尺寸沉箱安装位置互换等。

3. 机械、电气操作试验

(1)结构的机械强度和刚度检查

框架和外壳应有足够的强度和刚度，能承受所安装的元器件产生的机械应力，不能因吊装、运输而影响装置的性能。

(2)机械、电气操作试验内容

在安装和接线都正确的前提下，要按电气原理图进行模拟动作试验，即通电试验。

吹尘风扇正常转动。

防护开关门按钮点击一次开关门打开，再点击一次，开关门关闭；开关门动作到位。

触发传感器对应信号箱指示灯常亮绿色/黄色；使用铁质工具划过传感器表面，指示灯变成红色一下；触发光源闪烁、相机采集图像。

(3)推轮子测试

推轮子轧过传感器，触发光源闪烁、相机采集图像。传感器安装位置合适。

4. 试验

(1)试验条件

试验应在下列环境条件下进行：

温度：－10～＋55 ℃；

相对湿度：45％～85％；

大气压力：86～106 kPa。

踏面检测复核测量设备精度要求不低于设备检测精度要求。

(2)试验验证方法

采用具有擦伤、剥离、硌伤、金属堆积、氧化皮缺陷外形的标准试样轮对，以不低于最高检测速度90％的速度通过，记录设备测量结果。按公式(5-29)计算踏面检测模块的检测准确率。测试样本不少于20例。

$$\phi_{\mathrm{XT}}=\frac{M_{\mathrm{XT}}}{N_{\mathrm{XT}}}\times 100\% \tag{5-29}$$

式中　ϕ_{XT}——检测准确率；

M_{XT}——设备测量结果与标准试样轮对踏面缺陷参数偏差满足检测精度范围的车轮数；

N_{XT}——被测车轮总数。

四、受电弓检测模块

1. 外形尺寸和外观质量检验

外形尺寸检查一是检查机械加工质量，二是检查装配质量。

受电弓成像单元：250 mm×200 mm×180 mm。

受电弓光源：350 mm×200 mm×200 mm。

光电探测模块：60 mm×40 mm×20 mm。

外观质量主要是检查金属件等的涂覆层质量和平整度。涂覆层有喷塑或喷漆等几种，总的要求是均匀、附着力强、喷涂层厚度达到规定要求，色彩一致并符合规定，喷涂层不能有皱纹、流痕、针孔、气泡透底，无划痕等。平整度的要求是每米内的凹凸不超过1 mm。

2. 装配质量检查

检查所用元器件型号、规格、数量是否符合图样要求；元器件的安装、布局是否符合工艺要求；元器件是否有完整的标志、铭牌，标牌上的内容是否正确；元器件安装是否牢靠、合理、符合元器件生产厂的安装要求；电气元件和功能单元中带电部件的电气间隙和爬电距离是否符合规定。

各部件装配表面光洁、无划痕，螺栓齐全、无损伤，连接器无损伤。

互换性检查：相同规格的功能单元之间进行互换性试验。规格相同，则应能互换，而且互换应可靠，来回运动应灵活、方便。

3. 机械、电气操作试验

(1)结构的机械强度和刚度检查

框架和外壳应有足够的强度和刚度，能承受所安装的元器件产生的机械应力，不能因吊装、运输而影响装置的性能。

(2)机械、电气操作试验

在安装和接线都正确的前提下，要按电气原理图进行模拟动作试验，即通电试验。设备上电，网口、电源指示灯正常。给外触发信号，光源闪烁、指示灯正常。

4. 试验

(1)试验条件

试验应在下列环境条件下进行：

温度：-10～+55 ℃；

相对湿度：45%～85%；

大气压力：86～106 kPa。

试验电源满足以下要求：

试验电源：频率：50 Hz，允许偏差±1 Hz；

电压：AC 220 V，允许偏差±5%。

(2)试验验证方法

①受电弓滑板磨耗检验

被测滑板分别采用全新滑板和现场随机抽取的已磨耗滑板，用卷尺确认滑板中心，用游标卡尺测量距滑板中心±50 mm、±100 mm、滑板最小剩余厚度位置处滑板厚度，游标卡尺测量面应为系统检测面。分别针对以上5处位置人工重复测量3次取平均值。查询该滑板样本在通过速度不低于最高检测速度90%条件下的设备检测结果，与人工测量结果进行对比，按公式(5-30)计算设备检测准确率。测试样本中全新滑板不少于2例，已磨耗滑板不少于18例。

$$\phi_{XSM}=\frac{M_{XSM}}{N_{XSM}}\times 100\% \tag{5-30}$$

式中　ϕ_{XSM}——检测准确率；

M_{XSM}——设备测量结果与人工测量结果偏差满足检测精度范围的样本数；

N_{XSM}——被测样本总数。

②受电弓中心偏移检验

a. 用卷尺测量并标记车顶中心线。

b. 降弓状态下，采用卷尺确认受电弓滑板中心，并划线标记。

c. 升弓状态下，在受电弓中心点悬挂铅锤。铅锤与车顶表面尽可能接近。用游标卡尺测量铅锤中心点与车体中心之间的距离，并与系统测量值进行对比检验。

③滑板掉块检测精度检验

a. 被测滑板应有至少一处≥10 mm×10 mm 掉块或人工设置类似大小故障，用游标卡尺测量各掉块缺陷尺寸信息。

b. 被检测系统重复测量≥3 次，要求≥10 mm×10 mm 掉块能全部检出。

c. 查询该滑板缺陷或人工设置故障样本在通过速度不低于最高检测速度 90%条件下的设备检测结果，与人工测量结果进行对比，按公式(5-31)计算设备检测准确率。测试样本不少于 20 例，人工设置故障样本占比不超过 50%。

$$\phi_{XSD}=\frac{M_{XSD}}{N_{XSD}}\times 100\% \tag{5-31}$$

式中　ϕ_{XSD}——检测准确率；

M_{XSD}——人工确认故障的检出总数；

N_{XSD}——人工模拟故障总数或真实滑板掉块缺陷总数。

第四节　评 价 规 则

一、否决条件

车底检测机器人和 360°检测机器人评审时存在以下情况之一，直接认定评审不合格：

1. 评审时故障报警准确率低于 80%。

2. 评审时设备报警准确率低于 80%(360°检测机器人低于 70%)。

3. 人机共检结束前 5 次检测，设备误报总数平均高于 50 个/标准组，共检期间不得漏报高风险故障，中低风险故障漏报不超过 2 个。

4. 车底检测机器人检测 1 个标准组时间超过 45 min；360°检测机器人检测 1 个标准

组过车后至显示检测结果超过 25 min。

5. 图像采集完成后 5 min 内无法完成所有图像处理结果。

6. 采集图像不清晰,人眼无法识别。

7. 无法准确描述故障类型。

8. 图像无检测点标记。

9. 软件无法直接展示评审车型的检测总项点。

10. 评价总得分低于 90 分。

二、设备评审规则

1. 硬件指标考核内容及评分

主要从硬件配置、安全性能、机器人检测效率、软件功能及检测范围能力等方面综合评价车底检测机器人综合能力。

2. 识别能力考核内容及评分

主要从部件丢失、松动、松脱、断裂、测量、变形、油位、油色及异物查找等方面进行考评,采用设置相应类型的故障对机器人进行综合评价。

3. 考核方法

评审日对硬件设备指标进行逐项确认,识别能力部分采取当天设置相应的故障类型及部件,并对结果进行确认。

三、动车组机检适应性评审

1. 故障设置

评审日,每个故障考核项点设置 2～5 次(按评审日设置数量为准)。所有螺栓松动类故障,设置成 3～4 mm 松动范围,铁丝断裂类故障,铁丝断口设置成 5～6 mm 范围,均须用钢板尺测量设置结果,并做好记录。超限类故障,设置完毕须测量记录具体超限数据。现场使用的仿形板厚度须控制在 3～4 mm 范围,否则设置无效,除规定位置使用仿形板外,不得任意滥用仿形板。

2. 机检适应性分值占比

评审日,现场故障设置考核评价,总分 100 分,分成三个方面进行评价,分别是故障报警准确率评价(占比 80%)、设备报警准确率评价(占比 15%)和自然检车评价(占比 5%)。

3. 故障报警准确率评价

对单一考核项点,初始分为 100 分,若人工共设置故障 A_1 次,设备共自动报警检出

A_2 次，那么对这个单一故障考核项点来讲，故障报警准确率 $D_1=(A_2/A_1)\times 100\%$，则该单项得分为 $100\times D_1$。

4. 设备报警准确率评价

评审日，对设备报警准确率进行评价，实行总体结果评价模式，设实际设备报警准确率为 $N\%$，则评分规则见表 5-1。

表 5-1　设备报警准确率评价

设备报警准确率评价评分规则（车底检测机器人）		
设备报警准确率 $N\%$	设备报警准确率得分 H	H 值范围
$N\geqslant 60$	$N+50$	$-400\leqslant H\leqslant 150$
$40\leqslant N<60$	$5N-200$	
$0\leqslant N<40$	$10N-400$	
设备报警准确率评价评分规则（360°检测机器人）		
设备报警准确率 $N\%$	设备报警准确率得分 H	H 值范围
$N\geqslant 50$	$N+50$	$-300\leqslant H\leqslant 150$
$30\leqslant N<50$	$5N-150$	
$0\leqslant N<30$	$10N-300$	

5. 自然检车评价

自然检车评价（仅短编组），若设备误报数为 L，则评分规则见表 5-2。

表 5-2　自然检车评价

自然检车评价评分规则（车底检测机器人）		
误报数 L	自然检车得分 K	K 值范围
$L\leqslant 40$	$180-2L$	$-20\leqslant K\leqslant 180$
$L>40$	$125-2.5L$	
自然检车评价评分规则（360°检测机器人）		
误报数 L	自然检车得分 K	K 值范围
$L\leqslant 50$	$200-2L$	$0\leqslant K\leqslant 200$
$L>50$	$200-2.5L$	

6. 其他

对超限类故障，若仅报超限，无超限数据，不算准确报警。

对螺栓松动类故障，需要报出松动数值，仅报螺栓松动，不算准确报警。

设备故障报警描述（故障类型描述和位置描述）与实际设置不一致的，不算准确报警。

报警故障描述未在图示标识或标识不准确的，不算准确报警。

7. 故障报警准确率、设备报警准确率、自然检车评价、总得分计算说明

(1)故障报警准确率

故障报警准确率为机器人设备检出某一故障项点可靠性、重复性的评价标准，是减少漏检或杜绝漏检的最重要指标。

若某一车型总考核项点数为 Q 项，评审日所有考核项点总累计得分为 M 分，则故障报警准确率得分为 $0.8\times(M/Q)$。

(2)设备报警准确率

若人工共设置故障 B_1 起，设备总共自动报警 B_2 起，在这 B_2 起自动报警中，确认有 B_3 起故障为人工设置故障，那么设备报警准确率为 $N\%=(B_3/B_2)\times 100\%$。

设备报警准确率是考察设备报警有效性的指标，是减少误报率、提高设备报警准确率的重要考核指标。

若评审日设备报警，总得分为 H 分，则故障报警准确率得分为 $0.15H$。

(3)自然检车评价

评审日，自然检车评价使用故障考核设置车组统计的误报总数数据。

若评审日设备报警，总得分为 K 分，则故障报警准确率得分为 $0.05K$。

机检适应性评分总得分：$0.8\times(M/Q)+0.15H+0.05K$。

四、评审验收要求

动车所做好故障设置配合工作：

1. 各动车所按照发布标准，先期对安装在本所的机器人设备开展故障验证评估，所内组织评估后，立即开展不低于 20 组的共检作业，共检结束后向段技术科和设备科报告评审结果并申请段组织评审验收。

2. 做好机器故障学习计划安排。根据故障考核项点，动车所和厂家共同编制 360°检测机器人和车底检测机器人实车故障学习计划，并将计划纳入本所检修周计划，合理均匀的开展故障学习工作。

3. 做好机器人故障学习用车安排。动车所调度要做好机器人故障学习用车安排，按检修周计划有序扣车，并在任务总单中体现。每日所内交班会，动车所调度要汇报考核用车情况。

4. 做好故障设置和设备报警确认工作。动车所要成立人员相对固定的故障设置小组，明确小组负责人。故障设置小组按照故障设置日计划表开展故障设置工作，每设置一个故障要拍照记录。每次设备检测完毕，故障设置小组要与设备厂家对接报警信息，对报警故障要一一现场分析确认，并总结整理本班次报警情况。

5. 做好故障对接及汇报工作。动车所机器人项目牵头专职，每日参加机器人对接会，并负责整理每日故障设置及设备报警情况，将信息发相关工作群。动车所所长或主管副所长，每周至少要组织机器人厂家开一次机器人工作对接会，解决配合工作中存在的问题，确保机器人项目工作顺利推进，并每月形成机器人总结报技术科、设备科。

6. 做好人员、物料、技术、故障恢复等工作。动车所要提前做好故障设置人员安排和物料安排，包括故障恢复技术资料安排，按照动车段关键部件卡控要求做好设置故障恢复工作。

7. 评审日动车所配合要求：

(1)评审日前一天，将算法服务器进行隔离，机器人进行锁闭。

(2)考试前准备 2 组考试动车组，考试前不得进入配备机器人的股道，评审当天进入相应股道。

(3)故障设置完成后，由评审小组对故障进行复核。

(4)对机器人进行互联网屏蔽。

(5)完成图像数据采集后，将图像复制到算法服务器上，再运行数据。

复习思考题

1. 动车组一级修检测机器人系统设备出现哪些状态即可以认定为评审不合格？
2. 请叙述动车组一级修检测机器人系统设备评审规则。
3. 机检适应性评审需要考虑哪些因素？
4. 动车运用所怎样进行故障设置配合？

第六章 动车组一级修检测机器人系统针对车型的考核项点及评审标准

第一节 考核项点

根据各车型结构不同，广州动车段对动车组一级修检测机器人系统制定了各车型的考核项点并逐步完善。目前，360°检测机器人针对CRH380B/CRH3C、CR400AF型动车组各设置了140项、156项考核项点；车底检测机器人针对CRH1A/CRH1A-A、CRH380B/CRH3C、CR300AF、CR400AF各设置了126项、117项、182项、176项考核项点，并逐步覆盖到各主型车。本章仅展示动车组一级修检测机器人系统中360°检测机器人、车底检测机器人以CR400AF型动车组为例进行的一级修车底作业考核项点。

一、360°检测机器人考核项点

根据实践探索，有效设置列举了360°检测机器人以CR400AF型动车组为例的156项考核项点，见表6-1。其他车型动车组可类似类比设置考核。

表6-1 CR400AF型动车组故障考核项点（360°检测机器人）

序号	考核项	考核项点 详细部件及考核对象	故障类型	安全等级	故障设置方式	备注
1	导流罩	车头开闭罩	变形	中	橡皮泥粘贴模拟，20 mm×20 mm×10 mm	尽量用和底色一致的材料，不得用反光胶带
2		车头侧部导流板	变形	中	橡皮泥粘贴模拟，20 mm×20 mm×10 mm	尽量用和底色一致的材料，不得用反光胶带
3		车头底部导流板	变形	中	橡皮泥粘贴模拟，20 mm×20 mm×10 mm	尽量用和底色一致的材料，不得用反光胶带
4	车体侧	手动解锁开关	打开		打开	
5		砂箱观察镜表面	变形	中	橡皮泥粘贴模拟，20 mm×20 mm×10 mm	尽量用和底色一致的材料，不得用反光胶带
6		塞拉门隔离塑料盖	丢失	高	真实拆除	

续上表

序号	考核项	考核项点 详细部件及考核对象	故障类型	安全等级	故障设置方式	备　注
7	车门车窗	头车隔离锁盖板	丢失	高	真实拆除	
8		车门玻璃表面	变形	中	橡皮泥粘贴模拟，20 mm×20 mm×10 mm	尽量用和底色一致的材料，不得用反光胶带
9		车窗玻璃表面	变形	中	橡皮泥粘贴模拟，20 mm×20 mm×10 mm	尽量用和底色一致的材料，不得用反光胶带
10		挡风玻璃	变形	中	橡皮泥粘贴模拟，20 mm×20 mm×10 mm	尽量用和底色一致的材料，不得用反光胶带
11	垂向减振器	垂向减振器防尘套	变形	中	橡皮泥粘贴模拟，20 mm×20 mm×10 mm	尽量用和底色一致的材料，不得用反光胶带
12		垂向减振器下部螺母	丢失	高	真实拆除	
13			松动	高	松出 3～4 mm	没有检测数值无效
14		垂向减振器安装螺栓	丢失	高	真实拆除	
15			松动	高	松出 3～4 mm	没有检测数值无效
16		垂向减振器区域	挂异物	低	粘贴鸟毛、树枝、树叶、塑料袋、纸团	
17		垂向减振器下部卡箍	丢失	高	真实拆除	
18		垂向减振器紧固螺栓防松铁丝	丢失	低	真实拆除	
19		垂向减振器	漏油	中	真实涂抹	
20	车端减振器	车端减振器卡箍	丢失	高	真实拆除	
21		车端减振器防尘套	变形	中	橡皮泥粘贴模拟，20 mm×20 mm×10 mm	尽量用和底色一致的材料，不得用反光胶带
22		车端减振器护板	丢失	高	真实拆除	
23		车端减振器护板十字螺栓	丢失	高	真实拆除	
24	各类盖板	注水口盖板	变形	中	橡皮泥粘贴模拟，20 mm×20 mm×10 mm	尽量用和底色一致的材料，不得用反光胶带
25			打开	高	全开或半开	
26			丢失	高	真实拆除	
27		总风塞门盖板	变形	中	橡皮泥粘贴模拟，20 mm×20 mm×10 mm	尽量用和底色一致的材料，不得用反光胶带
28			打开	高	全开或半开	
29			丢失	高	真实拆除	
30		吸污口盖板	变形	中	橡皮泥粘贴模拟，20 mm×20 mm×10 mm	尽量用和底色一致的材料，不得用反光胶带
31			打开	高	全开或半开	
32			丢失	高	真实拆除	

续上表

序号	考核项	考核项点 详细部件及考核对象	故障类型	安全等级	故障设置方式	备　注
33	各类盖板	中间车注砂口盖板	变形	中	橡皮泥粘贴模拟，20 mm×20 mm×10 mm	尽量用和底色一致的材料，不得用反光胶带
34			打开	高	全开或半开	
35			丢失	高	真实拆除	
36		BP 救援盖板	变形	中	橡皮泥粘贴模拟，20 mm×20 mm×10 mm	尽量用和底色一致的材料，不得用反光胶带
37			打开	高	全开或半开	
38			丢失	高	真实拆除	
39		水箱水位视窗	变形	中	橡皮泥粘贴模拟，20 mm×20 mm×10 mm	尽量用和底色一致的材料，不得用反光胶带
40		头车注砂口盖板	变形	中	橡皮泥粘贴模拟，20 mm×20 mm×10 mm	尽量用和底色一致的材料，不得用反光胶带
41			打开	高	全开或半开	
42			丢失	高	真实拆除	
43	空气弹簧	空气弹簧高度调整杆	挂异物	低	粘贴鸟毛、树枝、树叶、塑料袋、纸团	
44		空气弹簧调整杆紧固螺母	丢失	高	真实拆除	
45			松动	高	松出 3～4 mm	没有检测数值无效
46		高度调整杆球形关节螺母	丢失	高	真实拆除	
47		高度调整杆球形关节螺母开尾销	丢失	高	真实拆除	
48	动车轨外制动夹钳	轨外制动夹钳开尾销	丢失	高	真实拆除	
49		轨外制动夹钳安装螺栓	松动	高	松出 3～4 mm	没有检测数值无效
50			丢失	高	真实拆除	
51		轨外制动夹钳安装螺母	丢失	高	真实拆除	
52			松动	高	松出 3～4 mm	没有检测数值无效
53		轨外动车闸片	超限	高	找个超限的闸片	
54			丢失	高	真实拆除	
55		轨外动车制动缸排风阀	丢失	高	真实拆除	
56		轨外动车闸片开关锁	打开		打开	
57		制动夹钳	挂异物	低	粘贴鸟毛、树枝、树叶、塑料袋、纸团	
58		制动盘	挂异物	低	粘贴鸟毛、树枝、树叶、塑料袋、纸团	

续上表

序号	考核项	考核项点 详细部件及考核对象	故障类型	安全等级	故障设置方式	备　注
59	轨底外侧管道支架	轨底外侧管道支架紧固螺栓	松动	高	松出3～4 mm	没有检测数值无效
60			丢失	高	真实拆除	
61	车侧外风挡	车侧外风挡	变形	中	橡皮泥粘贴模拟，20 mm×20 mm×10 mm	尽量用和底色一致的材料，不得用反光胶带
62		车侧外风挡十字螺栓	丢失	高	真实拆除	
63		车底外风挡	变形	中	橡皮泥粘贴模拟，20 mm×20 mm×10 mm	尽量用和底色一致的材料，不得用反光胶带
64		车底外风挡十字螺栓	丢失	高	真实拆除	
65	电线支架/线排	传感器线缆固定螺栓（端盖类型一）	丢失	高	真实拆除	
66			松动	高	松出3～4 mm	没有检测数值无效
67		传感器线缆固定螺栓（端盖类型二）	丢失	高	真实拆除	
68			松动	高	松出3～4 mm	没有检测数值无效
69		轨外侧线排固定螺母	丢失	高	真实拆除	
70	传感器	速度传感器腻子（端盖类型一）	丢失	高	真实拆除	
71		速度传感器腻子（端盖类型二）	丢失	高	真实拆除	
72		轨底外侧传感器电缆螺栓	丢失	高	真实拆除	
73	轴箱	轴箱	漏油	中	真实涂抹	
74		轴箱下托盖螺栓	丢失	高	真实拆除	
75			松动	高	松出3～4 mm	没有检测数值无效
76		速度传感器封口螺栓	丢失	高	真实拆除	
77		温度传感器封口螺栓	丢失	高	真实拆除	
78		轴箱安装螺栓	丢失	高	真实拆除	
79			松动	高	松出3～4 mm	没有检测数值无效
80		轴箱排油孔橡胶堵	丢失	高	真实拆除	
81		转臂定位节点螺栓	丢失	高	真实拆除	
82			松动	高	松出3～4 mm	没有检测数值无效

续上表

序号	考核项	考核项点 详细部件及考核对象	故障类型	安全等级	故障设置方式	备　注
83	轴箱	轴箱定位装置螺栓	丢失	高	真实拆除	
84			松动	高	松出 3～4 mm	没有检测数值无效
85		轴箱定位装置螺栓防松铁丝	丢失	低	真实拆除	
86		轴箱安装螺栓防松铁丝	断裂	低	剪断铁丝，断裂处间隙 5～6 mm	
87		轴箱前盖螺栓（端盖类型一）	松动	高	松出 3～4 mm	没有检测数值无效
88			丢失	高	真实拆除	
89		轴箱前盖螺栓（端盖类型二）	松动	高	松出 3～4 mm	没有检测数值无效
90			丢失	高	真实拆除	
91		橡胶防尘盖	变形	中	橡皮泥粘贴模拟，20 mm×20 mm×10 mm	尽量用和底色一致的材料，不得用反光胶带
92		橡胶防尘盖铁链	断裂	低	剪断铁丝，断裂处间隙 5～6 mm	
93	自动过分相	过分相安装螺栓	丢失	高	真实拆除	
94			松动	高	松出 3～4 mm	没有检测数值无效
95		过分相挡板	丢失	高	真实拆除	
96		过分相紧固螺母	丢失	高	真实拆除	
97		过分相挡板安装螺栓	丢失	高	真实拆除	
98			松动	高	松出 3～4 mm	没有检测数值无效
99	轨外底板	轨外底板螺栓	丢失	高	真实拆除	
100			松动	高	松出 3～4 mm	没有检测数值无效
101		轨外半圆形底板螺栓	丢失	高	真实拆除	
102			松动	高	松出 3～4 mm	没有检测数值无效
103		轨外半圆形底板止转铁片	丢失	高	真实拆除	
104		轨外底板螺栓防松铁丝	丢失	低	真实拆除	
105			断裂	低	剪断铁丝，断裂处间隙 5～6 mm	

续上表

序号	考核项	考核项点 详细部件及考核对象	故障类型	安全等级	故障设置方式	备注
106	轨外底板	轨外底板变形	变形	中	橡皮泥粘贴模拟，20 mm×20 mm×10 mm	尽量用和底色一致的材料，不得用反光胶带
107		端板轨外侧螺栓	丢失	高	真实拆除	
108	抗侧滚扭杆	抗侧滚扭杆安装座螺栓	丢失	高	真实拆除	
109			松动	高	松出 3～4 mm	没有检测数值无效
110		抗侧滚扭杆安装螺母	丢失	高	真实拆除	
111	抬车垫板	抬车垫板安装螺栓	丢失	高	真实拆除	
112	抗蛇行减振器	抗蛇行减振器	挂异物	低	粘贴鸟毛、树枝、树叶、塑料袋、纸团	
113		抗蛇行减振器喉箍	丢失	高	真实拆除	
114		抗蛇行减振器安装螺栓	丢失	高	真实拆除	
115			松动	高	松出 3～4 mm	没有检测数值无效
116		抗蛇行减振器安装螺母	丢失	高	真实拆除	
117			松动	高	松出 3～4 mm	没有检测数值无效
118		抗蛇行减振器安装座螺栓	丢失	高	真实拆除	
119			松动	高	松出 3～4 mm	没有检测数值无效
120		抗蛇行减振器安装座螺栓防松铁丝	丢失	低	真实拆除	
121			断裂	低	剪断铁丝，断裂处间隙 5～6 mm	
122		抗蛇行减振器内六角螺栓	丢失	高	真实拆除	
123		抗蛇行减振器防尘护套	变形	中	橡皮泥粘贴模拟，20 mm×20 mm×10 mm	尽量用和底色一致的材料，不得用反光胶带
124		抗蛇行减振器紧固螺栓防松铁丝	丢失	低	真实拆除	
125			断裂	低	剪断铁丝，断裂处间隙 5～6 mm	
126		抗蛇行减振器	漏油	中	真实涂抹	
127	裙板	裙板	丢失	高	真实拆除	
128		裙板开关锁	打开		打开	

续上表

序号	考核项	考核项点 详细部件及考核对象	故障 类型	安全 等级	故障设置方式	备　注
129	裙板	裙板安装螺栓	松动	高	松出 3～4 mm	没有检测数值无效
130			丢失	高	真实拆除	
131		裙板	变形	中	橡皮泥粘贴模拟，20 mm×20 mm×10 mm	尽量用和底色一致的材料，不得用反光胶带
132		裙板格栅	变形	中	橡皮泥粘贴模拟，20 mm×20 mm×10 mm	尽量用和底色一致的材料，不得用反光胶带
133			丢失	高	真实拆除	
134			挂异物	低	粘贴鸟毛、树枝、树叶、塑料袋、纸团	
135	撒砂装置	撒砂管车体侧安装螺栓	丢失	高	真实拆除	
136			松动	高	松出 3～4 mm	没有检测数值无效
137		撒砂装置安装臂螺栓	丢失	高	真实拆除	
138			松动	高	松出 3～4 mm	没有检测数值无效
139	空调组件	空调盖板螺栓	丢失	高	真实拆除	
140			松动	高	松出 3～4 mm	没有检测数值无效
141		空调盖板	丢失	高	真实拆除	
142		防滑条	变形	中	橡皮泥粘贴模拟，20 mm×20 mm×10 mm	尽量用和底色一致的材料，不得用反光胶带
143		空调风机罩格栅螺栓	丢失	高	真实拆除	
144			松动	高	松出 3～4 mm	没有检测数值无效
145		空调风机罩格栅	丢失	高	真实拆除	
146	受电弓	羊角	变形	中	橡皮泥粘贴模拟，20 mm×20 mm×10 mm	尽量用和底色一致的材料，不得用反光胶带
147			丢失	高	真实拆除	
148			挂异物	低	粘贴鸟毛、树枝、树叶、塑料袋、纸团	
149		摄像头防护罩	变形	中	橡皮泥粘贴模拟，20 mm×20 mm×10 mm	尽量用和底色一致的材料，不得用反光胶带
150		绝缘子	变形	中	橡皮泥粘贴模拟，20 mm×20 mm×10 mm	尽量用和底色一致的材料，不得用反光胶带
151		碳滑板	变形	中	橡皮泥粘贴模拟，20 mm×20 mm×10 mm	尽量用和底色一致的材料，不得用反光胶带
152		受电弓	挂异物	低	粘贴鸟毛、树枝、树叶、塑料袋、纸团	

续上表

序号	考核项	考核项点 详细部件及考核对象	故障类型	安全等级	故障设置方式	备　注
153	受电弓	绝缘子安装螺母	丢失	高	真实拆除	
154			松动	高	松出 3～4 mm	没有检测数值无效
155	踏面	踏面	擦伤	高	真实故障考核	
156			剥离	高	真实故障考核	

二、车底检测机器人考核项点

根据实践探索，有效设置列举了车底检测机器人以 CR400AF 型动车组为例的 176 项考核项点，见表 6-2。其他车型动车组可类似类比设置考核。

表 6-2　CR400AF 型动车组故障考核项点（车底检测机器人）

序号	考核项	考核项点 详细部件及考核对象	故障形式	安全等级	故障设置方式	备　注
1	导流罩	车头左右导流罩	变形	中	橡皮泥粘贴模拟，20 mm×20 mm×10 mm	尽量用和底色一致的材料，不得用反光胶带
2		车头左右导流罩之间缝隙	超限	高	将导流罩设置超限 15 mm	仅报超限，没有检测数值无效
3		锁芯标识与罩关锁闭标识方向	错位	高	设置至打开位	
4	车体主排障器	车体主排障器底部半圆形底板	变形	中	橡皮泥粘贴模拟，20 mm×20 mm×10 mm	尽量用和底色一致的材料，不得用反光胶带
5		车体排障器底部半圆形底板紧固螺栓	松动	高	松出 3～4 mm	无检测数值无效
6			丢失	高	真实拆除	
7		车体排障器底部半圆形底板紧固螺栓止转铁片	丢失	高	真实拆除	紧固铁片的螺栓须拆除
8		车体主排障器紧固螺母	丢失	高	真实拆除	
9		车体主排障器上的辅助排障器（轨道橡胶扫石器）螺栓	丢失	高	真实拆除	
10			松动	高	松出 3～4 mm	

续上表

序号	考核项	考核项点 详细部件及考核对象	故障 形式	安全 等级	故障设置方式	备　注
11	车体主排障器	车体主排障器上的辅助排障器(轨道橡胶扫石器)防松铁丝	断裂	高	设置地沟侧,剪断铁丝,断裂处间隙 5～6 mm	
12			丢失	高	真实拆除	
13		车体主排障器上的辅助排障器(轨道橡胶扫石器)高度	超限	高	调整至超限	仅报超限,没有检测数值无效
14	车底天线及感应器	TCR 天线安装螺栓	松动	高	松出 3～4 mm	没有检测数值无效
15			丢失	高	真实拆除	若拆不下来,使用黑胶模拟
16		BTM 天线安装螺栓	松动	高	松出 3～4 mm	没有检测数值无效
17			丢失	高	真实拆除	
18	转向架扫石器	安装螺栓	丢失	高	真实拆除	
19			松动	高	松出 3～4 mm	没有检测数值无效,设置时使用钢板尺测量设置结果
20		橡胶扫石器高度	超限	高	调整至超限	仅报超限,没有检测数值无效
21		扫石器	丢失	高	真实拆除	
22	撒砂装置	撒砂装置安装臂构架侧紧固螺栓	松动	高	设置地沟侧,松出 3～4 mm	没有检测数值无效,设置时使用钢板尺测量设置结果
23			丢失	高	真实拆除	真实拆
24		撒砂装置安装臂构架侧紧固螺栓防松铁丝	断裂	高	设置地沟侧,剪断铁丝,断裂处间隙 5～6 mm	
25			丢失	高	真实拆除	
26			挂异物	低	粘贴鸟毛、树枝、树叶、塑料袋、纸团	铁丝断裂处和异物设置处需要存在一定距离
27		撒砂装置安装臂撒砂管侧紧固螺母	松动	高	松出 3～4 mm	没有检测数值无效
28			丢失	高	真实拆除	
29		撒砂装置安装臂撒砂管侧紧固螺母上的开尾销	变形	中	将开尾销搞直,不抽出	
30			丢失	高	真实拆除	
31		撒砂装置管卡	丢失	高	真实拆除	
32		撒砂装置管卡紧固螺栓	松动	高	松出 3～4 mm	没有检测数值无效
33			丢失	高	真实拆除	

续上表

序号	考核项	考核项点 详细部件及考核对象	故障形式	安全等级	故障设置方式	备　注
34	撒砂装置	撒砂管加热器紧固螺栓	松动	高	松出 3～4 mm	没有检测数值无效，需保证松动后把螺栓头拉出来，不能安装面贴合
35			丢失	高	真实拆除	
36		加热软管	松脱	高	真实拆除	
37		加热软管卡箍	丢失	高	真实拆除	需要完全拆下来，不能悬挂在上面
38		撒砂软管	松脱	高	真实拆除	
39		撒砂软管加热器端卡箍	丢失	高	真实拆除	需要完全拆下来，不能悬挂在上面
40		撒砂软管车厢侧紧固螺栓	松动	高	松出 3～4 mm	没有检测数值无效
41			丢失	高	真实拆除	
42		撒砂软管车厢侧紧固螺栓防松铁丝	断裂	高	设置地沟侧，剪断铁丝，断裂处间隙 5～6 mm	
43			丢失	高	真实拆除	
44		撒砂管吊绳	挂异物	低	粘贴鸟毛、树枝、树叶、塑料袋、纸团	
45			断裂	高	拆掉一端	
46		撒砂管吊绳紧固螺栓	丢失	高	真实拆除	靠近软管侧
47		撒砂喷嘴接头	丢失	高	拆除	
48		撒砂喷嘴接头卡箍	丢失	高	拆除	
49		撒砂喷嘴高度	超限	高	调整至超限	仅报超限，没有检测数值无效；超限和异物避免同时设置
50	动/拖车轮对及制动盘	轮对轮轴轴身击打变形	变形	高	橡皮泥粘贴模拟，20 mm×20 mm×10 mm	尽量用和底色一致的材料，不建议用反光胶带
51		动车转向架制动盘	挂异物	低	粘贴鸟毛、树枝、树叶、塑料袋、纸团	
52		动车制动盘紧固螺栓	丢失	高	用黑胶包住螺栓头	没轮对暂时不真实拆除，模拟设置
53			松动	高	在螺栓头表面粘贴仿形板	没轮对暂时不真实松动，模拟设置
54		拖车转向架制动盘(散热筋)	挂异物	低	粘贴鸟毛、树枝、树叶、塑料袋、纸团	

续上表

序号	考核项	考核项点 详细部件及考核对象	故障形式	安全等级	故障设置方式	备　注
55	动车/拖车轮对及制动盘	拖车制动盘紧固螺栓	丢失	高	用黑胶包住螺栓头	没轮对暂时不真实拆除,模拟设置
56			松动	高	在螺栓头表面粘贴仿形板	没轮对暂时不真实松动,模拟设置
57	踏面清扫装置	研磨子	丢失	高	真实拆除	不设动车部位故障
58		研磨子厚度	超限	高	找个超限的研磨子安装上	仅报超限,没有检测数值无效,不设动车部位故障
59		研磨子与车轮踏面间隙	超限	高	调整距离至小于 12 mm 或大于 26 mm	仅报超限,没有检测数值无效;为减少误报,不设动车部位故障
60		拖车转向架踏面清扫装置研磨子	挂异物	低	粘贴鸟毛、树枝、树叶、塑料袋、纸团	
61	动车/拖车制动闸钳装置	动车/拖车闸片厚度	超限	高	找个超限的闸片	仅报超限,没有检测数值无效
62		动车/拖车闸片	丢失	高	真实拆除	
63			丢失	高	拆一个闸片小块(闸片掉块)	拆正下方机器人能看到的
64		闸钳开尾销	丢失	高	真实拆除	
65		闸片 U 形锁簧	错位	高	将 U 形锁簧打开	
66		制动夹钳安装螺栓	丢失	高	模拟、真实拆除均可	若模拟使用黑胶带贴住
67			松动	高	模拟、松动均可	没有检测数值无效
68		制动夹钳连接销轴	松动	高	模拟故障	做仿形板,做在螺杆端头
69		制动夹钳	挂异物	低	粘贴鸟毛、树枝、树叶、塑料袋、纸团	设置在机器人可见的制动夹钳任意位置
70	制动气缸	拖车常用制动缸紧固螺栓	松动	高	松出 3～4 mm	没有检测数值无效
71			丢失	高	真实拆除	
72		拖车常用制动缸管道接头	松脱	高	松脱	拆掉端用扎带吊着,避免机器人碰到管道
73		拖车常用制动缸管道接头腻子	丢失	中	清除腻子	腻子需要全部清除
74		拖车常用制动缸管防尘套	变形	中	粘贴异物模拟	可以用橡皮泥或胶带等模拟

续上表

序号	考核项	考核项点 详细部件及考核对象	故障 形式	安全 等级	故障设置方式	备　注
75	制动气缸	拖车常用制动缸管防尘套紧固喉箍	丢失	高	真实拆除	
76		拖车常用制动缸管排风堵	丢失	低	真实拆除	
77		拖车常用制动缸安全阀	丢失	高	真实拆除	
78		拖车停放制动缸紧固螺栓	松动	高	松出 3～4 mm	
79			丢失	高	真实拆除	
80		拖车停放制动缸挡板紧固螺栓	松动	高	松出 3～4 mm	
81			丢失	高	真实拆除	
82		拖车停放制动缸挡板	变形	中	橡皮泥粘贴模拟，20 mm×20 mm×10 mm	尽量用和底色一致的材料，不建议用反光胶带
83		停放制动缸风管腻子	丢失	中	清除腻子	
84		制动软管安装支架螺栓	松动	高	松出 3～4 mm	垫片位置固定不动，螺栓和垫片间距大于 3 mm
85			丢失	高	真实拆除	
86		拖车停放制动缸喉箍	松动	高	松脱的喉箍与原位置移位 10 mm 以上	确保移位距离在 10 mm 以上
87		动车制动缸排风堵	丢失	低	真实拆除	
88		动车常用制动缸管道接头	松脱	高	松脱	拆掉端用扎带吊着，避免机器人碰到管道
89		动车常用制动缸管道接头腻子	丢失	中	清除腻子	腻子需要全部清除
90		制动气缸	挂异物	低	粘贴鸟毛、树枝、树叶、塑料袋、纸团	设置在机器人可见的制动气缸任意位置
91	齿轮箱	齿轮箱紧固螺栓	松动	高	松出 3～4 mm	没有检测数值无效
92			丢失	高	真实拆除	
93		齿轮箱紧固螺栓防松铁丝	断裂	中	剪断铁丝，断裂处间隙 5～6 mm	
94			丢失	中	真实拆除	
95		齿轮箱注油堵防松铁丝	断裂	中	剪断铁丝，断裂处间隙 5～6 mm	
96			丢失	中	真实拆除	
97		齿轮箱注油堵及其安装座紧固螺栓	松动	高	松出 3～4 mm	没有检测数值无效
98			丢失	高	真实拆除	

续上表

序号	考核项	考核项点 详细部件及考核对象	故障 形式	安全 等级	故障设置方式	备注
99	齿轮箱	齿轮箱排油堵防松铁丝	断裂	中	剪断铁丝，断裂处间隙 5～6 mm	
100			丢失	中	真实拆除	
101		齿轮箱排油堵及其安装座紧固螺栓	松动	高	松出 3～4 mm	没有检测数值无效
102			丢失	高	真实拆除	
103		齿轮箱防脱板螺栓	丢失	高	真实拆除	
104			松动	高	真松出 3～4 mm	
105		齿轮箱挡板	丢失	高	真实拆除	
106		齿轮箱磁栓及其安装座螺栓	丢失	高	真实拆除	
107			松动	高	真松出 3～4 mm	
108		齿轮箱磁栓座螺栓防松铁丝	断裂	中	剪断铁丝，断裂处间隙 5～6 mm	
109			丢失	中	真实拆除	
110		齿轮箱接地装置紧固螺栓	松动	高	松出 3～4 mm	没有检测数值无效
111			丢失	高	真实拆除	
112		齿轮箱安装提吊开尾销	丢失	高	真实拆除	
113		齿轮箱安装提吊螺母	松动	高	松出 3～4 mm	没有检测数值无效
114			丢失	高	真实拆除	
115		油位	超限	高	放油到低位或加油高位	人工把油位镜擦干净，人检一级修时必须擦干净油位镜
116		油色	变色	高	模拟设置红、黑、白、黄	人工把油位镜擦干净，人检一级修时必须擦干净油位镜
117		齿轮箱油位镜紧固螺栓	松动	高	松出 3～4 mm	没有检测数值无效
118			丢失	高	真实拆除	
119		齿轮箱油位镜紧固螺栓防松铁丝	断裂	中	剪断铁丝，断裂处间隙 5～6 mm	
120			丢失	中	真实拆除	
121		齿轮箱表面	漏油	中	真实	
122		齿轮箱	挂异物	低	粘贴鸟毛、树枝、树叶、塑料袋、纸团	设置在机器人可见的齿轮箱任意位置
123	联轴节	联轴节紧固螺栓	松动	高	松出 3～4 mm	没有检测数值无效
124			丢失	高	真实拆除	

续上表

序号	考核项	考核项点 详细部件及考核对象	故障 形式	安全 等级	故障设置方式	备 注
125	联轴节	联轴节注油堵螺栓	丢失	高	真实拆除	若拆除时漏油，使用黑胶模拟
126		联轴节表面	漏油	中	真实	
127			挂异物	低	粘贴鸟毛、树枝、树叶、塑料袋、纸团	
128	牵引电机	牵引电机紧固螺栓	松动	高	松出 3～4 mm	没有检测数值无效
129			丢失	高	真实拆除	
130		牵引电机紧固螺栓防松铁丝	断裂	中	剪断铁丝，断裂处间隙 5～6 mm	
131			丢失	中	真实拆除	
132		牵引电机注油孔堵	丢失	中	真实拆除	
133		牵引电机排风口压板紧固螺栓	松动	高	松出 3～4 mm	没有检测数值无效
134			丢失	高	真实拆除	
135		牵引电机排风口	挂异物	低	粘贴鸟毛、树枝、树叶、塑料袋、纸团	
136		牵引电机铭牌铆钉	丢失	高	真实拆除	
137		牵引电机铭牌	丢失	高	真实拆除	
138		牵引电机温度传感器和速度传感器接线盒安装螺栓	丢失	高	真实拆除	
139	牵引装置	牵引拉杆紧固螺栓	松动	高	松出 3～4 mm	没有检测数值无效
140			丢失	高	真实拆除	
141		牵引拉杆紧固螺栓防松铁丝	断裂	中	剪断铁丝，断裂处间隙 5～6 mm	
142			丢失	中	真实拆除	
143		横向止挡安装螺栓	丢失	高	真实拆除	
144		牵引装置	挂异物	低	粘贴鸟毛、树枝、树叶、塑料袋、纸团	设置在机器人可见的牵引装置任意位置
145	转向架构架整体	管道紧固螺栓	松动	高	松出 3～4 mm	没有检测数值无效
146			丢失	高	真实拆除	
147		管道接头	丢失	高	真实拆除	
148			挂异物	低	粘贴鸟毛、树枝、树叶、塑料袋、纸团	
149			松动	高	松出高度 3～5 mm	
150		转向架构架管道接头卡箍	松脱	高	松脱	

续上表

序号	考核项	考核项点 详细部件及考核对象	故障形式	安全等级	故障设置方式	备注
151	转向架构架整体	差压阀紧固螺栓	松动	高	模拟故障,用防形板	没有检测数值无效
152		差压阀紧固螺栓防松铁丝	断裂	高	剪断铁丝,断裂处间隙5～6 mm	
153			丢失	中	真实拆除	
154	抗侧滚扭杆装置	抗侧滚扭杆装置紧固件	松动	高	松出3～4 mm	没有检测数值无效
155			丢失	高	真实拆除	
156		抗侧滚扭杆装置紧固件防松铁丝	断裂	中	剪断铁丝,断裂处间隙5～6 mm	
157			丢失	中	真实拆除	
158		抗侧滚扭杆	挂异物	低	粘贴鸟毛、树枝、树叶、塑料袋、纸团	设置在机器人可见的抗侧滚扭杆任意位置
159	车底各型底板、端板	设备舱底板	丢失	高	拆一个底板	
160			变形	中	橡皮泥粘贴模拟,20 mm×20 mm×10 mm	尽量用和底色一致的材料,不建议用反光胶带
161		设备舱底板紧固螺栓	松动	高	松出3～4 mm	没有检测数值无效
162			丢失	高	真实拆除	
163		设备舱底板紧固螺栓防松铁丝	断裂	中	剪断铁丝,断裂处间隙5～6 mm	
164			丢失	中	真实拆除	
165		设备舱底板紧固螺栓止转铁片	丢失	中	真实拆除	
166		设备舱底板四角锁关锁闭标识	错位	中	设置错位至打开位	
167		端板	丢失	高	真实拆除	
168			变形	中	橡皮泥粘贴模拟,20 mm×20 mm×10 mm	尽量用和底色一致的材料,不建议用反光胶带
169		端板紧固螺栓	松动	高	松出3～4 mm	没有检测数值无效
170			丢失	高	真实拆除	
171		格栅	丢失	高	真实拆除	
172			变形	中	橡皮泥粘贴模拟,20 mm×20 mm×10 mm	尽量用和底色一致的材料,不建议用反光胶带
173		车底格栅紧固螺栓	丢失	高	真实拆除	
174			松动	高	松出3～4 mm	
175		车底外风挡下部十字平头螺栓	丢失	高	真实拆除	
176		外风挡下部	变形	中	橡皮泥粘贴模拟,20 mm×20 mm×10 mm	尽量用和底色一致的材料,不建议用反光胶带

第二节　评审标准

一、360°检测机器人性能指标评审标准

360°检测机器人性能指标评审标准见表6-3。

表6-3　360°检测机器人性能指标评审标准

	项　目	单项分值	标　准	扣分标准	实际情况	得分	备　注
硬件指标（30分）	硬件配备情况	2	具备车顶全角度拍摄（0.5分）；具备左、右侧上部拍摄（0.5分）；具备左、右侧下部拍摄（0.5分）；具备底部两侧拍摄（0.5分）	是否具备			
		2	顶部相机像素不低于200万（0.5分）；左右侧上部相机像素不低于200万（0.5分）；左右侧下部相机像素不低于200万（0.5分）；底部两侧像素不低于200万（0.5分）	是否具备			像素每增加200万加0.5分
		1.5	顶部具备3D功能（0.5分）；左右侧下部具备3D功能（0.5分）；底部两侧具备3D功能（0.5分）	是否具备			
		2	车底、转向架、裙板采集箱体具备除尘功能（0.5分）、散热功能（0.5分）、自动开关罩功能（0.5分）；车窗、车顶具备除尘功能（0.5分）	是否具备			
		3	车轮踏面图像采集，单个相机分辨率不低于200万像素（1分）；具备踏面剥离、硌伤、擦伤自动检测功能（1分）；具备底部两侧闸片测量、丢失检测能力（1分）	是否具备			
		1	具备AEI（0.5分）和图像识别车号（0.5分）	是否具备			
	安全性能	1	相机光源组件具备IP65防水等级，接地电阻小于4 Ω（1分）	是否具备			
		1	车顶采集单元具备防坠落保护功能（1分）	是否具备			

续上表

<table>
<tr><th></th><th>项　　目</th><th>单项分值</th><th>标　　准</th><th>扣分标准</th><th>实际情况</th><th>得分</th><th>备　　注</th></tr>
<tr><td rowspan="8">硬件指标（30分）</td><td>机器人检测效率</td><td>2</td><td>8编组通过检测棚设备采集和报表平台上得到处理结果总时间不超过20 min(2分)</td><td>每延长2 min扣0.5分，直至扣完；每节省2 min加0.5分，最多加2分</td><td></td><td></td><td>检查项点不低于公布车型项点数，低于扣1分</td></tr>
<tr><td rowspan="6">软件功能</td><td>2.5</td><td>调度展示平台能够实时显示机器人作业进度和每一张图处理结果(1分)；显示机器人自身设备状态(1分)，具备闸片趋势分析(0.5分)</td><td>是否具备</td><td></td><td></td><td></td></tr>
<tr><td>2</td><td>处理完成的图片中逐个标记检查过的内容(包含正确和问题信息)(2分)</td><td>每错1个扣0.5分，直至扣完</td><td></td><td></td><td>错误超过总项点数量的1%，认定为整体失格</td></tr>
<tr><td>2</td><td>能够详细表达报警信息，如“螺栓丢失”“螺栓松动及实测值”“闸片测量实测值”“异物”“部件缺损”等，不得显示“图片异常”(2分)</td><td>每错1个扣0.5分，直至扣完</td><td></td><td></td><td>错误超过总项点数量的1%，认定为整体失格</td></tr>
<tr><td>1</td><td>机器人作业时具备作业过程实时显示功能(1分)</td><td>是否具备</td><td></td><td></td><td></td></tr>
<tr><td>1</td><td>具备动车组故障地图显示(1分)</td><td>是否具备</td><td></td><td></td><td></td></tr>
<tr><td>1</td><td>软件平台具备检查项点统计和导出功能(1分)</td><td>是否具备</td><td></td><td></td><td></td></tr>
<tr><td>检查总项点</td><td>5</td><td>依据每张图标注的部件数、检查能力类型计算项点总数(异物或漏油一张图按一个项点)(5分)</td><td>超过公布车型项点数，每增加50个，增加0.1分；低于每50个扣0.1分，直至扣完</td><td></td><td></td><td>以文件公布结果为准</td></tr>
<tr><td></td><td colspan="5">硬件指标得分小计：</td><td></td><td></td></tr>
</table>

续上表

	类型	明细	单项分值	故障类型(计划设置故障数量)	实际故障数量	首个漏报扣分标准(单项分值/故障数量)	漏报数量	单项得分	单项识别率	备　　注
软件性能(70分)	丢失类	螺栓丢失	12	结合机检适应性测试						一、检出率在90%～100%：每个漏报按首个漏报×1扣分。 二、检出率在80%～90%：每个漏报按首个漏报×1.4扣分。 三、检出率在70%～80%：每个漏报按首个漏报×2.1扣分。 四、检出率在60%～70%：每个漏报按首个漏报×3扣分。 五、检出率在60%以下：该项0分。 单项得分＝单项分值－(一＋二＋三＋四)
		螺母丢失	2	结合机检适应性测试						
		部件丢失	8	结合机检适应性测试						
		其他丢失	4	结合机检适应性测试						
	松动类	螺栓松动	6	结合机检适应性测试						
	松脱类	部件松脱	4	结合机检适应性测试						
	变形	表面变形	4	结合机检适应性测试						
	打开类	锁打开	4	结合机检适应性测试						
		盖板打开	5	结合机检适应性测试						
	断裂类	部件断裂	4	结合机检适应性测试						
	破损类	表面破损	4	结合机检适应性测试						
	漏油	漏油	2	结合机检适应性测试						
	踏面检测	踏面检查	3	结合机检适应性测试						
	异物	异物	3	结合机检适应性测试						
	其他	其他	1	结合机检适应性测试						
	软件性能得分小计：									

类型	明细	单项分值	测量要求	人工测量	误差范围	机器测量	单项得分	扣分标准
测量能力	碳滑板厚度测量	1	测量2个受电弓碳滑板		累计绝对误差不超过2 mm			每超过1 mm扣1分，每降低1 mm加0.5分，最多加1分
	闸片测量	3	抽取4个外侧闸片测量		累计绝对误差不超过4 mm			每超过1 mm扣0.5分，每降低1 mm加0.2分，最多加1分

误报扣分规则：允许误报总数＝每标准动车组允许误报30个＋总项点数的千分之一；在允许范围内每减少1个误报在总得分中加0.1分，每增加1个误报在总得分中扣0.1分

误报情况	总项点数	总项点允许误报数的千分之一，按四舍五入	标准动车组允许误报	允许误报总数	实际误报数量	单项得分	考试车型	评审日期
公司名称：			最终成绩：					

填表说明：考评日设置故障不少于表中数量

二、车底检测机器人性能指标评审标准

车底检测机器人性能指标评审标准见表 6-4。

表 6-4　车底检测机器人性能指标评审标准

	项　　目	单项分值	标　　准	扣分标准	实际情况	得分	备　　注
硬件指标(30 分)	硬件配备情况	4	快扫所有 2D 相机累计像素不低于 400 万(1 分)；精扫单个相机总像素不低于 300 万(1 分)；具备 3D 成像技术功能(1 分)；具备彩色相机功能(1 分)	是否具备			快扫像素每增加 200 万加 0.5 分，精扫像素每增加 100 万加 0.5 分
		1	具备自动充电功能(充电触头不裸露)(1 分)	是否具备			
		1	充满电＜1 h(低于 25%)(0.5 分)，满电状态能完成 4 个标准组检测(0.5 分)	是否具备			
	安全性能	1.5	机器人整体具备 IP54 防水等级(0.5 分)，具备自动防护罩(0.5 分)；接地电阻小于 4 Ω(0.5 分)	是否具备			
		1	在 5 m 外检测到障碍物报警并停止前进(1 分)	是否具备			
		1.5	机械臂自身具备撞击停止功能(0.5 分)；机械臂最前端具备高精度撞击停止功能(0.5 分)；具备机器人撞异物后主动停止功能(0.5 分)	是否具备			
		1	具有即停即走一键启动及复位功能(1 分)	是否具备			
	机器人检测效率	3	机器人采集相片及处理结果总时间不超过 45 min(包含快速扫描和精扫)(3 分)	每延长 2 min 扣 0.5 分，直至扣完；每节省 2 min 加 0.5 分			检查项点不低于公布车型项点数，低于扣 1 分
		2	单张精扫图片采集后到结果输出时间差不超过 5 min(包含精扫和快扫)(2 分)	每延长 2 min 扣 0.5 分，直至扣完			必须具备实时检测

续上表

	项　目	单项分值	标　准	扣分标准	实际情况	得分	备　注
硬件指标(30分)	软件功能	2	调度展示平台能够实时显示机器人作业进度和每一张图处理结果(1分);显示机器人自身设备状态(1分)	是否具备			
		2	处理完成的图片中逐个标记检查过的内容(包含正确和问题信息)(2分)	每错1个扣1分,直至扣完			错误超过总项点数量的1%,认定为整体失格
		2	能够详细表达报警信息,如"螺栓丢失""螺栓松动及实测值""闸片测量实测值""异物""部件缺损"等,不得显示"图片异常"(2分)	每错1个扣1分,直至扣完			错误超过总项点数量的1%,认定为整体失格
		1	机器人作业时具备作业过程实时显示功能(1分)	是否具备			
		1	具备动车组故障地图显示(1分)	是否具备			
		1	软件平台具备检查项点统计和导出功能(1分)	是否具备			
	检查总项点	5	依据每张图标注的部件数、检查能力类型计算项点总数(异物或击打一张图按一个项点)(5分)	超过公布车型项点数,每增加50个增加0.1分;低于每50个扣0.1分,直至扣完			以文件公布结果为准
	硬件指标得分小计:						

	类型	明细	单项分值	故障类型(计划设置故障数量)	实际故障数量	首个漏报扣分标准(单项分值/故障数量)	漏报数量	单项得分	单项识别率	备　注
软件性能(70分)	丢失类(90%)	M8及以上螺栓	8	设置4个M8、4个M10丢失,快扫、精扫各8个(共16个)						一、检出率在90%～100%:每个漏报按首个漏报×1扣分。 二、检出率在80%～90%:每个漏报按首个漏报×2扣分。 三、检出率在80%以下:该项0分。 单项得分=单项分值−(一+二)
		六棱施封锁或开尾销	4	设置8处六棱施封锁或开尾销丢失(8个)						
		喉箍	2	设置4处喉箍丢失(共4个)						
		闸片、踏面清扫装置	2	各设置2处(共4个)						
		防松铁丝	3	设置6处防松铁丝丢失(共6个)						
		其他(注油堵、铭牌、防尘堵)	2	每种设置1个(4个)						

续上表

	类型	明细	单项分值	故障类型(计划设置故障数量)	实际故障数量	首个漏报扣分标准(单项分值/故障数量)	漏报数量	单项得分	单项识别率	备　注
软件性能(70分)	松动类(80%)	M8及以上螺栓松动3 mm以上	8	8个M8或M10快扫松动5 mm;8个M8或M10精扫松动3 mm(共16个)						一、检出率在90%～100%:每个漏报按首个漏报×0.8扣分。 二、检出率在80%～90%:每个漏报按首个漏报×1.6扣分。 三、检出率在70%～80%:每个漏报按首个漏报×2.4扣分。 四、检出率在70%以下:该项0分。 单项得分=单项分值-(一+二+三)
		管接头松动5 mm以上	3	设置6个管接头松动(共6个)						
	旋转部件检查能力(80%)	螺栓丢失	6	设置12个螺栓丢失(共12个)						
		螺栓松动	4	模拟或真实设置8个螺栓松动5 mm(共8个)						
	断裂类(80%)	防松铁丝裂5 mm以上	5	设置防松铁丝或六棱施封锁断裂,精扫、快扫各4个(共8个)						
		开尾销断裂	1	设置2处开尾销断(共2个)						
	表面缺陷(80%)	防尘套破损或空气弹簧鼓包	2	采用颜色相近的橡皮泥模拟4处故障,长×宽×高为10 mm×10 mm×3 mm(共4个)						
		底板击打	2	采用颜色相近的橡皮泥模拟4处故障,长×宽×高为20 mm×20 mm×10 mm(共4个)						
	油检查(80%)	油色检查	2	模拟设置红、黑、白等4处油位(共4个)						
		油位测量	2	设置4处不同油位(共4个)						
		漏油检查(区分油水)	1	设置2处油或2处水(共2个)						
	异物(80%)	能够识别不同形态、不同颜色,不限部位的异物查找	2	模拟设置4处树叶、塑料袋、纸等实际故障(共4个)						
	其他	底板四角锁开关状态	1	设置2个底板锁处于开启状态(2个)						
	软件性能得分小计:									

续上表

<table>
<tr><td rowspan="8">软件性能
(70分)</td><td>类型</td><td>明细</td><td>单项分值</td><td>测量要求</td><td>人工测量</td><td>误差范围</td><td>机器测量</td><td>单项得分</td><td colspan="2">扣分标准</td></tr>
<tr><td rowspan="3">测量能力</td><td>闸片测量</td><td>6</td><td>随机抽取 10 对(20 片)闸片厚度</td><td></td><td>累计绝对误差不超过 20 mm</td><td></td><td></td><td colspan="2">每超过 1 mm 扣 1 分,每降低 1 mm 加 0.3 分,最多加 3 分</td></tr>
<tr><td>撒砂管高度测量</td><td>2</td><td>随机抽取 4 个撒砂管高度</td><td></td><td>累计绝对误差不超过 8 mm</td><td></td><td></td><td colspan="2">每超过 1 mm 扣 0.5 分,每降低 1 mm 加 0.2 分,最多加 1 分</td></tr>
<tr><td>研磨子或扫石器高度测量</td><td>2</td><td>4 个踏面研磨子厚度或 4 个扫石器高度</td><td></td><td>累计绝对误差不超过 8 mm</td><td></td><td></td><td colspan="2">每超过 1 mm 扣 0.5 分,每降低 1 mm 加 0.2 分,最多加 1 分</td></tr>
<tr><td colspan="10">误报扣分规则:允许误报总数=每标准动车组允许误报 30 个+总项点数的千分之一;在允许范围内每减少 1 个误报在总得分中加 0.1 分,每增加 1 个误报在总得分中扣 0.1 分</td></tr>
<tr><td rowspan="2">误报情况</td><td colspan="2">总项点数</td><td>总项点允许误报数的千分之一,按四舍五入</td><td>标准动车组允许误报</td><td>允许误报总数</td><td>实际误报数量</td><td>单项得分</td><td>考试车型</td><td>评审日期</td></tr>
<tr><td colspan="2"></td><td></td><td></td><td></td><td></td><td></td><td rowspan="2"></td><td rowspan="2"></td></tr>
<tr><td colspan="3">公司名称:</td><td></td><td colspan="3">最终成绩:</td><td></td></tr>
<tr><td colspan="11">填表说明:考评日设置故障不少于表中数量</td></tr>
</table>

复习思考题

1. 根据本书介绍,仅针对 CR400AF 型动车组,在现行动车组一级修检测机器人系统中,360°检测机器人设置了多少考核项点?车底检测机器人设置了多少考核项点?

2. 学习动车组一级修检测机器人系统针对各车型的考核项点,针对 360°检测机器人目前进行了哪些车型考核?针对车底检测机器人目前进行了哪些车型考核?

3. 车底检测机器人和 360°检测机器人性能指标评审,硬件指标和软件性能各占多少评判比例?硬件指标有哪些项目?软件性能包括哪些故障的识别能力和尺寸的测量能力项点?

第七章　动车组一级修检测机器人系统一级修作业检查项目及标准

本章仅展示动车组一级修检测机器人系统中 360°检测机器人、车底检测机器人以 CR400AF 型动车组为例进行的一级修车底作业检查项目及标准。在此基础上进一步介绍动车组一级修检测机器人系统检测作业流程和具体项目机器人平板端详细作业流程。

第一节　360°检测机器人一级修作业检查项目及标准

以 CR400AF 型动车组为例，360°检测机器人一级修作业检查项目及标准见表 7-1。

表 7-1　CR400AF 型动车组一级修作业检查项目及标准（360°检测机器人）

序号	检查项目	检查内容及标准	图　　示	故障类型数	部件处所数	全车总项点数
1	导流罩	1. 检查车头开闭罩无变形、异物		2	1	8
		2. 检查车头侧部导流板无变形、异物		2	1	8
		3. 检查车头底部导流板无变形、异物		2	1	8
2	车体侧	1. 检查手动解锁开关无打开		1	1	58
		2. 检查砂箱观察镜表面无破损变形		1	1	4

续上表

序号	检查项目	检查内容及标准	图　示	故障类型数	部件处所数	全车总项点数
2	车体侧	3. 检查塞拉门隔离塑料盖无丢失		1	2	8
3	车门车窗	1. 检查头车隔离锁盖板无丢失		1	1	58
		2. 检查车门玻璃表面无破损、变形		2	1	58
		3. 检查车窗玻璃表面无破损、变形		2	1	262
		4. 检查挡风玻璃无破损、变形		2	1	4
4	垂向减振器	1. 检查垂向减振器防尘套无破损、变形		2	1	128
		2. 检查垂向减振器下部螺母无丢失		1	2	256
		3. 检查垂向减振器下部螺母无松动		1	2	256
		4. 检查垂向减振器安装螺栓无丢失		1	3	384
		5. 检查垂向减振器安装螺栓无松动		1	3	384
		6. 检查垂向减振器区域无异物		1	1	128
		7. 检查垂向减振器下部卡箍无丢失		1	1	128
		8. 检查垂向减振器紧固螺栓防松铁丝无丢失、断裂		2	1	256
		9. 检查垂向减振器无漏油		1	1	128

续上表

序号	检查项目	检查内容及标准	图示	故障类型数	部件处所数	全车总项点数
5	车端减振器	1. 检查车端减振器卡箍无丢失	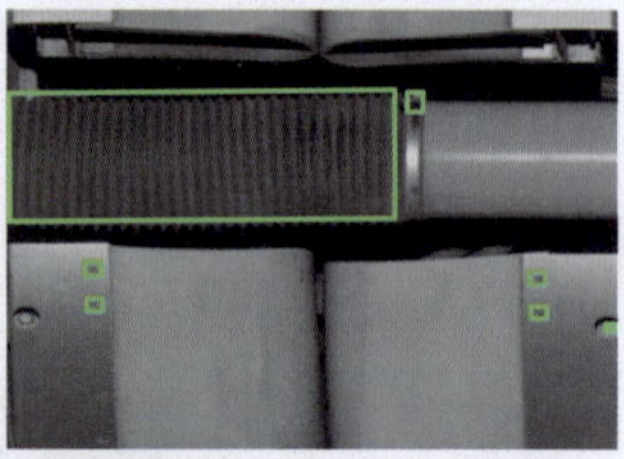	1	1	30
		2. 检查车端减振器防尘套无破损、变形		2	1	30
		3. 检查车端减振器护板无丢失、变形	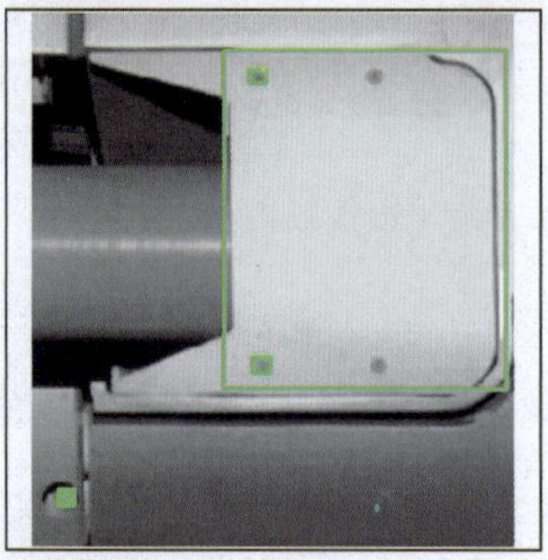	2	1	120
		4. 检查车端减振器护板十字螺栓无丢失		1	2	120
6	各类盖板	1. 检查注水口盖板无破损、变形		2	1	64
		2. 检查注水口盖板无半开		1	1	32
		3. 检查注水口盖板无丢失或全开		1	1	32
		4. 检查总风塞门盖板无破损、变形	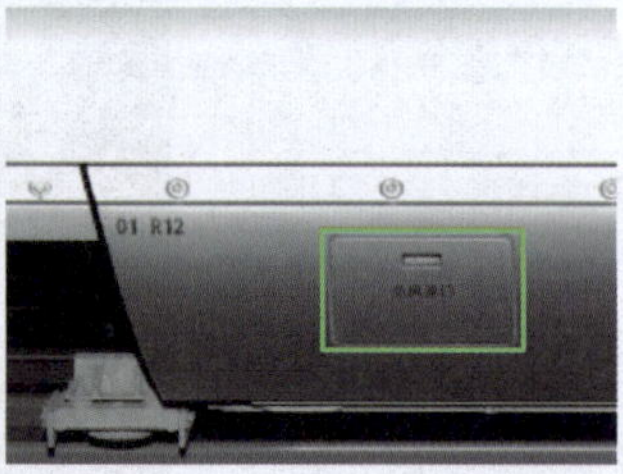	2	1	64
		5. 检查总风塞门盖板无半开		1	1	32
		6. 检查总风塞门盖板无丢失或全开		1	1	32
		7. 检查吸污口盖板无破损、变形	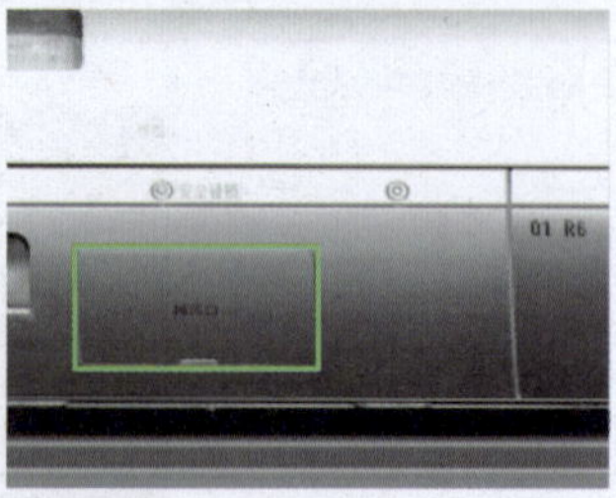	2	1	64
		8. 检查吸污口盖板无半开		1	1	32
		9. 检查吸污口盖板无丢失或全开		1	1	32

续上表

序号	检查项目	检查内容及标准	图　示	故障类型数	部件处所数	全车总项点数
6	各类盖板	10. 检查中间车注砂口盖板无破损、变形	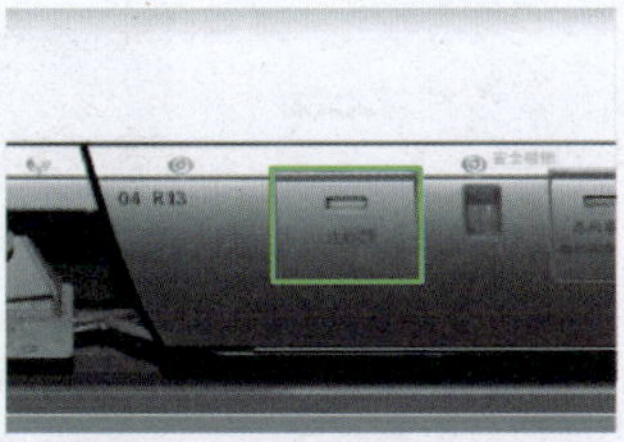	2	1	24
		11. 检查中间车注砂口盖板无半开		1	1	12
		12. 检查中间车注砂口盖板无丢失或全开		1	1	12
		13. 检查 BP 救援盖板无破损、变形	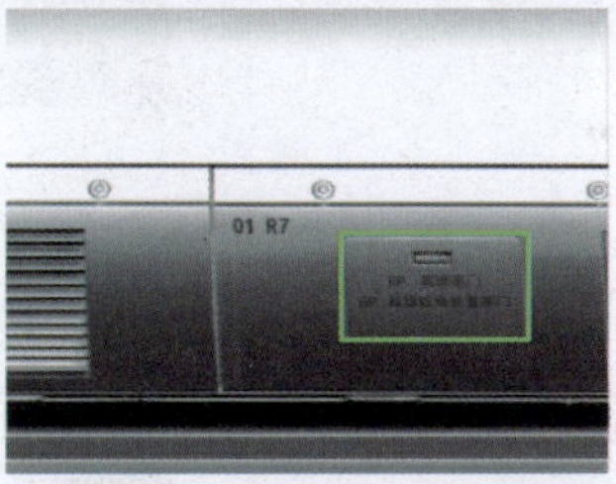	2	1	4
		14. 检查 BP 救援盖板无半开		1	1	2
		15. 检查 BP 救援盖板无丢失或全开		1	1	2
		16. 检查水箱水位视窗无破损、变形		2	1	64
		17. 检查头车注砂口盖板无破损、变形	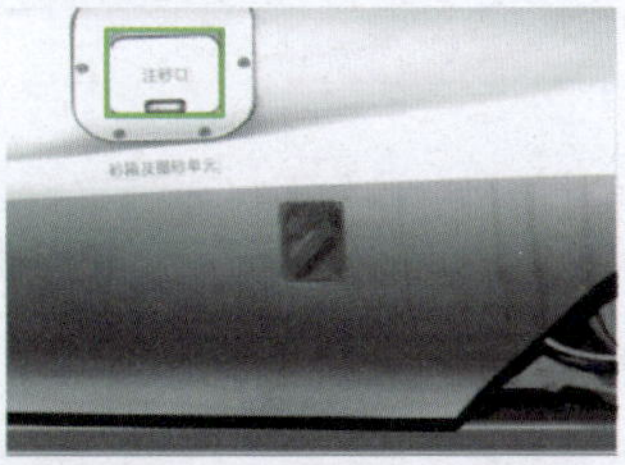	2	1	8
		18. 检查头车注砂口盖板无半开		1	1	4
		19. 检查头车注砂口盖板无丢失或全开		1	1	4
7	空气弹簧	1. 检查空气弹簧高度调整杆无异物	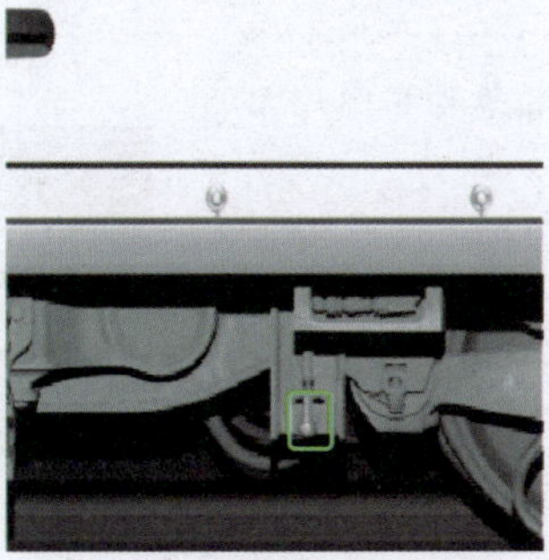	1	1	64
		2. 检查空气弹簧调整杆紧固螺母无丢失		1	1	64
		3. 检查空气弹簧调整杆紧固螺母无松动		1	1	64

续上表

序号	检查项目	检查内容及标准	图　示	故障类型数	部件处所数	全车总项点数
7	空气弹簧	4. 检查高度调整杆球形关节螺母无丢失	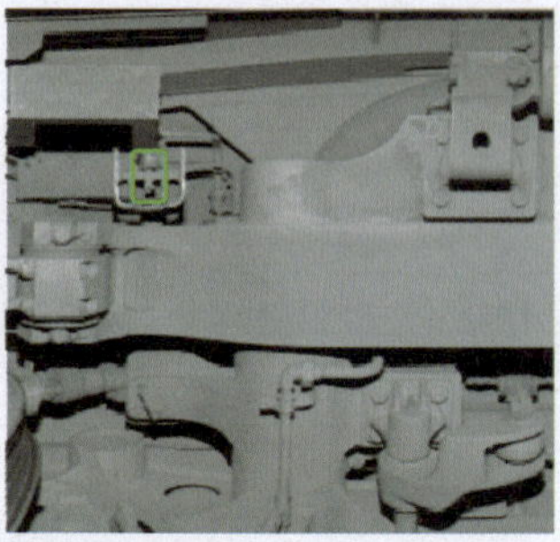	1	1	64
		5. 检查高度调整杆球形关节螺母开尾销无丢失		1	1	64
8	动车轨外制动夹钳	1. 检查轨外制动夹钳开尾销无丢失		1	1	64
		2. 检查轨外制动夹钳安装螺栓无松动		1	1	64
		3. 检查轨外制动夹钳安装螺栓无丢失		1	1	64
		4. 检查轨外制动夹钳安装螺母无丢失		1	1	64
		5. 检查轨外制动夹钳安装螺母无松动		1	1	64
		6. 检查轨外动车闸片无到限	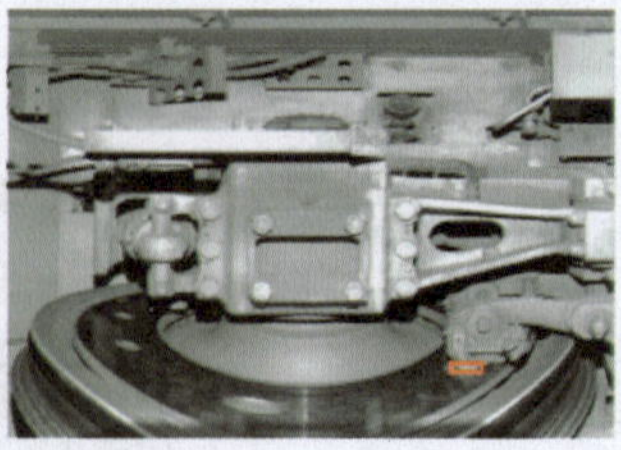	1	1	64
		7. 检查轨外动车闸片无精度测量		1	1	64
		8. 检查轨外动车闸片无丢失		1	1	64

续上表

序号	检查项目	检查内容及标准	图　示	故障类型数	部件处所数	全车总项点数
8	动车轨外制动夹钳	9. 检查轨外动车制动缸排风阀无丢失		1	1	64
		10. 检查轨外动车闸片开关锁无打开		1	1	64
		11. 检查制动夹钳无异物		1	1	64
		12. 检查制动盘无异物	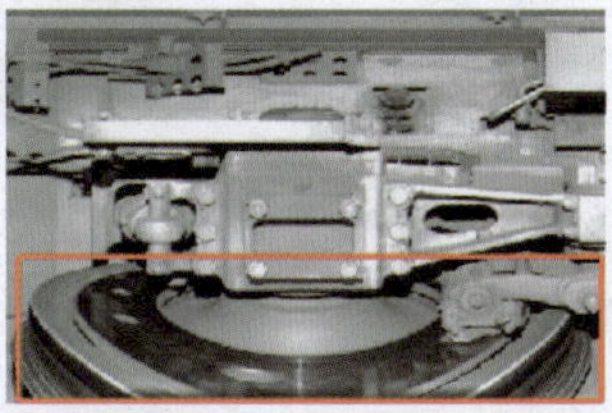	1	1	64
9	轨底外侧管道支架	1. 检查轨底外侧管道支架紧固螺栓无松动	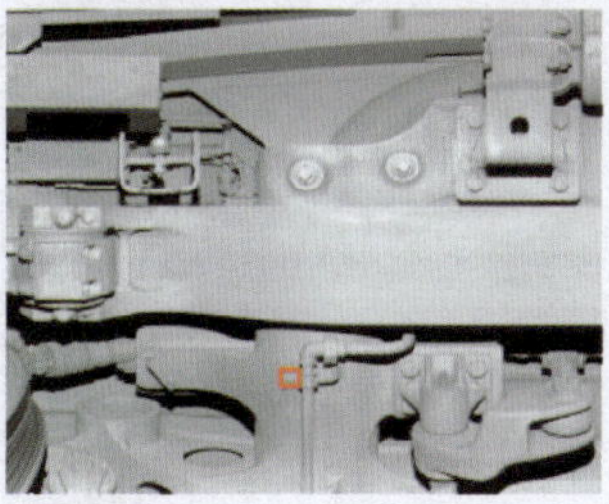	1	1	64
		2. 检查轨底外侧管道支架紧固螺栓无丢失		1	1	64

续上表

序号	检查项目	检查内容及标准	图　示	故障类型数	部件处所数	全车总项点数
10	车侧外风挡	1. 检查车侧外风挡无变形	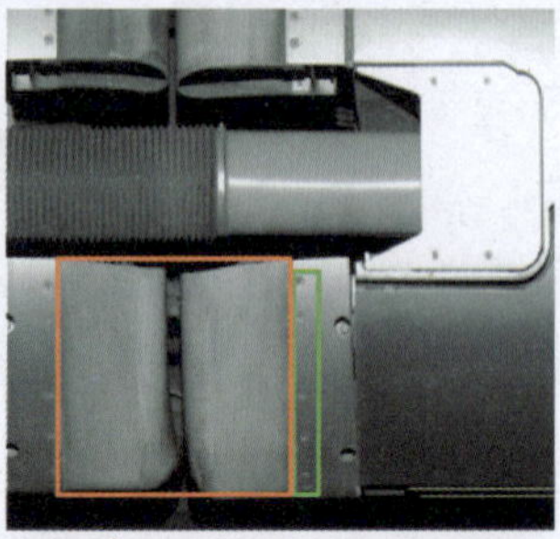	1	1	30
		2. 检查车侧外风挡十字螺栓无丢失	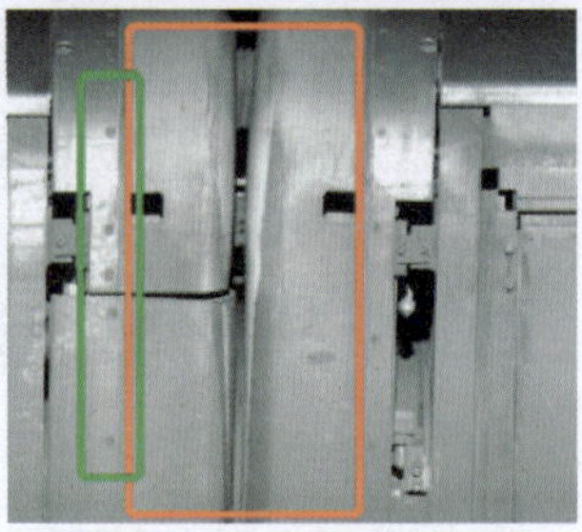	1	5	300
		3. 检查车底外风挡无变形		1	1	30
		4. 检查车底外风挡十字螺栓无丢失		1	10	300
11	电线支架/线排	1. 检查传感器线缆固定螺栓(端盖类型一)无丢失	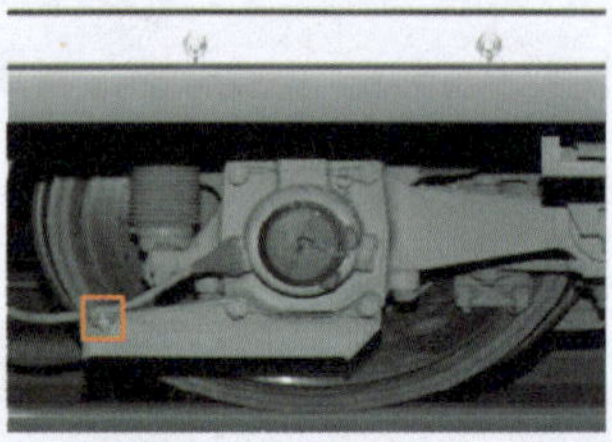	1	1	64
		2. 检查传感器线缆固定螺栓(端盖类型一)无松动		1	1	64
		3. 检查传感器线缆固定螺栓(端盖类型二)无丢失	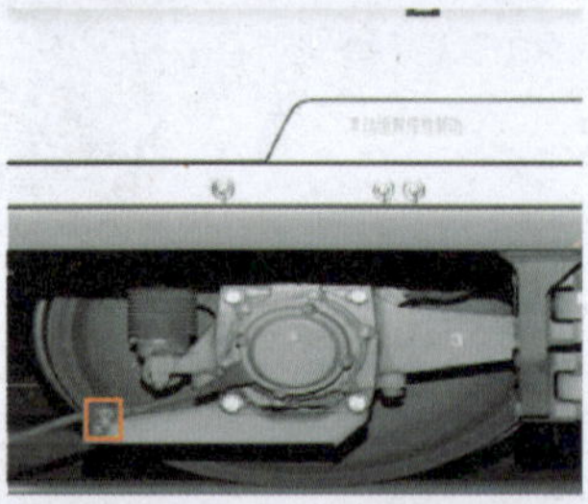	1	1	24
		4. 检查传感器线缆固定螺栓(端盖类型二)无松动		1	1	24
		5. 检查轨外侧线排固定螺母无丢失、松动	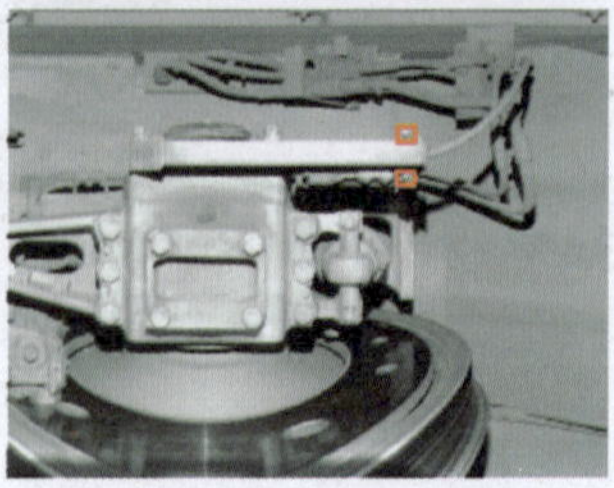	2	2	256

续上表

序号	检查项目	检查内容及标准	图　示	故障类型数	部件处所数	全车总项点数
12	传感器	1. 检查速度传感器腻子(端盖类型一)无丢失	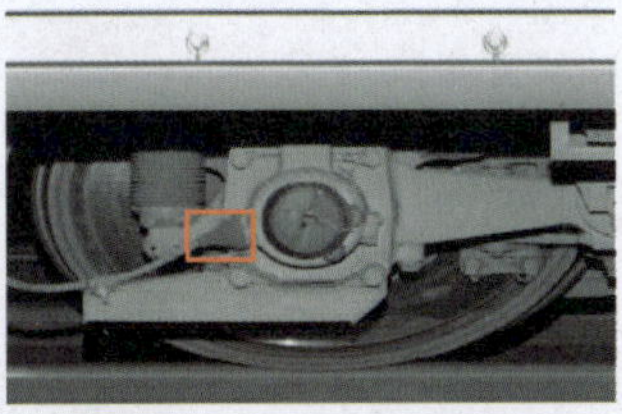	1	1	64
		2. 检查速度传感器腻子(端盖类型二)无丢失	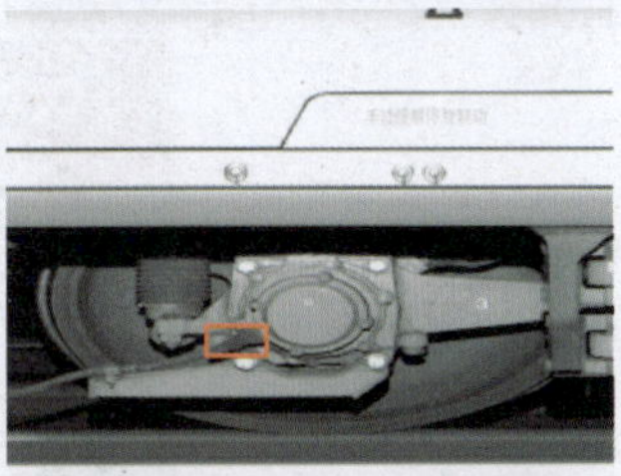	1	1	24
		3. 检查轨底外侧传感器电缆螺栓无丢失、松动	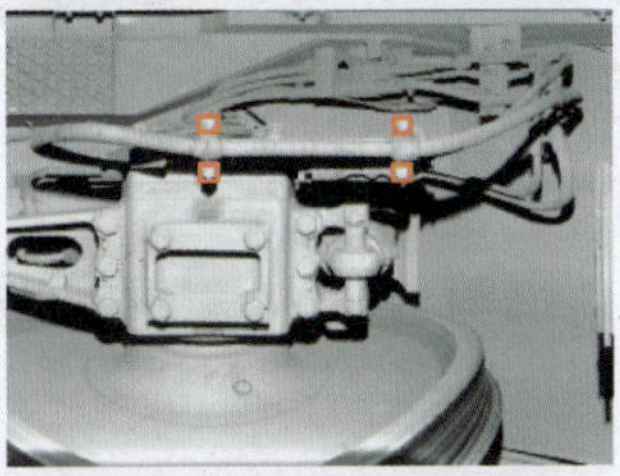	2	4	1 024
13	轴箱	1. 检查轴箱无漏油	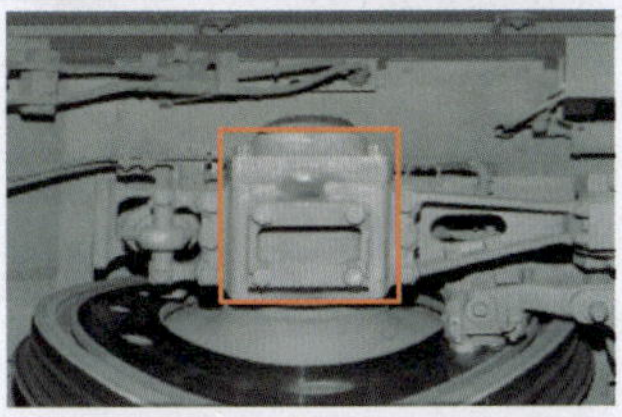	1	1	128
		2. 检查轴箱下托盖螺栓无丢失	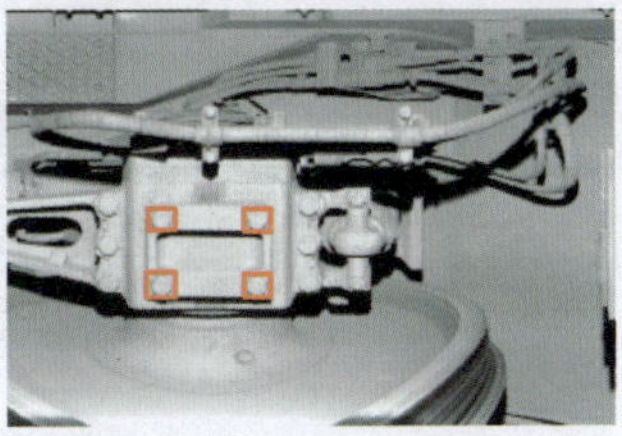	1	4	512
		3. 检查轴箱下托盖螺栓无松动		1	4	512
		4. 检查速度传感器封口螺栓无丢失	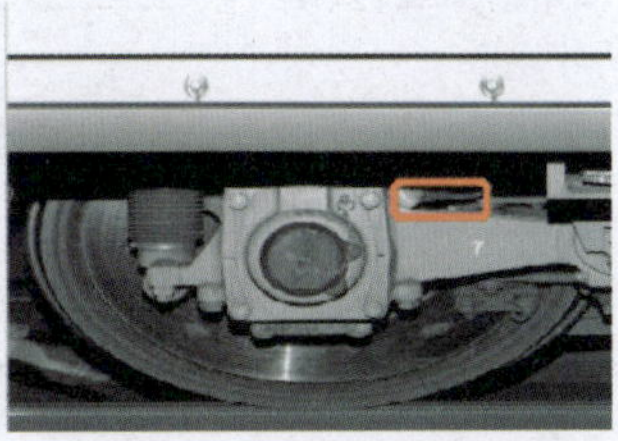	1	1	128
		5. 检查温度传感器封口螺栓无丢失		1	1	128

续上表

序号	检查项目	检查内容及标准	图示	故障类型数	部件处所数	全车总项点数
13	轴箱	6. 检查轴箱安装螺栓无丢失		1	6	768
		7. 检查轴箱安装螺栓无松动		1	6	768
		8. 检查轴箱排油孔橡胶堵无丢失		1	1	64
		9. 检查转臂定位节点螺栓无丢失		1	2	256
		10. 检查转臂定位节点螺栓无松动		1	2	256
		11. 检查轴箱定位装置螺栓无丢失		1	4	512
		12. 检查轴箱定位装置螺栓无松动		1	4	512
		13. 检查轴箱定位装置螺栓防松铁丝无丢失		1	2	256
		14. 检查轴箱安装螺栓防松铁丝无断裂		1	2	256
		15. 检查轴箱前盖螺栓(端盖类型一)无松动		1	4	416
		16. 检查轴箱前盖螺栓(端盖类型一)无丢失		1	4	416
		17. 检查轴箱前盖螺栓(端盖类型二)无松动		1	4	336
		18. 检查轴箱前盖螺栓(端盖类型二)无丢失		1	4	336

续上表

序号	检查项目	检查内容及标准	图　示	故障类型数	部件处所数	全车总项点数
13	轴箱	19. 检查橡胶防尘盖无破损、变形		2	1	208
		20. 检查橡胶防尘盖铁链无断裂		1	1	104
14	自动过分相	1. 检查过分相安装螺栓无丢失		1	4	32
		2. 检查过分相安装螺栓无松动		1	4	32
		3. 检查过分相挡板无丢失		1	2	16
		4. 检查过分相紧固螺母无丢失		1	2	16
		5. 检查过分相挡板安装螺栓无丢失		1	4	48
		6. 检查过分相挡板安装螺栓无松动		1	4	48

续上表

序号	检查项目	检查内容及标准	图　示	故障类型数	部件处所数	全车总项点数
15	轨外底板	1. 检查轨外底板螺栓无丢失		1	4	360
		2. 检查轨外底板螺栓无松动		1	4	360
		3. 检查轨外半圆形底板螺栓无丢失	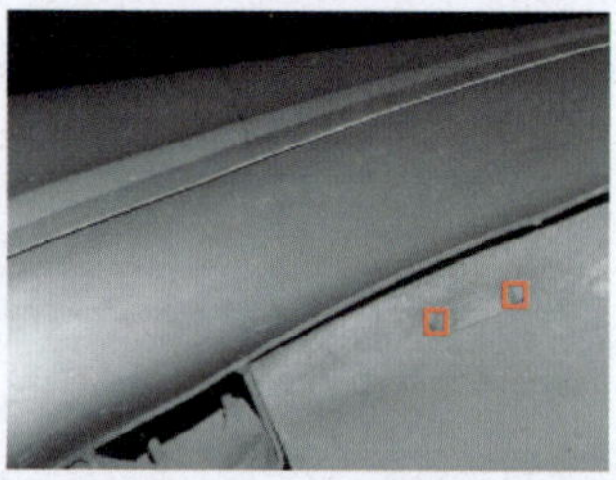	1	2	24
		4. 检查轨外半圆形底板螺栓无松动		1	2	24
		5. 检查轨外半圆形底板止转铁片无丢失	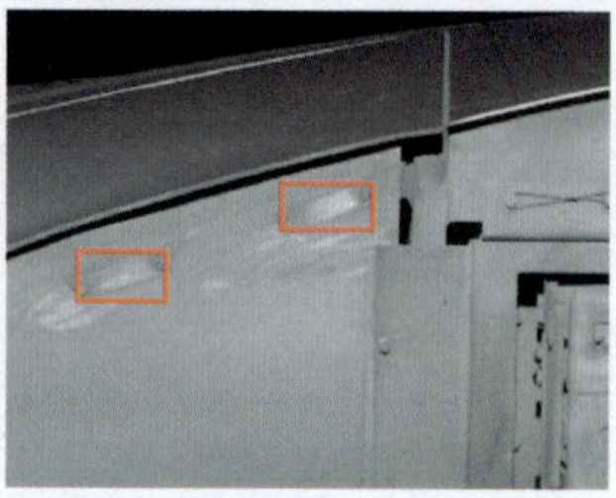	1	2	12
		6. 检查轨外底板螺栓防松铁丝无丢失	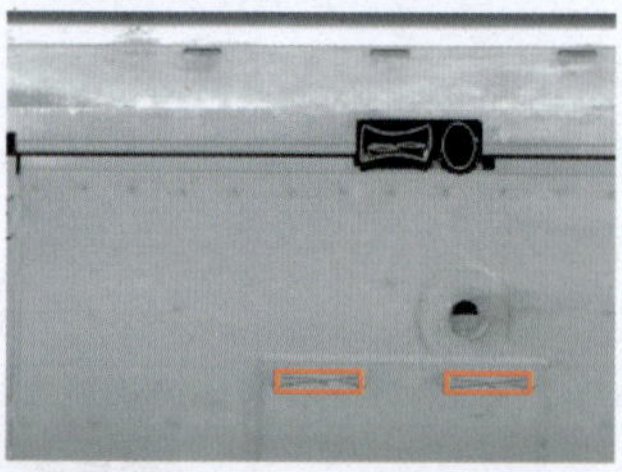	1	2	180
		7. 检查轨外底板螺栓防松铁丝无断裂		1	2	180
		8. 检查轨外底板无变形	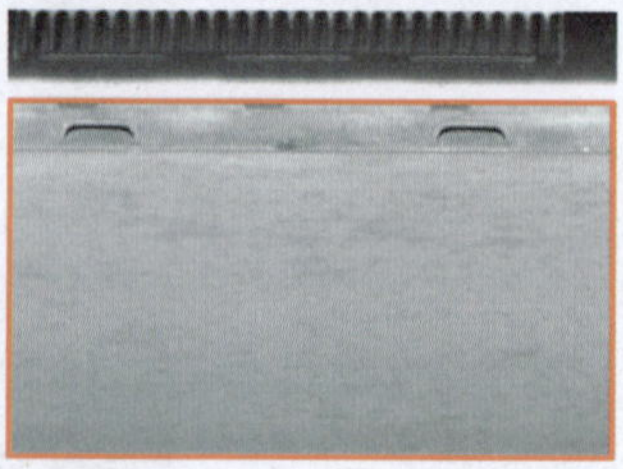	1	1	128

续上表

序号	检查项目	检查内容及标准	图　　示	故障类型数	部件处所数	全车总项点数
15	轨外底板	9. 检查端板轨外侧螺栓无丢失	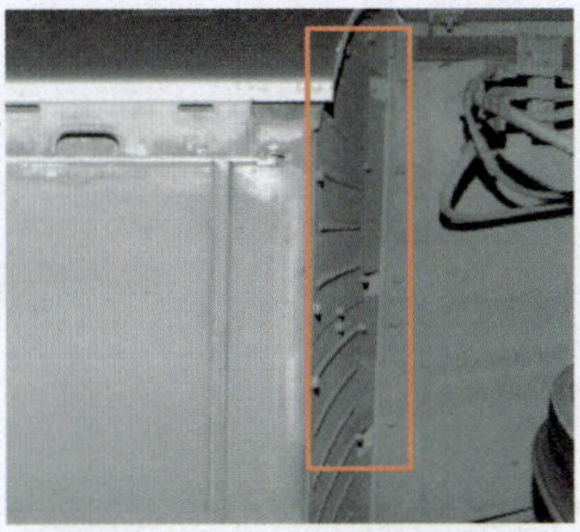	1	10	1 200
16	抗侧滚扭杆	1. 检查抗侧滚扭杆安装座螺栓无丢失		1	4	128
		2. 检查抗侧滚扭杆安装座螺栓无松动		1	4	128
		3. 检查抗侧滚扭杆安装螺母无丢失		1	1	32
		4. 检查抗侧滚扭杆安装螺栓防松铁丝无丢失		1	1	32
17	抬车垫板	检查抬车垫板安装螺栓无丢失	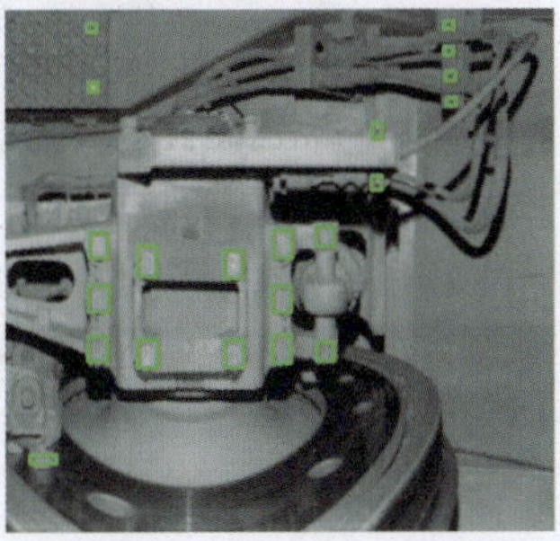	1	4	256

续上表

序号	检查项目	检查内容及标准	图示	故障类型数	部件处所数	全车总项点数
18	抗蛇行减振器	1. 检查抗蛇行减振器无异物		1	1	64
		2. 检查抗蛇行减振器喉箍无丢失		1	4	256
		3. 检查抗蛇行减振器安装螺栓无丢失		1	4	256
		4. 检查抗蛇行减振器安装螺栓无松动		1	4	256
		5. 检查抗蛇行减振器安装螺母无丢失		1	8	512
		6. 检查抗蛇行减振器安装螺母无松动		1	8	512
		7. 检查抗蛇行减振器安装座螺栓无丢失		1	4	256
		8. 检查抗蛇行减振器安装座螺栓无松动		1	4	256
		9. 检查抗蛇行减振器安装座螺栓防松铁丝无丢失		1	2	128
		10. 检查抗蛇行减振器安装座螺栓防松铁丝无断裂		1	2	128

续上表

序号	检查项目	检查内容及标准	图　示	故障类型数	部件处所数	全车总项点数
18	抗蛇行减振器	11. 检查抗蛇行减振器内六角螺栓无丢失	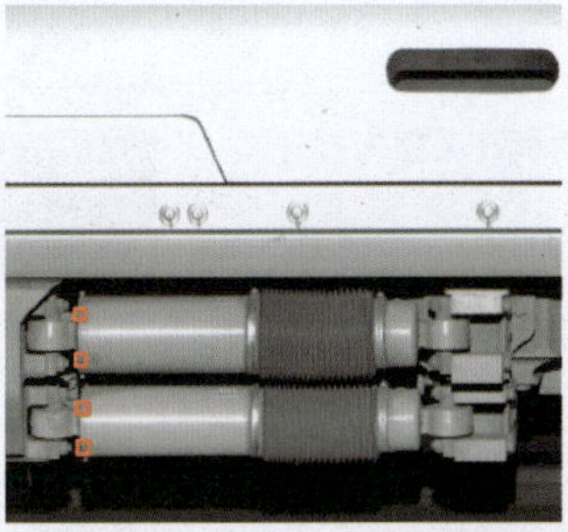	1	4	256
		12. 检查抗蛇行减振器防尘护套无破损变形	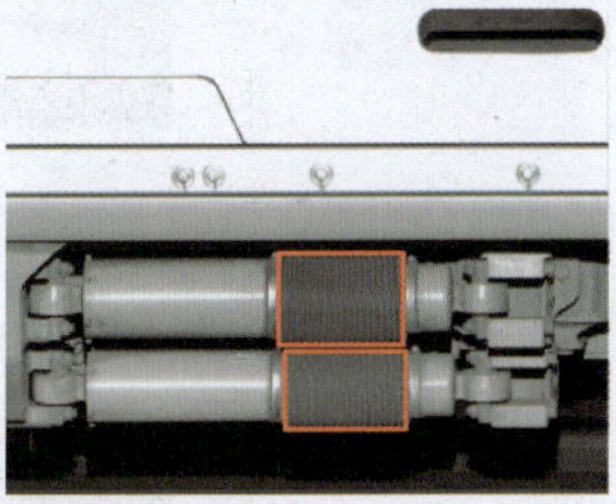	1	2	128
		13. 检查抗蛇行减振器紧固螺栓防松铁丝无丢失	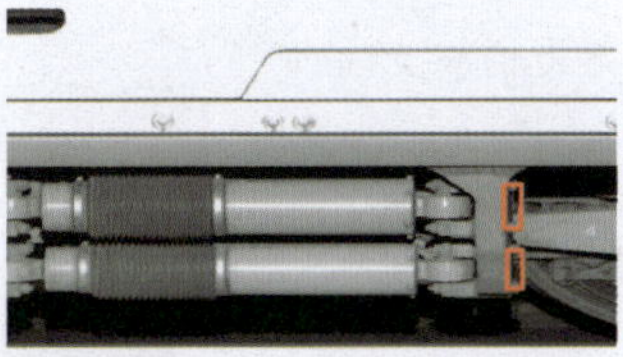	1	2	128
		14. 检查抗蛇行减振器紧固螺栓防松铁丝无断裂		1	2	128
		15. 检查抗蛇行减振器无漏油	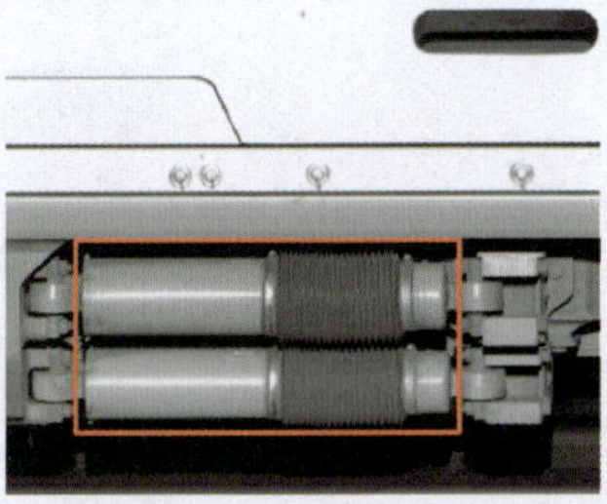	1	1	64
19	裙板	1. 检查裙板无丢失		1	1	288

续上表

序号	检查项目	检查内容及标准	图　示	故障类型数	部件处所数	全车总项点数
19	裙板	2. 检查裙板开关锁无打开		1	2	1 728
		3. 检查裙板安装螺栓无松动		1	4	1 024
		4. 检查裙板安装螺栓无丢失		1	4	1 024
		5. 检查裙板无表面变形		1	1	288
		6. 检查裙板格栅无表面变形		1	1	100
		7. 检查裙板格栅无丢失		1	1	100
		8. 检查裙板格栅无异物		1	1	100
20	撒砂装置	1. 检查撒砂管车体侧安装螺栓无丢失		1	3	48
		2. 检查撒砂管车体侧安装螺栓无松动		1	3	48
		3. 检查撒砂装置安装臂螺栓无丢失		1	2	32
		4. 检查撒砂装置安装臂螺栓无松动		1	2	32

续上表

序号	检查项目	检查内容及标准	图　示	故障类型数	部件处所数	全车总项点数
21	空调组件	1. 检查空调盖板螺栓无丢失	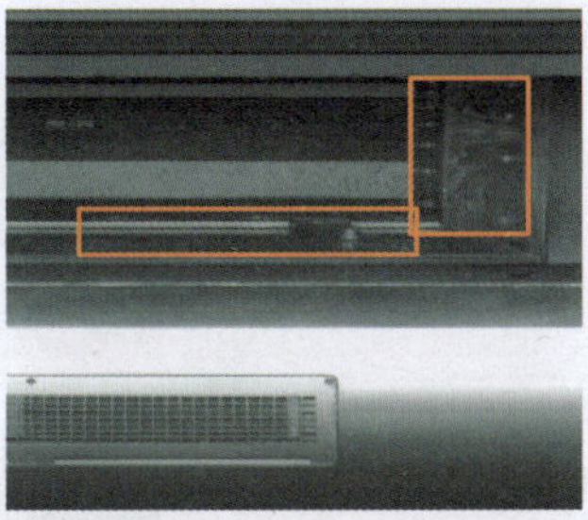	1	10	640
		2. 检查空调盖板螺栓无松动		1	10	640
		3. 检查空调盖板无丢失	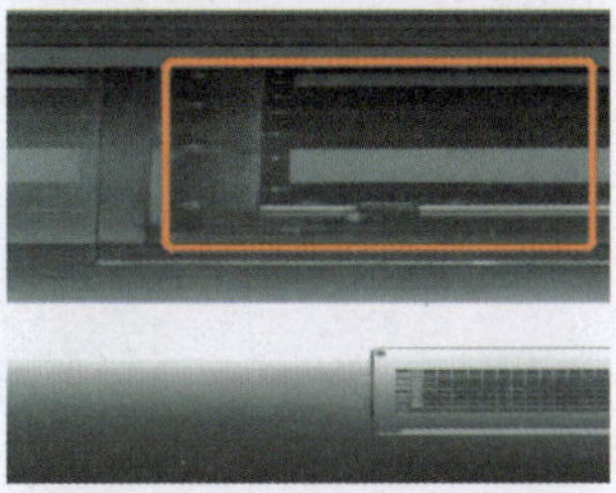	1	1	28
		4. 检查防滑条无破损变形		1	2	56
		5. 检查空调风机罩格栅螺栓无丢失	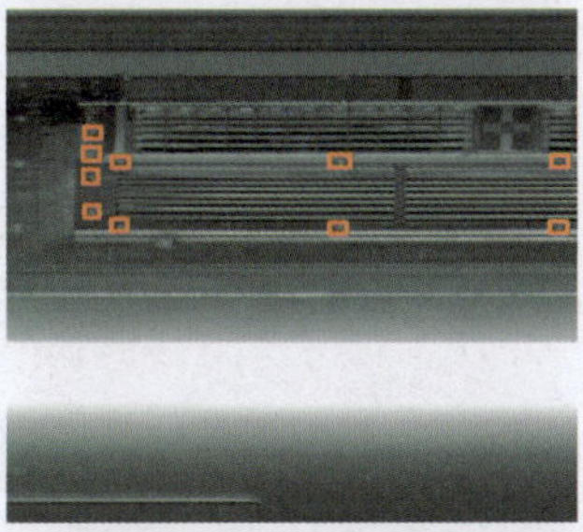	1	10	640
		6. 检查空调风机罩格栅螺栓无松动		1	10	640
		7. 检查空调风机罩格栅无丢失		1	1	28

续上表

序号	检查项目	检查内容及标准	图　示	故障类型数	部件处所数	全车总项点数
22	受电弓	1. 检查羊角无变形	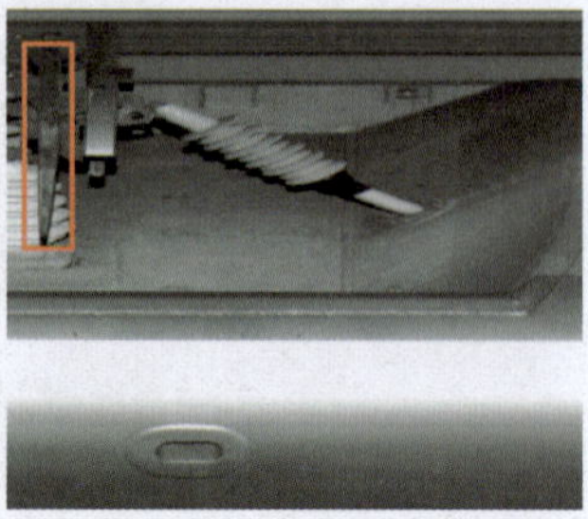	1	1	4
		2. 检查羊角无丢失		1	1	4
		3. 检查羊角无异物		1	1	4
		4. 检查摄像头防护罩无变形	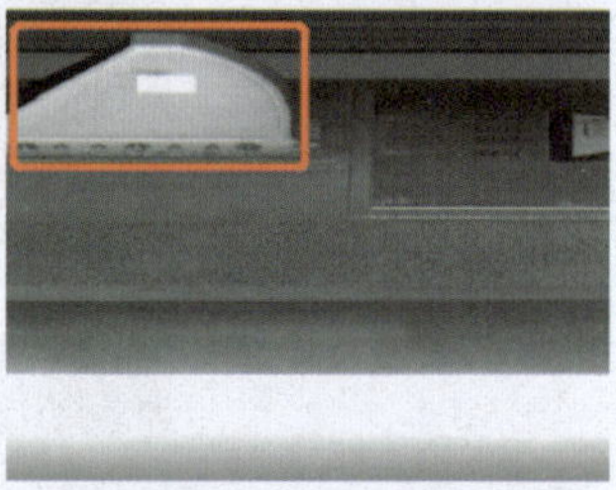	1	1	8
		5. 检查绝缘子无破损变形	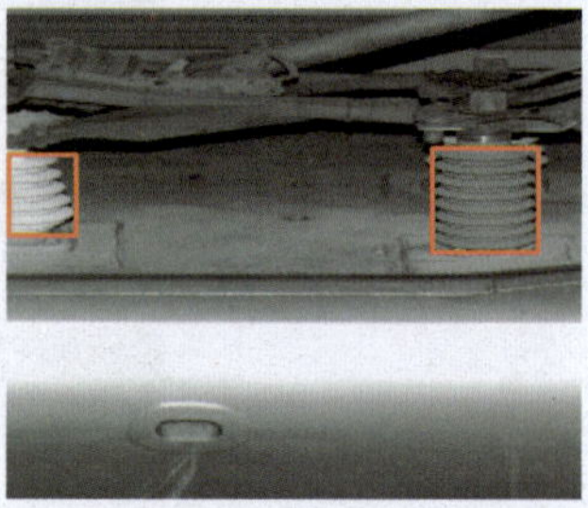	1	2	16
		6. 检查绝缘子无贯穿损伤		1	2	16
		7. 检查碳滑板无破损变形		1	1	4
		8. 检查受电弓无异物	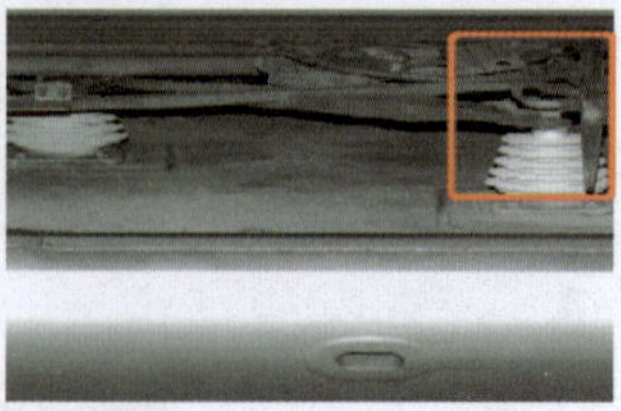	1	1	4

续上表

序号	检查项目	检查内容及标准	图　示	故障类型数	部件处所数	全车总项点数
22	受电弓	9. 检查绝缘子安装螺母无丢失	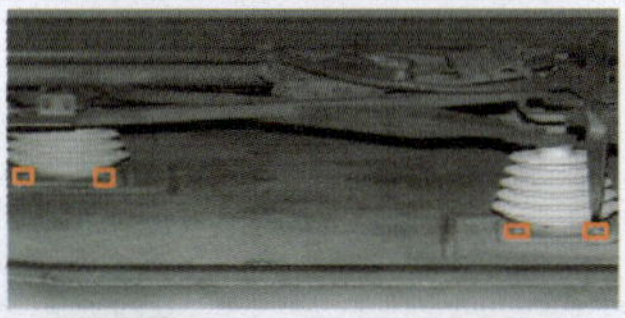	1	2	32
		10. 检查绝缘子安装螺母无松动	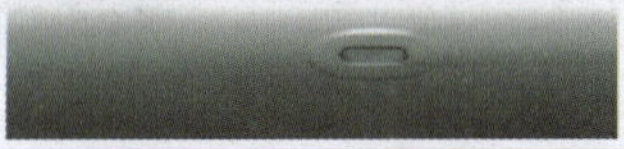	1	2	32
23	踏面	1. 检查踏面无擦伤		1	1	128
		2. 检查踏面无剥离		1	1	

第二节　车底检测机器人一级修作业检查项目及标准

以 CR400AF 型动车组为例，车底检测机器人一级修车底作业检查项目及标准见表 7-2。

表 7-2　CR400AF 型动车组一级修车底作业检查项目及标准（车底检测机器人）

序号	项　目	检查内容及标准	图　示	故障类型数	部件处所数	全车总项点数
1	车头检查（01、00 车）	1. 检查车头左右导流罩下部无打击变形	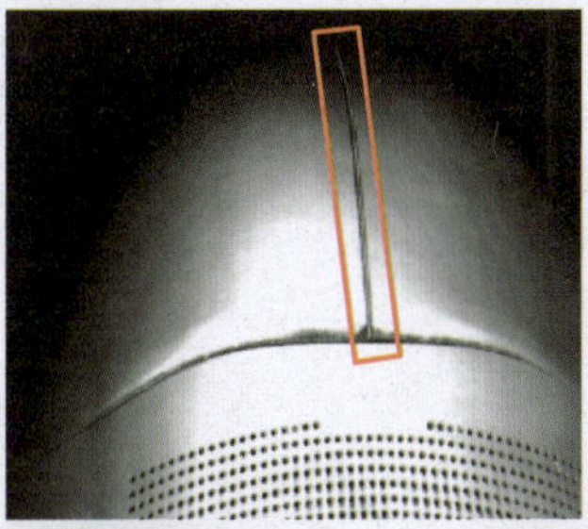	1	2	4
		2. 检查左右导流罩之间缝隙无超限，缝隙异物夹持检测		2	1	4
		3. 检查确认锁芯标识与罩关锁闭标识方向一致	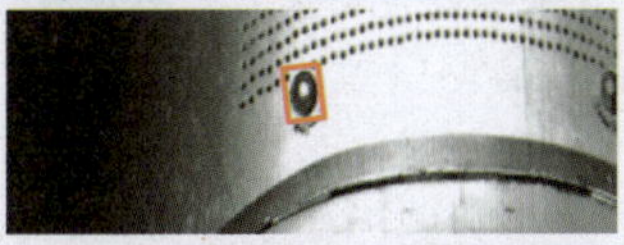	1	2	4
2	车体主排障器及底部半圆形底板检查（01、00 车）	1. 检查车体排障器底部半圆形底板及 BTM 天线底板无打击变形	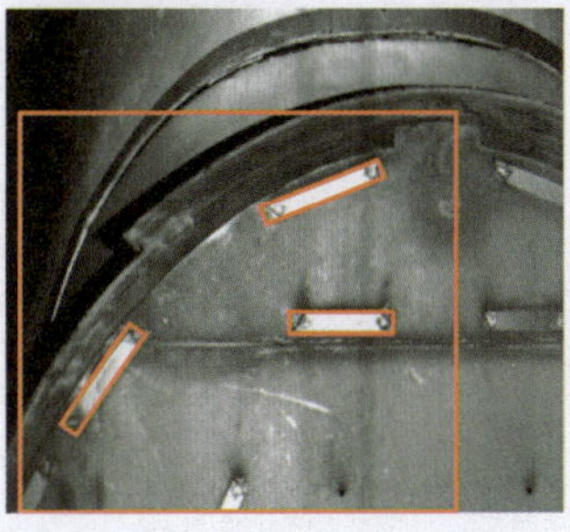	1	1	2
		2. 检查车体排障器底部半圆形底板紧固螺栓安装螺栓无松动、丢失		2	30	120
		3. 检查车体排障器底部半圆形底板紧固螺栓安装螺栓止转铁片无脱落		1	15	30

续上表

序号	项　目	检查内容及标准	图　示	故障类型数	部件处所数	全车总项点数
2	车体主排障器及底部半圆形底板检查(01、00车)	4. 检查车体主排障器上的辅助排障器与轨面高度符合标准(高度范围:20～28 mm)		1	1	4
		5. 检查车体主排障器紧固螺栓无丢失	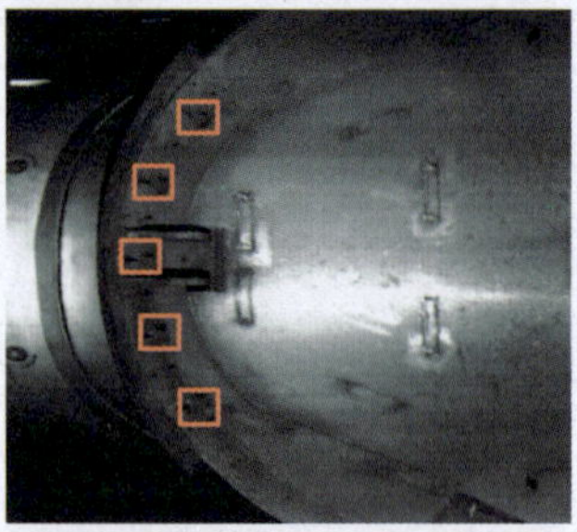	1	5	10
		6. 检查车体主排障器上的辅助排障器(轨道橡胶扫石器)螺栓无丢失		1	2	8
		7. 检查车体主排障器上的辅助排障器(轨道橡胶扫石器)防松铁丝无断裂、丢失		2	1	8
3	车底天线及感应器(01、00车)	1. 检查 TCR 天线安装座紧固螺栓无松动、丢失	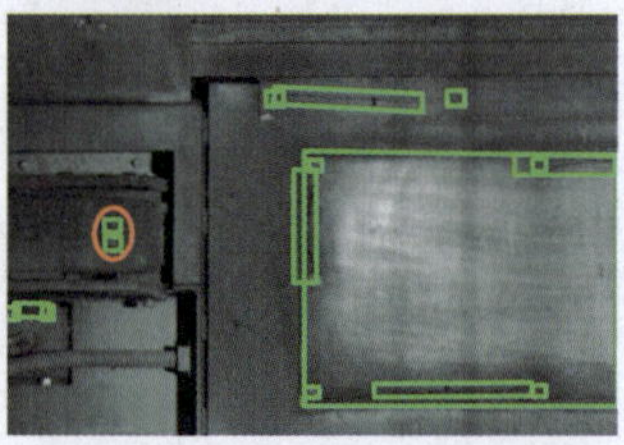	2	2	16
		2. 检查 BTM 天线安装座紧固螺栓无松动、丢失		2	2	16

续上表

序号	项 目	检查内容及标准	图 示	故障类型数	部件处所数	全车总项点数
4	转向架扫石器检查(01、00车)	1. 检查转向架扫石器安装螺母无松动、丢失		2	2	16
		2. 检查橡胶扫石器与轨面的高度符合标准(高度范围:20～35 mm)		1	1	4
		3. 检查橡胶扫石板无打击变形、丢失		2	1	4
5	撒砂装置检查(01、04、05、00车)	1. 检查撒砂装置安装臂构架侧紧固螺栓无松动、丢失		2	2	32
		2. 检查撒砂装置安装臂构架侧紧固螺栓防松铁丝无断裂、丢失、异物附挂		3	1	24
		3. 检查撒砂装置安装臂撒砂管侧紧固螺母无松动、丢失		2	2	32
		4. 检查撒砂装置安装臂撒砂管侧紧固螺母上的开尾销无变形、丢失、异物附挂		3	2	48
		5. 检查撒砂装置管卡无丢失		1	1	8
		6. 检查撒砂装置管卡紧固螺栓无松动、丢失		2	2	32
		7. 检查撒砂管加热器紧固螺栓无松动、丢失		2	6	96

续上表

序号	项　目	检查内容及标准	图　示	故障类型数	部件处所数	全车总项点数
5	撒砂装置检查(01、04、05、00车)	8. 检查撒砂装置加热软管无松脱	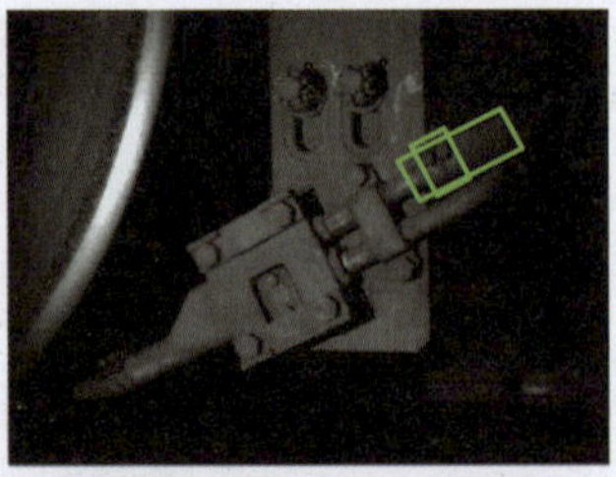	1	1	8
		9. 检查撒砂装置加热软管卡箍无松脱		1	2	16
		10. 检查撒砂装置撒砂软管无松脱(车厢侧和喷嘴侧)		1	2	16
		11. 检查撒砂装置撒砂软管卡箍无松脱(车厢侧和喷嘴侧)		1	4	32
		12. 检查撒砂软管车厢侧紧固螺栓无松动、丢失	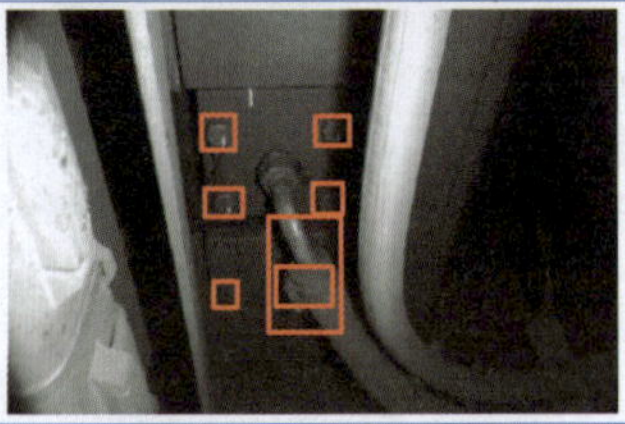	2	5	80
		13. 检查撒砂软管车厢侧紧固螺栓防松铁丝无断裂、丢失		2	2	32
		14. 检查撒砂装置软管吊绳无断裂、挂异物	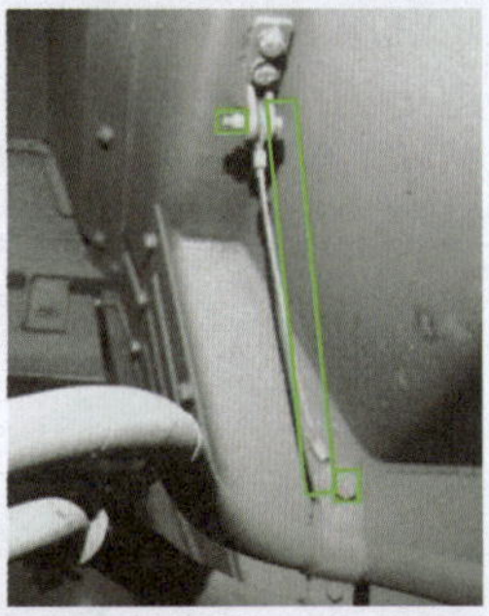	2	1	16
		15. 检查撒砂管吊绳紧固螺栓无丢失(软管侧)	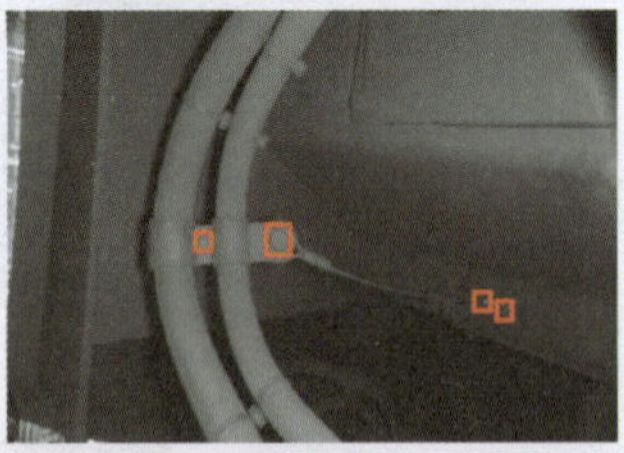	1	2	16
		16. 检查撒砂喷嘴接头无丢失、异物牵挂	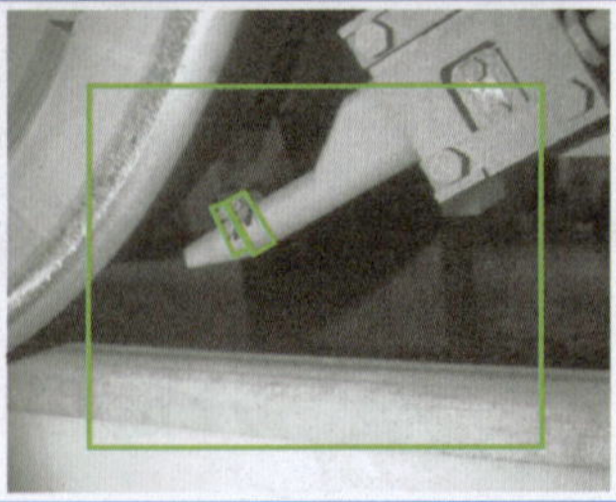	2	1	16
		17. 检查撒砂喷嘴接头卡箍无丢失		1	2	16
		18. 检查撒砂喷嘴与轨面的高度无超限[(70±5)mm]		1	1	8

续上表

序号	项 目	检查内容及标准	图 示	故障类型数	部件处所数	全车总项点数
6	动车/拖车轮对及制动盘检查（全列）	1. 检查轮对轮轴轴身无击打变形	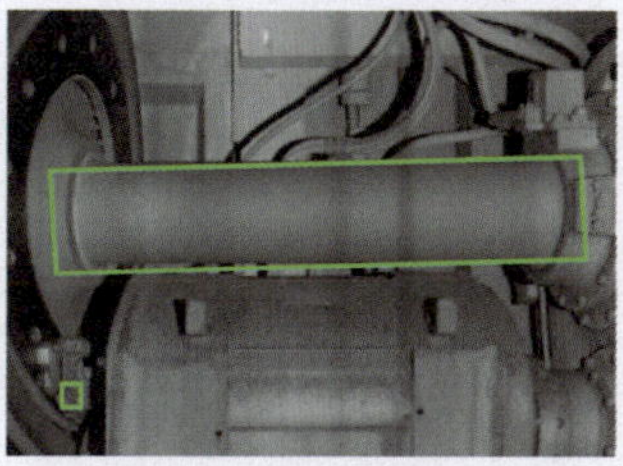	1	1	32
		2. 检查动车转向架制动盘内无异物牵挂		1	1	32
		3. 检查动车制动盘紧固螺栓无松动、丢失		2	16	512
		4. 检查拖车转向架制动盘内无异物牵挂。中间盘两侧、1 位和 2 位盘仅一侧，共 4 侧		4	1	64
		5. 检查拖车制动盘紧固螺栓无松动、丢失。单面 6 颗螺栓，一根轴共检 4 面		24	2	768
7	踏面清扫装置检查（01、03、06、00 车）	1. 检查拖车转向架踏面清扫装置研磨子无丢失	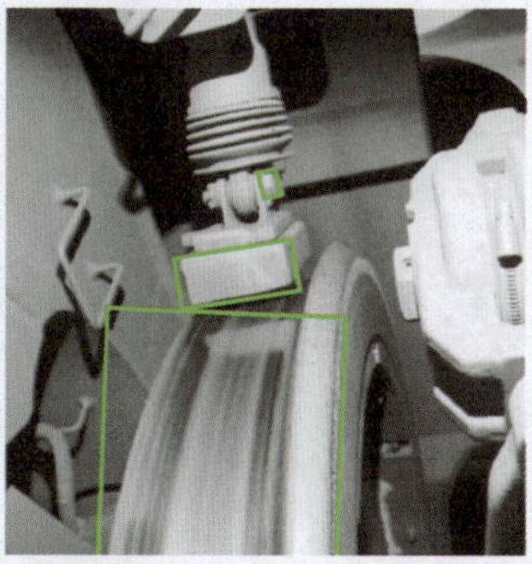	1	1	32
		2. 检查拖车转向架踏面清扫装置研磨子厚度无磨损到限（≥13 mm）		1	1	32
		3. 检查拖车转向架踏面清扫装置研磨子安装螺栓无丢失		1	1	32
		4. 检查拖车转向架踏面清扫装置研磨子异物夹持		1	1	32
		5. 检查拖车转向架踏面清扫装置研磨子与踏面间隙正常（12～26 mm）		1	1	32

续上表

序号	项　目	检查内容及标准	图　示	故障类型数	部件处所数	全车总项点数
8	动车/拖车制动夹钳装置检查	1. 检查动车/拖车夹片厚度无磨损到限(夹片最薄处≥6 mm 含钢背厚度)		1	1	128
		2. 检查机器人可见的动车/拖车夹片无丢失、掉块		2	1	256
		3. 检查动/拖车夹钳开尾销无丢失		1	1	128
		4. 检查机器人可见的动车/拖车夹片无夹持异物		1	1	128
		5. 检查动车/拖车夹片 U 形锁簧无锁闭到位		1	1	128
		6. 检查拖车制动夹钳安装螺栓无松动、丢失、挂异物		3	4	384
		7. 检查制动夹钳连接销轴无松动、丢失		2	4	640
9	制动气缸检查(全列)	1. 检查拖车常用制动缸紧固螺栓无松动、丢失		2	3	216

续上表

序号	项　目	检查内容及标准	图　示	故障类型数	部件处所数	全车总项点数
9	制动气缸检查（全列）	2. 检查拖车常用制动缸管道接头腻子无丢失，接头无松脱		2	1	72
		3. 检查拖车常用制动缸防尘套无破损		1	1	36
		4. 检查拖车常用制动缸防尘套紧固喉箍无丢失		1	2	72
		5. 检查拖车常用制动缸排风堵无丢失		1	1	36
		6. 检查拖车常用制动缸排风阀无丢失		1	1	36
		7. 检查管道无挂异物		1	1	36
		8. 检查拖车停放制动缸紧固螺栓无松动、丢失		2	8	192
		9. 检查拖车停放制动缸挡板紧固螺栓无松动、丢失		2	8	192
		10. 检查拖车停放制动缸挡板无打击变形		1	1	12
		11. 检查停放制动缸风管腻子无丢失		1	1	12

续上表

序号	项　目	检查内容及标准	图　　示	故障类型数	部件处所数	全车总项点数
9	制动气缸检查(全列)	12. 检查制动软管安装支架螺栓无松动、丢失		2	1	160
		13. 检查制动软管紧固喉箍无丢失		1	1	48
		14. 检查拖车停放制动缸喉箍无松脱、异物牵挂	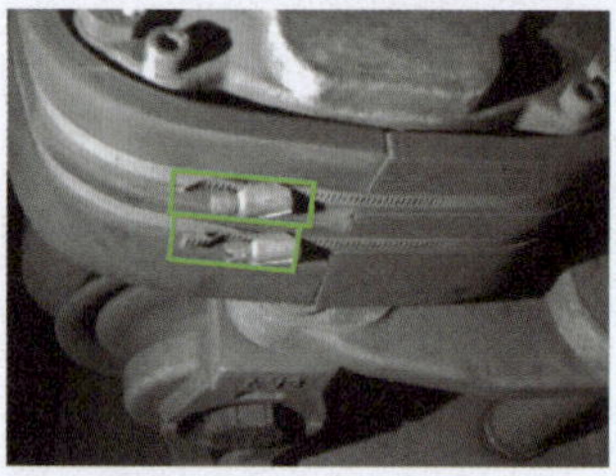	2	2	48
		15. 检查动车制动缸排风堵无丢失	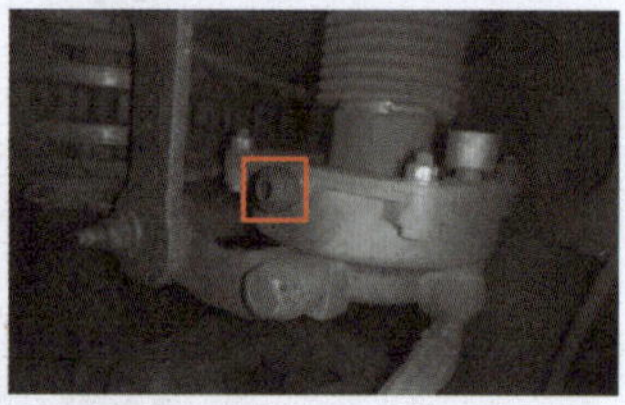	1	1	32
		16. 检查动车常用制动缸管道接头腻子无丢失，接头无松脱	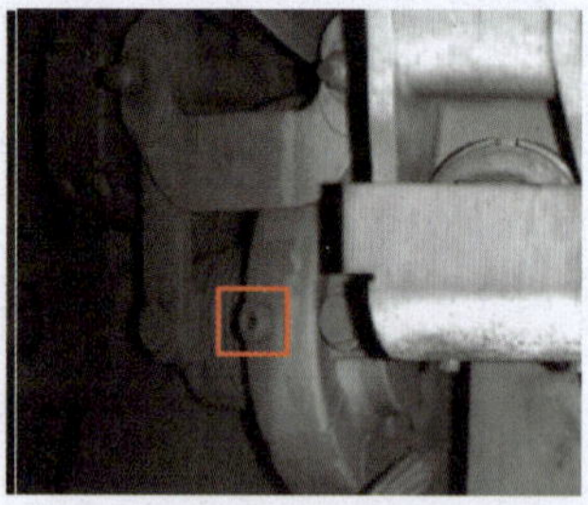	1	1	32
		17. 检查动车常用制动缸管道接头无松脱	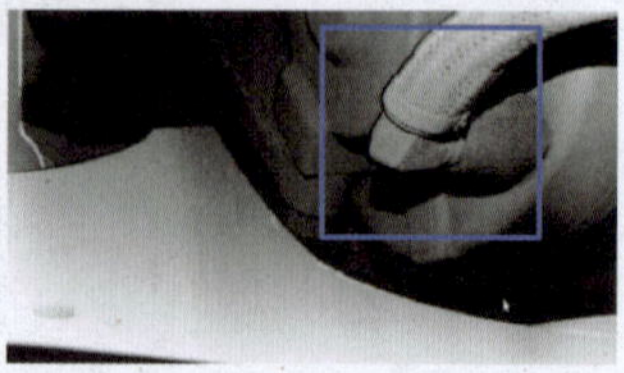	1	1	32

续上表

序号	项　目	检查内容及标准	图　示	故障类型数	部件处所数	全车总项点数
10	齿轮箱检查（02、04、05、07车）	1. 检查齿轮箱紧固螺栓无松动、丢失	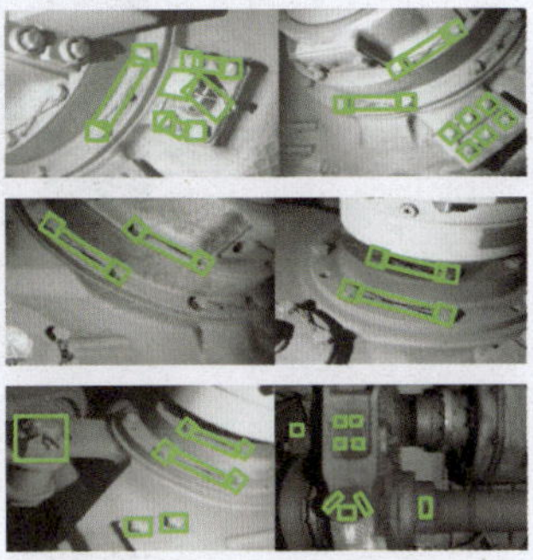	2	24	768
		2. 检查齿轮箱紧固螺栓防松铁丝无断裂、丢失		2	12	384
		3. 检查齿轮箱注油堵紧固螺栓无松动、丢失	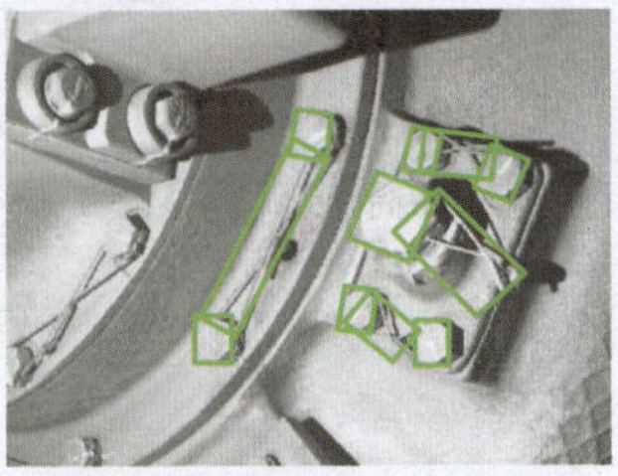	2	5	160
		4. 检查齿轮箱注油堵紧固螺栓防松铁丝无断裂、丢失、挂异物		3	3	144
		5. 检查齿轮箱排油堵紧固螺栓无松动、丢失	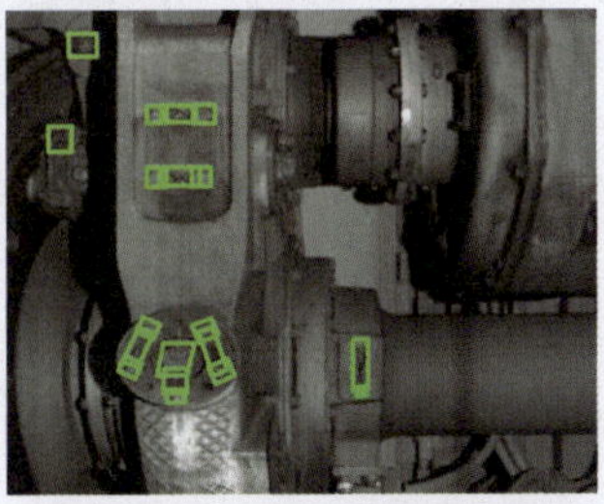	2	6	192
		6. 检查齿轮箱排油堵紧固螺栓防松铁丝无断裂、丢失、异物附挂		3	3	144
		7. 检查齿轮箱防脱板螺栓紧固螺栓无松动、丢失	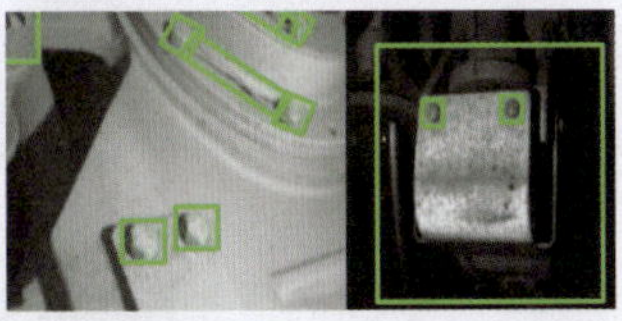	2	6	192
		8. 检查齿轮箱挡板无丢失		1	1	16
		9. 检查齿轮箱磁栓座紧固螺栓无松动、丢失	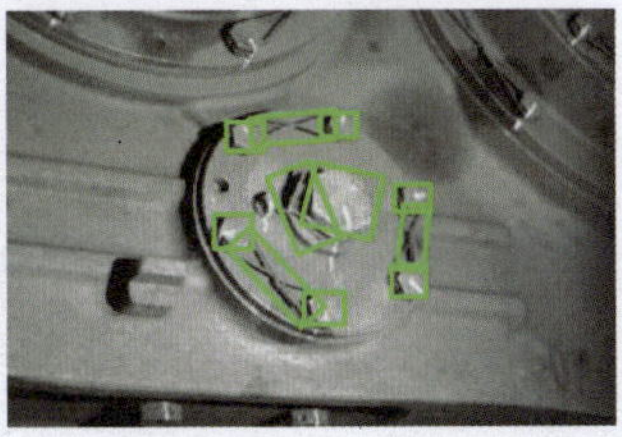	2	7	224
		10. 检查齿轮箱磁栓座紧固螺栓防松铁丝无断裂、丢失		2	4	128

续上表

序号	项 目	检查内容及标准	图 示	故障类型数	部件处所数	全车总项点数
10	齿轮箱检查(02、04、05、07 车)	11. 检查齿轮箱接地装置接地线缆无脱落	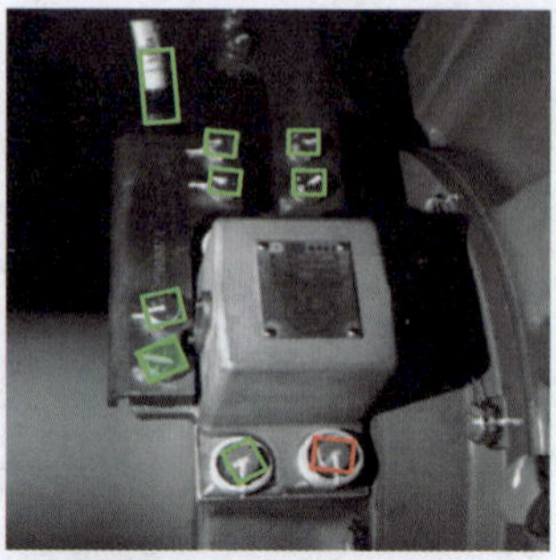	1	1	16
		12. 检查齿轮箱接地装置紧固螺栓无松动、丢失		2	12	384
		13. 检查齿轮箱安装提吊紧固螺栓无松动、丢失	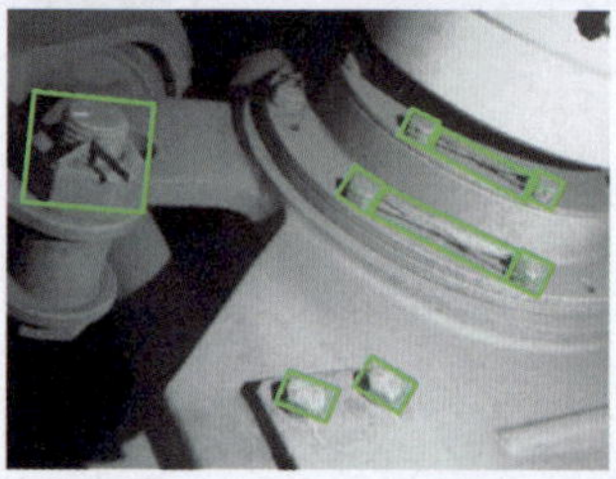	2	1	32
		14. 检查齿轮箱安装提吊开尾销无丢失、挂异物		2	1	32
		15. 检查齿轮箱安装提吊螺母无松动、丢失		2	1	32
		16. 检查齿轮箱油位镜紧固螺栓无松动、丢失	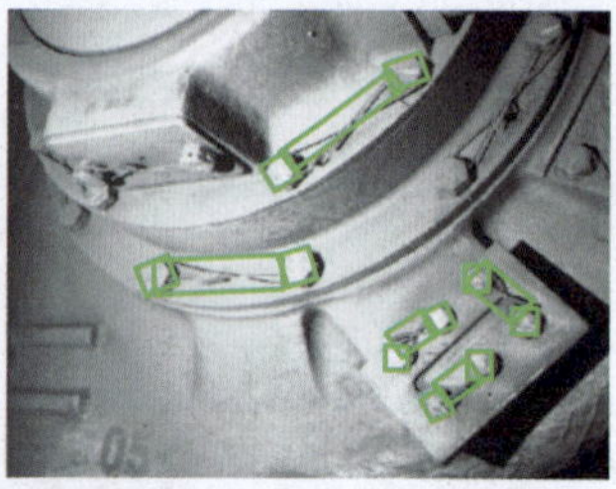	2	6	192
		17. 检查齿轮箱油位镜紧固螺栓防松铁丝无断裂、丢失、挂异物		3	3	144
		18. 检查齿轮箱油位无超限		1	1	16
		19. 检查齿轮箱油无变色		1	1	16
		20. 检查齿轮箱表面无漏油		1	1	16
11	联轴节检查(02、04、05、07 车)	1. 检查联轴节紧固螺栓无松动、丢失	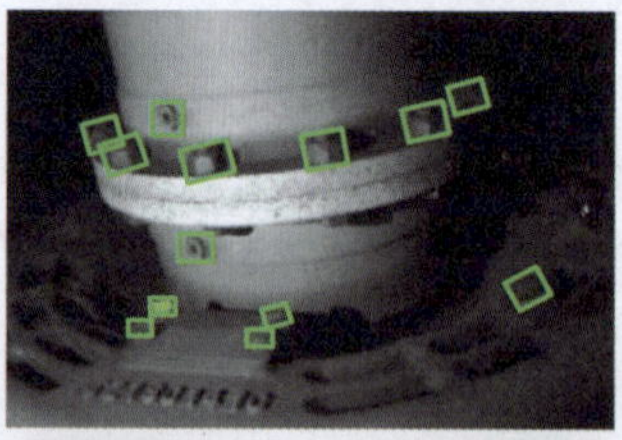	2	8	256
		2. 检查联轴节注油堵无丢失		1	2	64
		3. 检查联轴节表面无漏油	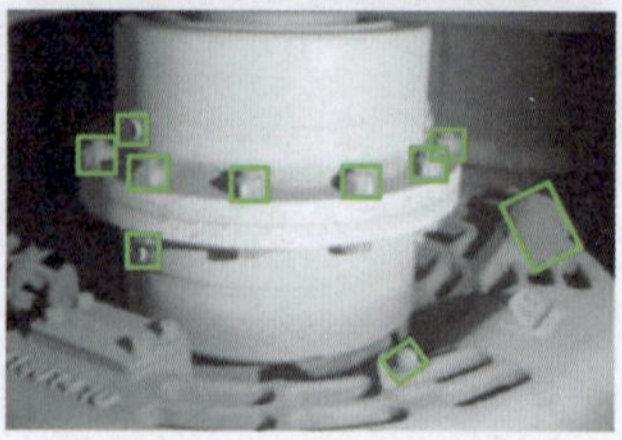	1	1	16
		4. 检查联轴节无附挂异物		1	1	16

续上表

序号	项　目	检查内容及标准	图　示	故障类型数	部件处所数	全车总项点数
12	牵引电机检查（02、04、05、07车）	1. 检查牵引电机紧固螺栓无松动、丢失	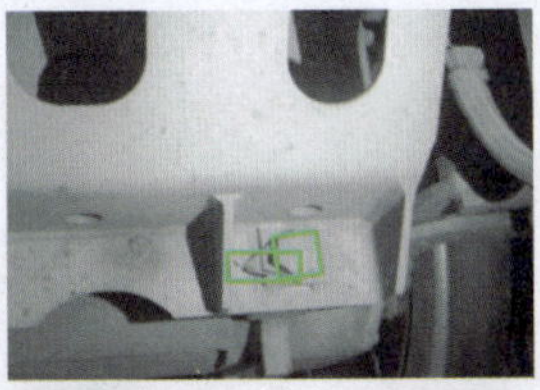	2	1	64
		2. 检查牵引电机紧固螺栓防松铁丝无断裂、丢失、挂异物		3	1	96
		3. 检查牵引电机注油孔堵无丢失	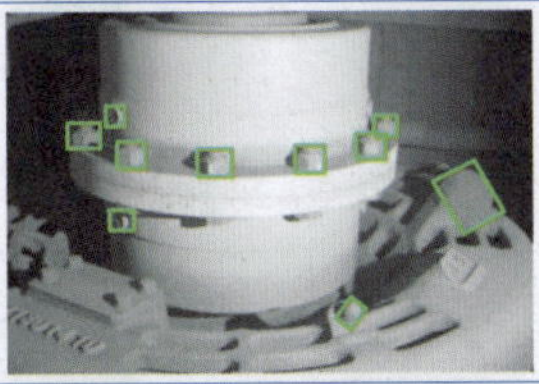	1	2	32
		4. 检查牵引电机排风口压板紧固螺栓无松动、丢失	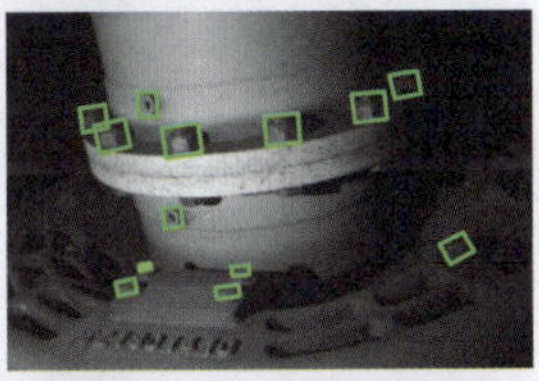	2	4	128
		5. 检查牵引电机排风口无附挂异物		1	1	16
		6. 检查牵引电机铭牌铆钉无丢失	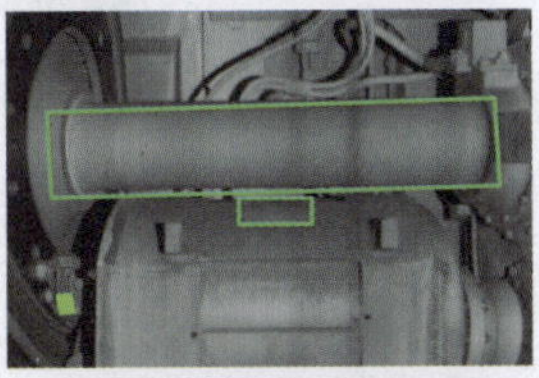	1	4	64
		7. 检查牵引电机铭牌无丢失		1	1	16
		8. 牵引电机温度传感器和速度传感器接线盒安装螺栓无丢失	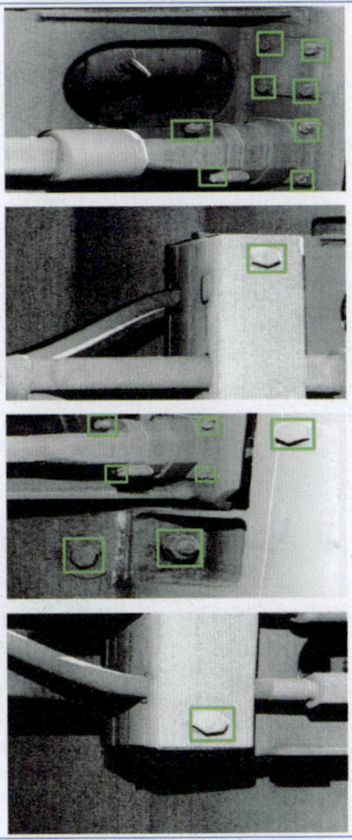	1	14	228

续上表

序号	项　目	检查内容及标准	图　　示	故障类型数	部件处所数	全车总项点数
13	牵引拉杆检查（全列）	1. 检查牵引拉杆紧固螺栓无松动、丢失	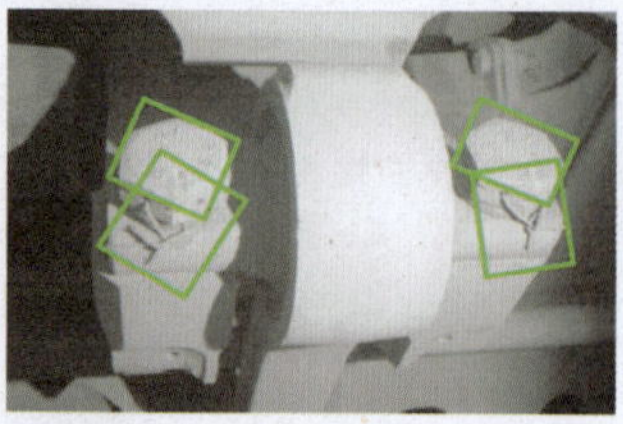	2	2	128
		2. 检查牵引拉杆紧固螺栓防松铁丝无断裂、丢失、挂异物		3	2	192
		3. 检查横向止挡及安装螺栓无丢失	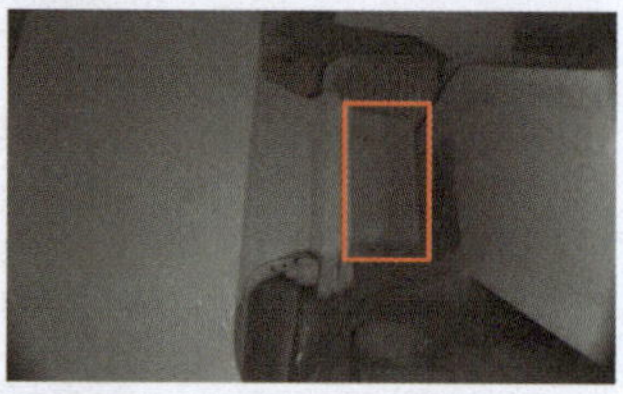	1	2	32
14	转向架构架整体检查（全列）	1. 检查转向架构架管道紧固螺栓无松动、丢失	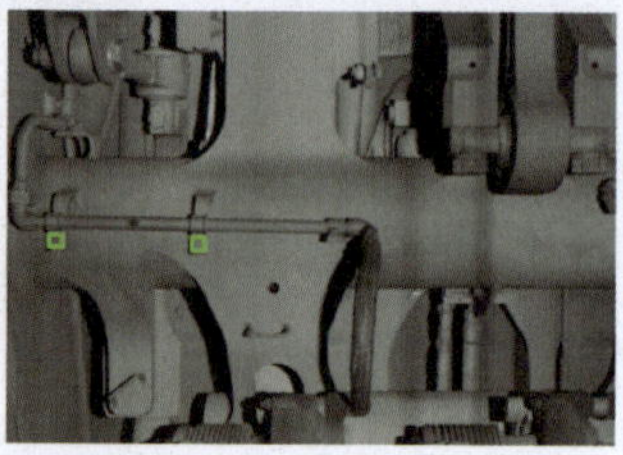	2	2	256
		2. 检查转向架构架管道接头无松动、丢失、挂异物	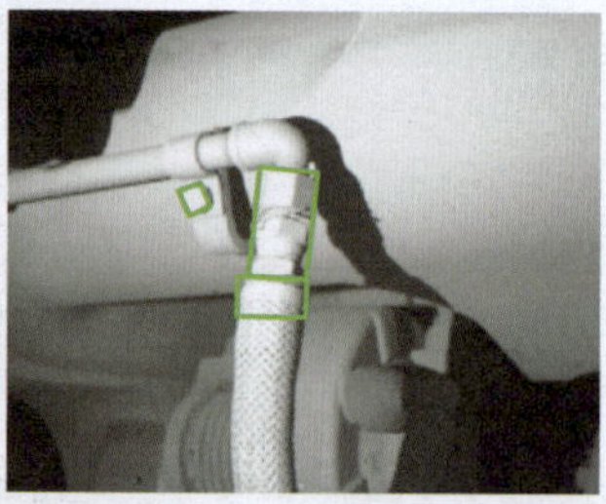	3	1	288
		3. 检查转向架构架管道接头卡箍无松脱		1	1	96
		4. 检查转向架构架差压阀紧固螺栓无松动、丢失	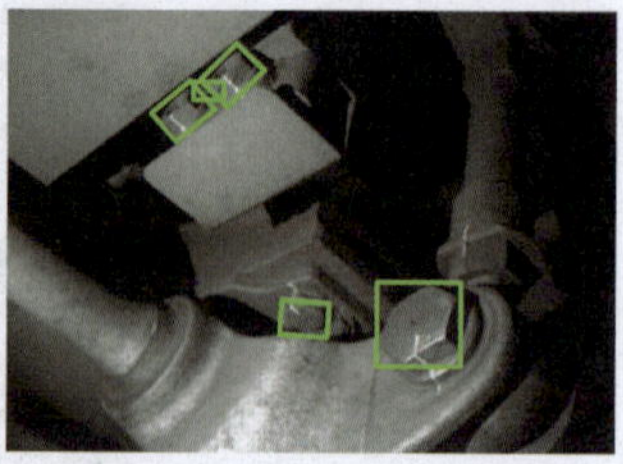	2	2	64
		5. 检查转向架构架差压阀紧固螺栓防松铁丝无断裂、丢失		2	1	32

续上表

序号	项　目	检查内容及标准	图　示	故障类型数	部件处所数	全车总项点数
15	抗侧滚扭杆装置检查（全列）	1. 检查抗侧滚扭杆装置紧固件无松动、丢失	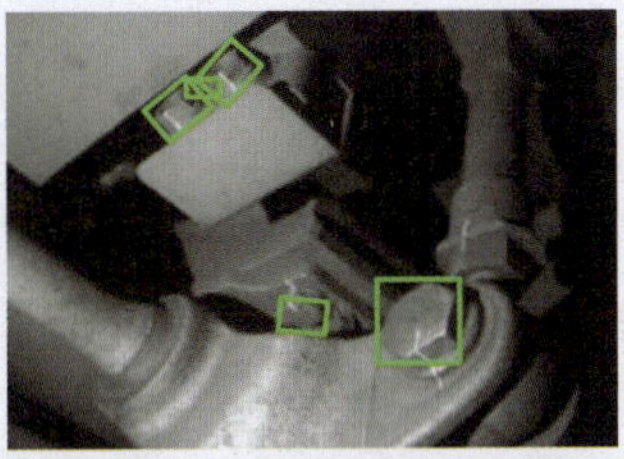	2	4	256
		2. 检查抗侧滚扭杆装置紧固件防松铁丝（数量：1 根）无断裂、丢失、异物附挂	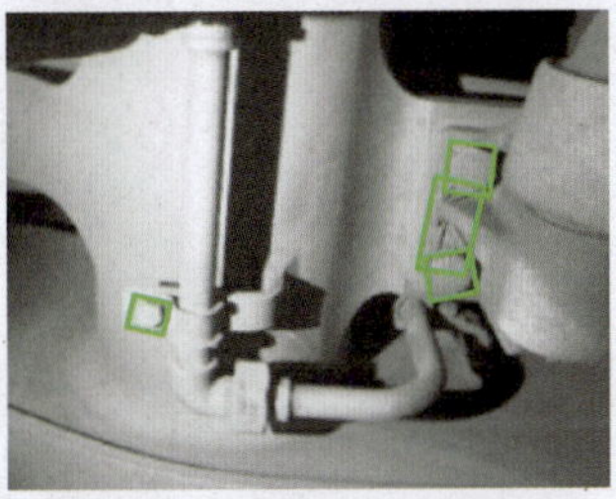	3	1	96
16	车底各型底板、端板（全列地沟内侧）	1. 检查 00/01 车设备舱底板无丢失、变形		2	27	108
		2. 检查 00/01 车设备舱底板紧固螺栓无松动、丢失	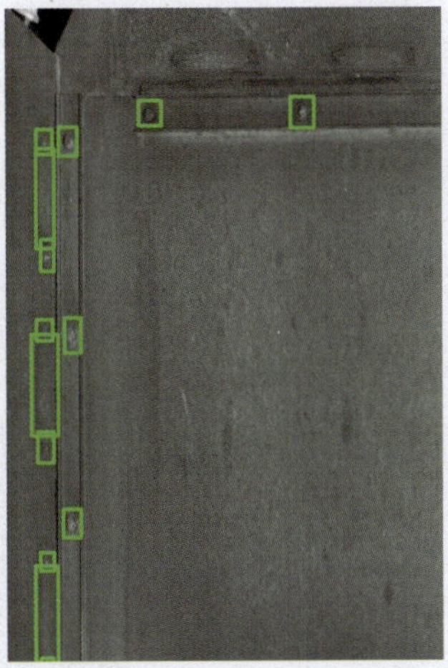	2	62	248
		3. 检查 00/01 车设备舱底板紧固螺栓防松铁丝无断裂、丢失		2	16	64
		4. 检查 00/01 车设备舱底板紧固螺栓止转铁片无丢失		1	6	12

续上表

序号	项　目	检查内容及标准	图　　示	故障类型数	部件处所数	全车总项点数
16	车底各型底板、端板（全列地沟内侧）	5. 检查 02/07 车设备舱底板无丢失、变形		2	41	164
		6. 检查 02/07 车设备舱底板紧固螺栓无松动、丢失	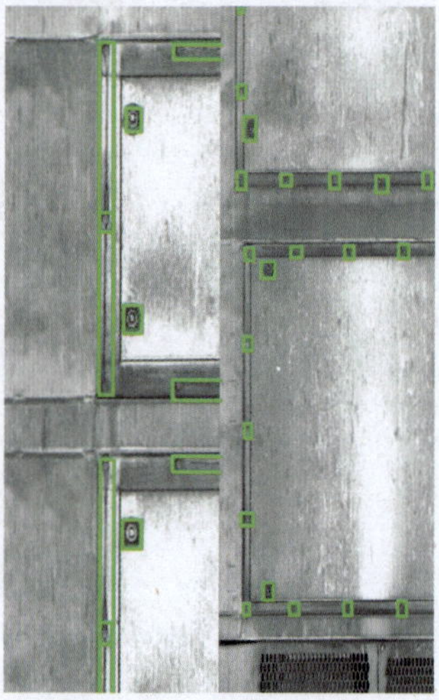	2	118	472
		7. 检查 02/07 车设备舱底板紧固螺栓防松铁丝无断裂、丢失		2	36	144
		8. 检查 02/07 车设备舱底板四角锁关锁闭标识方向一致，无错位		1	20	40
		9. 检查 03/06 车设备舱底板无丢失、变形		2	28	112

续上表

序号	项　目	检查内容及标准	图　示	故障类型数	部件处所数	全车总项点数
16	车底各型底板、端板（全列地沟内侧）	10. 检查03/06车设备舱底板紧固螺栓无松动、丢失		2	40	160
		11. 检查03/06车设备舱底板紧固螺栓防松铁丝无断裂、丢失		2	18	72
		12. 检查04/05车设备舱底板无丢失、变形		2	42	164
		13. 检查04/05车设备舱底板紧固螺栓无松动、丢失		2	130	520
		14. 检查04/05车设备舱底板紧固螺栓防松铁丝无断裂、丢失		2	44	176
		15. 检查04/05车设备舱底板四角锁关锁闭标识方向一致		1	20	40
		16. 检查车底端板无丢失、变形		2	12	192
		17. 检查车底端板紧固螺栓无松动、丢失		2	120	1 920

续上表

序号	项　目	检查内容及标准	图　示	故障类型数	部件处所数	全车总项点数
16	车底各型底板、端板(全列地沟内侧)	18. 检查车底格栅无丢失、变形		2	14	28
		19. 检查车底格栅紧固螺栓无丢失		1	14	56
		20. 检查车底外风挡下部无丢失、变形		2	1	14
		21. 检查车底外风挡下部十字平头螺栓无丢失		2	8	224

注:1. 本表按短编组动车组编写,长编组动车组相关检查项点与短编组一致,其中 1～8 车对应 9～16 车,短编 01 车、00 车头车部位对应长编 1 车、16 车部位。

2. 检查项点数量中,长编组动车组除头车(检查部位 1～4)总项点数不变外,其他检查部位按 2 倍累计。

第三节　机器人检测一级修流程

要了解动车组智能检测系统的前端软件操作,就必须对机器人检测一级修的整体作业流程有基本的认识。机器人检测一级修作业流程如图 7-1 所示。

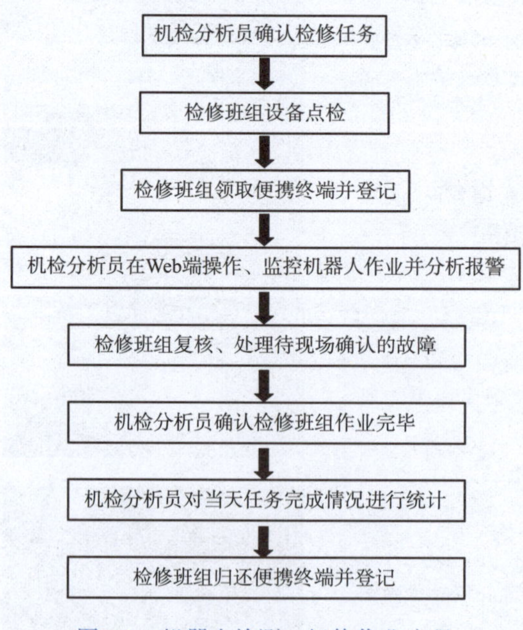

图 7-1　机器人检测一级修作业流程

一、前端软件界面

Web端主要为机检分析员提供设备监控、设备控制、检测信息预览、检测结果复核等主要功能，以及磨耗预警、检测信息报表导出、人机卡控、账号管理等辅助功能。

1. 登录界面

动车组一级修智能检测系统的Web端个人账号登入界面窗口如图7-2所示，默认用户名为五位数工资号，默认密码为五位数工资号＋123。点击“登录”按钮，进入首页（默认页面）。分析员在操作软件前，应当熟知车底检测机器人和360°检测机器人安装与覆盖的检修股道。

图7-2　登录界面

2. 主菜单

主菜单位于所有功能页面的右上角位置。Web端首页右上角为主菜单，含有四个主菜单按钮，分别为“首页”“检测系统”“系统管理”“用户管理”，如图7-3所示。

展开后的主菜单有很多按钮子选项，点击这些子选项可以跳转至相应的功能页面。车底检测机器人与360°检测机器人共用主菜单，但子选项有差异。

3. 设备切换

功能按钮位于首页正上方，可使“前端”功能和显示信息随选择设备实时刷新，如图7-4所示，点击红框区域高亮的箭头可翻页，点击紫框区域可切换设备，已选中的设备会显示为黄框区域所示的灰色。

图 7-3　主菜单

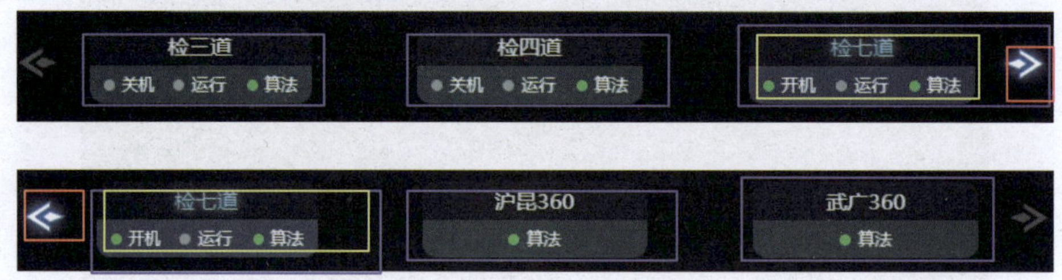

图 7-4　设备切换—固定菜单

设备切换不仅在首页可以实现。在任何功能界面上均可通过将指针悬浮于图 7-5 所示红框位置“动车组一级修智能检测系统”文字上，使黄框位置出现自动下拉菜单，点击按钮即可在当前页面上切换设备并刷新页面内容。

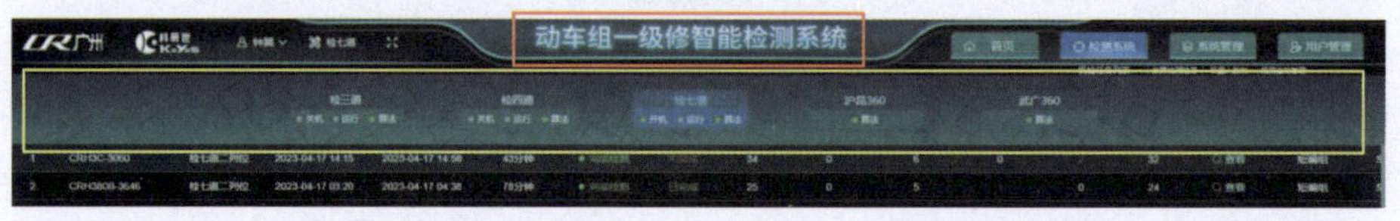

图 7-5　机检任务列表—设备切换—自动下拉菜单

4. 月检修信息

首页左侧绿框区域为月检修信息，如图 7-6 所示。在左上角黄框处，从左至右可依次选择车型、检修月份来筛选当前设备的检测信息，左侧蓝框可按故障报警（故障形式）、部件报警（部件名称）筛选报警信息并生成饼状图。

5. 运行监控

图 7-7 绿框区域为运行监控区在首页上的位置，可查看当前正在进行综合检测一级修车组的作业进度和设备状态；黄框位置为车底检测机器人的精扫与快扫算法处理进

度；红框位置为机械臂运行状态、机器人运行时间、轴定位数量等实时状态；紫框位置为设备监控摄像头的监控画面，默认显示当前检测车组的扫描进度可视化模型。

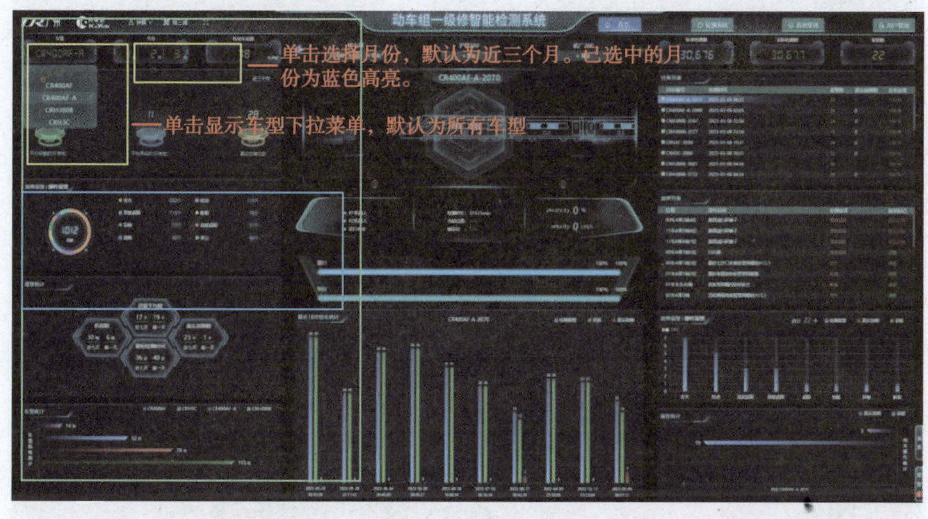

图 7-6　机检任务列表

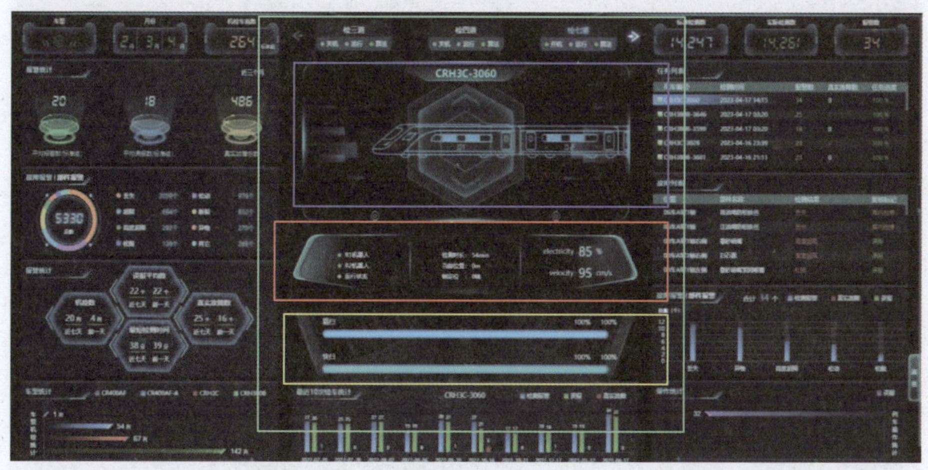

图 7-7　车底检测运行监控区

图 7-8 所示为 360°检测机器人各检查部位的算法处理进度。

6. 检测信息

图 7-9 右侧所示为车组检测信息在首页上的位置。右上位置为当前检测设备的检测任务列表，按检测时间由近及远显示车组号、报警数等任务信息，单击选中任务实时刷新信息；右中位置为任务列表选中车组的报警列表；指针悬浮于上述区域时可用鼠标滚轮滚动查看；右下位置为选中车组的报警情况。点击按钮选择筛选条件，显示当前选中任务的复核标记操作统计。

图 7-8　360°检测机器人各检查部位的算法处理进度

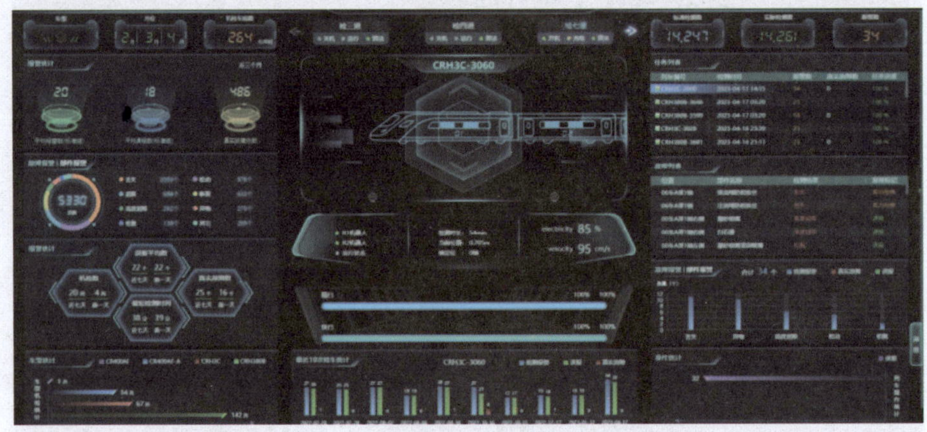

图 7-9　检测信息

双击任务列表中的词条可快捷跳转至该任务的故障检测结果界面，如图 7-10 所示。

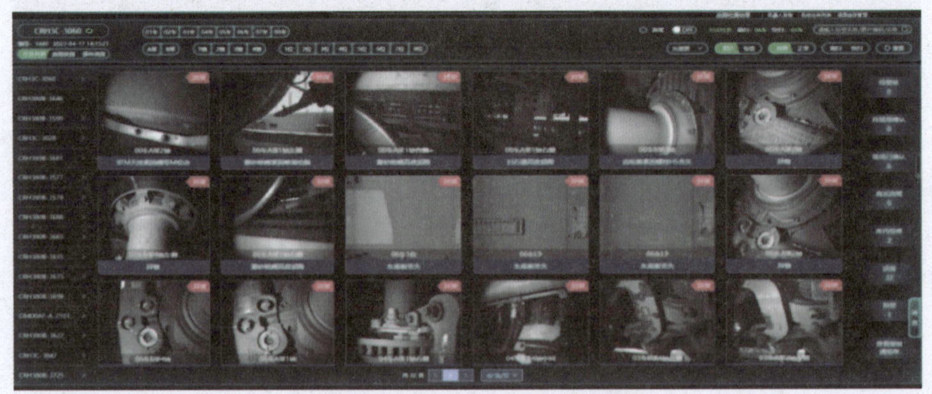

图 7-10　故障检测结果界面

双击故障列表中的词条可快捷跳转至故障复核界面，如图 7-11 所示。

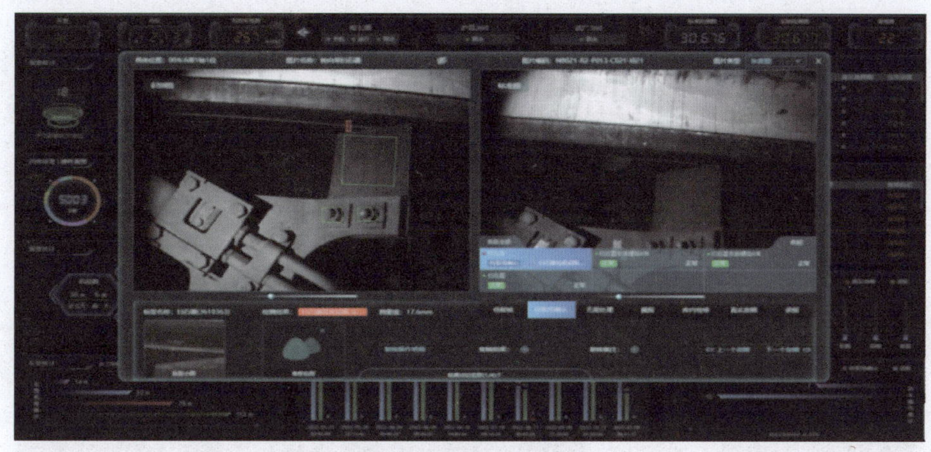

图 7-11　故障复核界面

7. 其他功能

近十次一级修报警信息：选中任务对应车组的近十次一级修报警信息。

悬浮按钮：报警和消息按钮始终悬浮于屏幕右下角的位置，不会随界面切换变化。当有新的报警信息时，报警按钮自动弹出在屏幕右下角。

二、检测系统—通用

车底检测机器人与 360°检测机器人的“检测系统”下拉菜单内容有较大的不同，如图 7-12 所示。此处介绍两种检测设备“检测系统”共有的通用子选项。

(a)车底检测机器人

(b)360°检测机器人

图 7-12　“检测系统”下拉菜单

1. 故障检测结果

Web端的故障检测结果界面可根据选择设备，显示该设备至少近三个月的综合检测详情。结合页面提供的筛选功能，协助作业人员进行报警人工分析、图片回查等操作。

(1)检测任务选择

在“主菜单—检测系统”的下拉菜单中，单击“故障检测结果”进入故障检测结果主页，如图7-13所示。

注意：在进行任何分析和查询操作前，需明确当前选择的车组和任务日期。

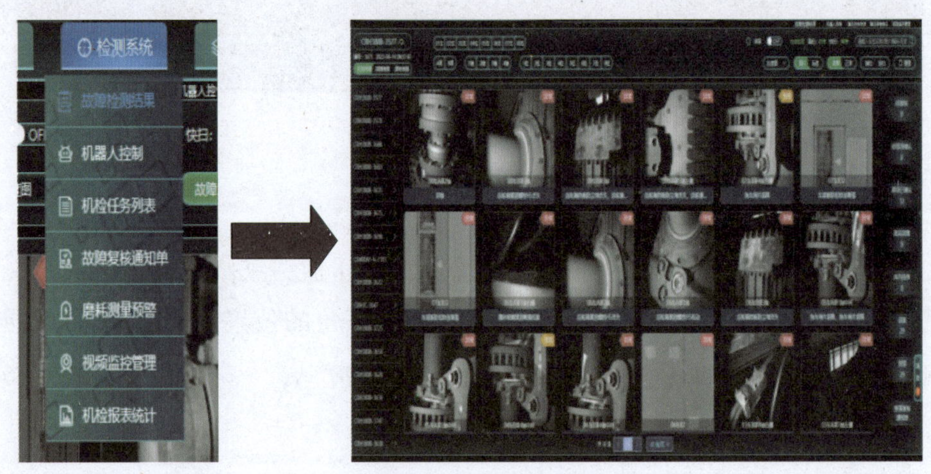

图7-13　检测系统—故障检测结果

故障检测结果主页左侧可查询当前设备的历史任务检测情况，默认显示最近一次检测车组的故障检测结果。左侧车组号按检测时间由近及远，从上到下排列。

也可点击故障检测结果主页左上角，先选择需查询的车组号，再按检测时间选择检测任务。

(2)检测结果筛选

图7-14所示为不同筛选条件的按钮，点击按钮对当前任务的检测结果进行分类显示，对于360°检测机器人，界面上无图7-14(g)所示的扫描阶段筛选条件。

(3)故障复核功能

故障复核功能提供检测设备采集图像、标签位置、标签标记等子功能，用以辅助机检分析员进行故障分析和故障推送。以车底检测机器人为例，如图7-15所示，双击界面中心部分的缩略图或标签图，打开故障复核界面。缩略图和标签图可通过按钮切换显示。

为防止漏填，在对限度类标签进行复核时，必须填写人工复核值(复核备注一栏会自动填充)后,才可对标签进行标记。机检分析员在掌握此逻辑的同时,向检修班组做好解释工作。复核操作要求参考一级修综合检测系统人工分析及现场复核操作说明。故障复核界面相关功能如图 7-16 所示。

(a)故障类别筛选

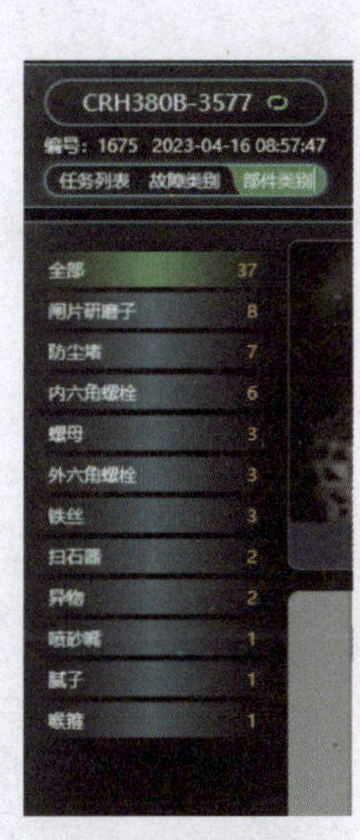

(b)部件类型筛选

(c) 标记类型筛选

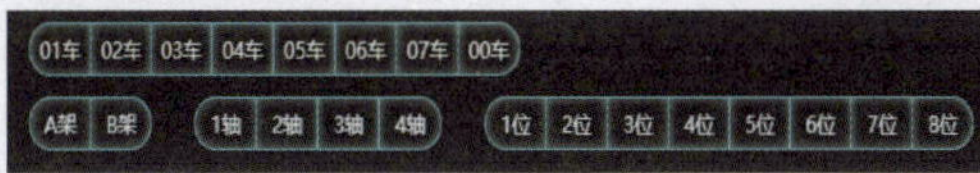

(d)部件车辆方位筛选

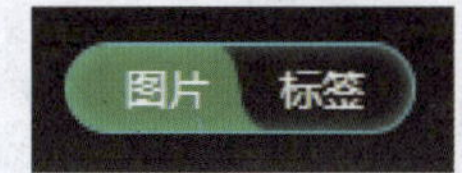

(e)缩略图/标签图筛选(默认选择图片)

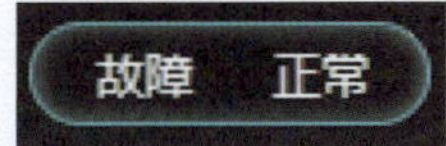

(f)报警(默认)/正常项点筛选

(g)扫描阶段筛选

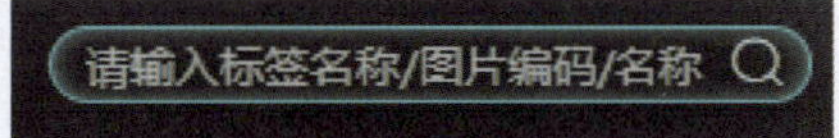

(h)标签名称/图片编码/图片名称筛选

图 7-14　检测结果筛选条件

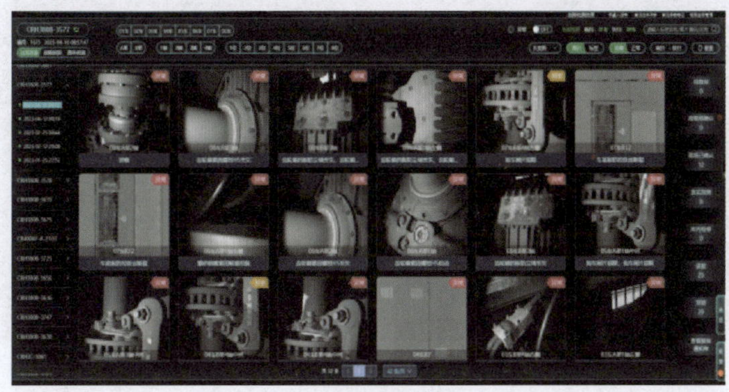

(a)缩略图

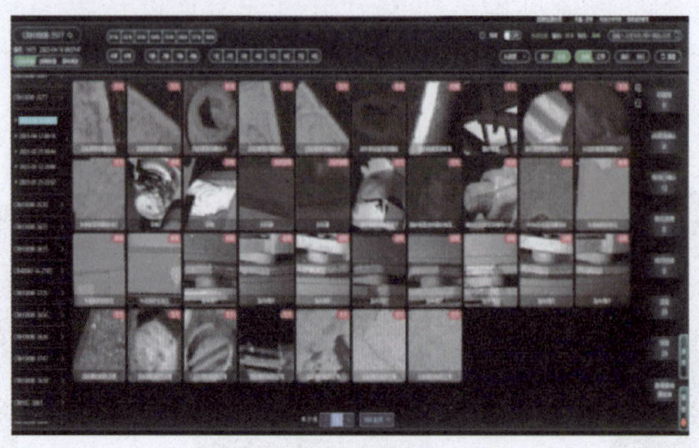

(b)标签图

图 7-15　缩略图/标签图显示预览

(a)故障复核界面

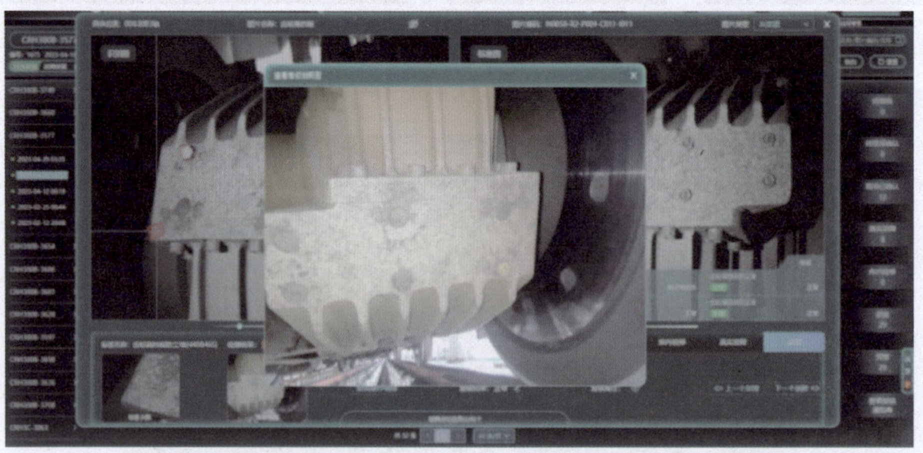

(b)上传图片查看

(c)复核操作明细

(d)复核结果选择

图 7-16　故障复核界面相关功能

故障复核界面可查看不同相机采集的识别图和标准图，用以协助作业人员判断故障情况或数据采集情况。以车底检测机器人为例，默认显示灰度图。单击窗口右上角“图片类型”，可在下拉菜单中选择彩色图或深度图。

对于较小的部件，标签可能产生遮挡，影响判断。可点击右上角图标，隐藏识别图上的所有标签，再次点击恢复标签显示。

(4)限度类标签历史数据查询

前端对每个综合检测设备上进行过检测的限度类标签的设备测量值和人工复核值进行统计，为运用工作提供原始数据支持。点击限度类检测标签，可在界面下方的测量值和人工复核值位置，找到如图 7-17(a)红框处所示的图标，单击图标显示当前所选设备的检测/人工测量历史数据，如图 7-17(b)、图 7-17(c)所示。

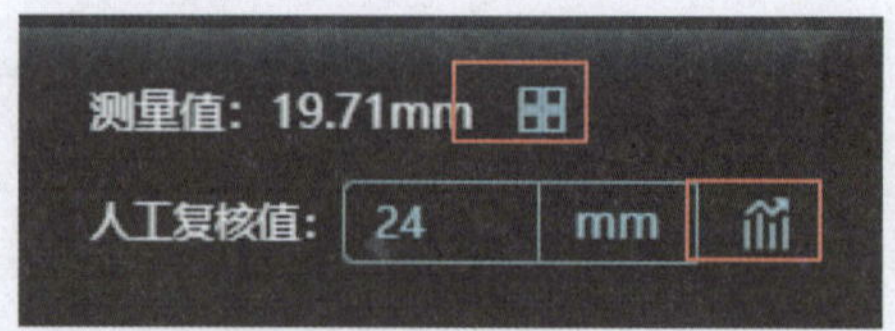

(a)历史数据查询按钮

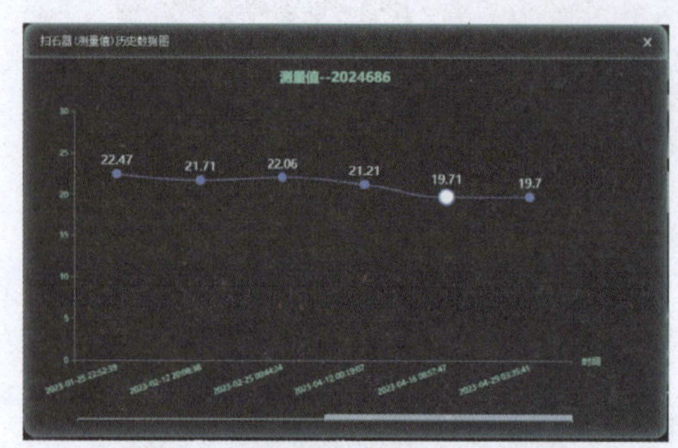

(b)检测历史数据

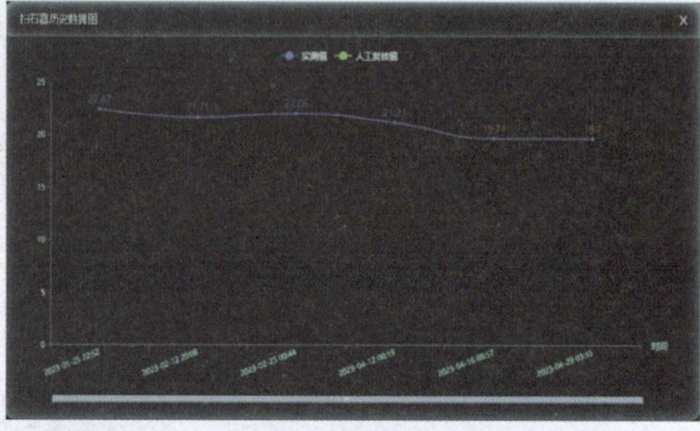

(c)人工测量历史数据

图 7-17　限度类标签历史数据查询

2. 机检任务列表

在“主菜单—检测系统”的下拉菜单中，单击“机检任务列表”进入机检任务列表页面，如图 7-18 所示。机检任务列表页面默认按检测时间顺序由近及远显示当前选择设备的检修任务信息，机检分析员在此页面可查看任务信息（检测车组号、检测状态、报警与复核情况等），便于作业进度监控、作业回查等。

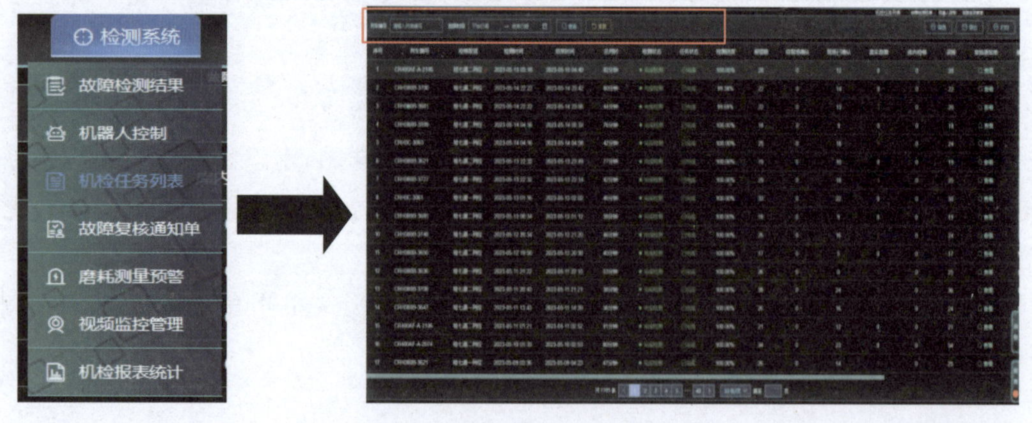

图 7-18　检测系统—机检任务列表

机检任务列表除了展示任务信息外，还提供任务信息筛选、故障复核通知单查看、故障检测结果跳转、报表导出、报表打印等功能。

(1)任务信息筛选

任务信息筛选功能可按照机检分析员设置的条件，快速查找并显示当前设备上符合设置条件的任务词条及信息。

①车组号与时间查询任务

查询框位于页面左上角位置，输入车组号、任务检测时间中的任一或全部信息，可查询符合设置条件的所有任务。

②显示信息筛选

筛选按钮位于页面左上角位置，单击按钮可打开条件选择框，单击词条左侧小方框勾选需要显示的信息。条件选择框顶部词条可全选或反选下方的所有词条。勾选时，页面显示的任务信息会自动更新。

(2)快捷跳转

①故障检测结果跳转

机检任务列表会对各任务的标记类型总数进行统计，如图 7-19(a)所示。单击标记类型下的数字可跳转至相应标记类型分类下的故障检测结果界面(待复核、待现场确认不可点击跳转)。图 7-19(b)为单击图 7-19(a)中真实故障下的数字后跳转的页面。

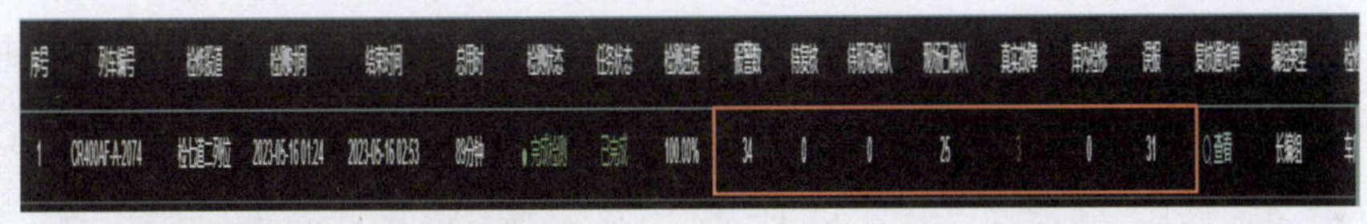

(a)机检任务标记类型统计位置

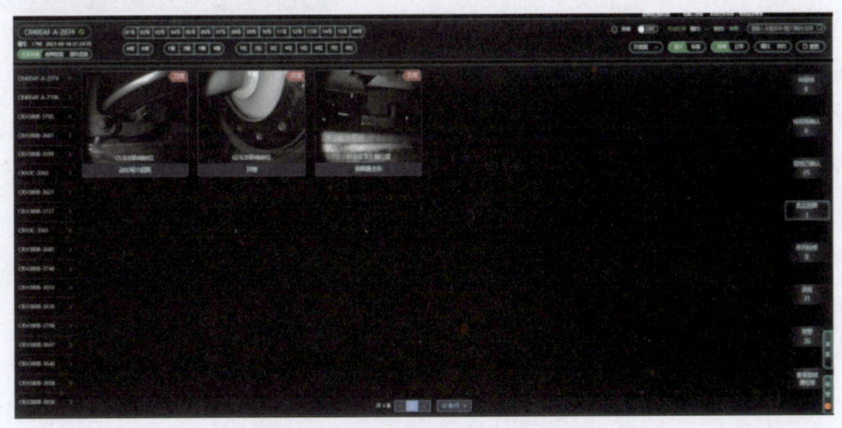

(b)机检任务跳转示例(真实故障页面)

图 7-19　显示信息筛选—条件选择

②复核通知单速查

当检修班组导出故障复核通知单后，机检分析员在图 7-20 所示的红框位置，点击任务词条中的“查看”，可快捷跳转至故障复核通知单页面中该车组的展开词条。

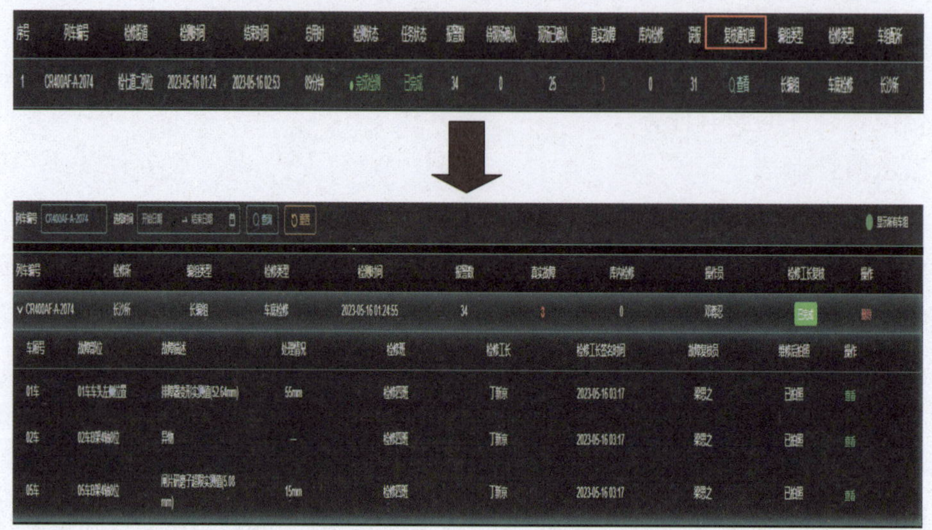

图 7-20　故障复核通知单

(3)页面信息导出与打印

图 7-18 所示蓝色框位置按钮为导出、打印功能按钮。单击“导出”按钮，可在下拉菜单中选择导出文件格式，如图 7-21 所示。单击“打印”按钮，弹出打印设置窗口。

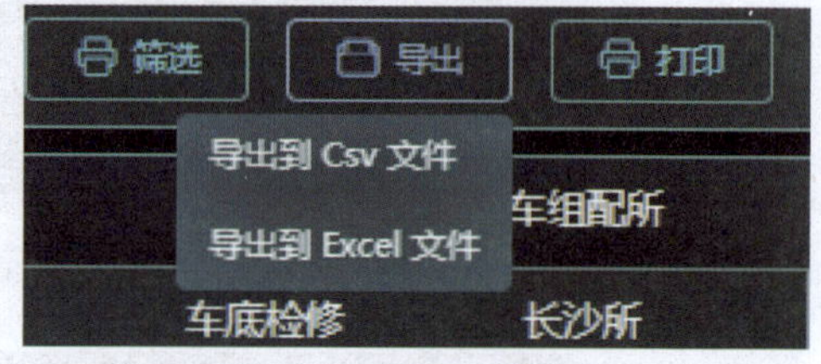

图 7-21　导出文件格式选择

3. 故障复核通知单

当一个任务的待复核、待现场确认数量均为 0，并且真实故障图片均已上传时，可由检修班组操作便携终端导出故障复核通知单。每一个真实故障对应一张故障复核通知单(简称通知单)，一次性全部导出。通知单中包含故障的处理情况、处理人、检修班组等信息，并需要检修工长签字。通知单导出后，系统判定该任务完成，故障复核界面的所有信息将不可修改。

图 7-22 所示为通知单示例，可点击通知单下方“下载”按钮建立下载链接。单击“检修工长确认”按钮会以当前账号身份信息对通知单进行确认，必须由检修班组带班工长在便携终端操作。机检分析员禁止用本人账号对通知单进行确认。

Web 端在主菜单“检测系统”中提供独立的子功能查看所有车组的通知单。如图 7-23(a)所示，进入故障复核通知单页面，该页面将当前选择设备的检测任务按检测时间排序显示。点击词条可展开显示该任务各真实故障的通知单，如图 7-23(b)所示；

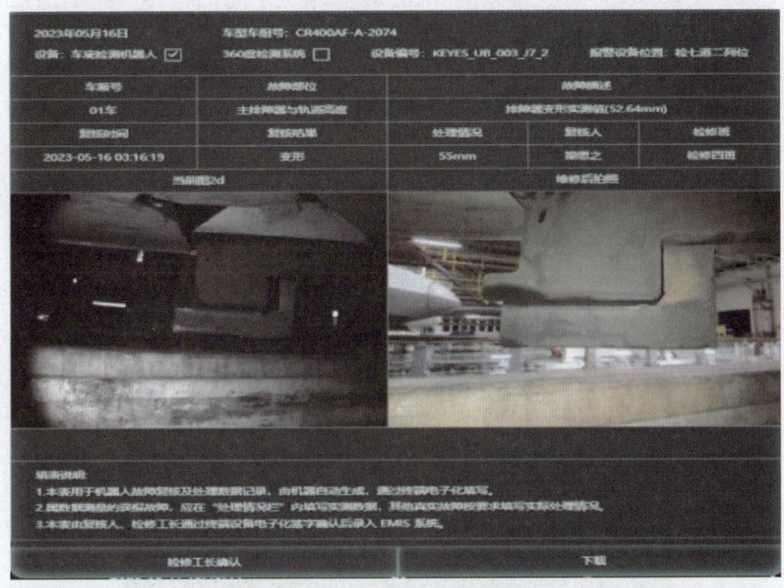

图 7-22　故障复核通知单

展开后，点击图 7-23(b)右侧红框中的“查看”按钮，显示通知单弹窗，如图 7-22 所示；点击右侧蓝色框中的“删除”按钮，弹出如图 7-23(c)所示确认弹窗，点击“确认”会删除该任务词条下的所有通知单。

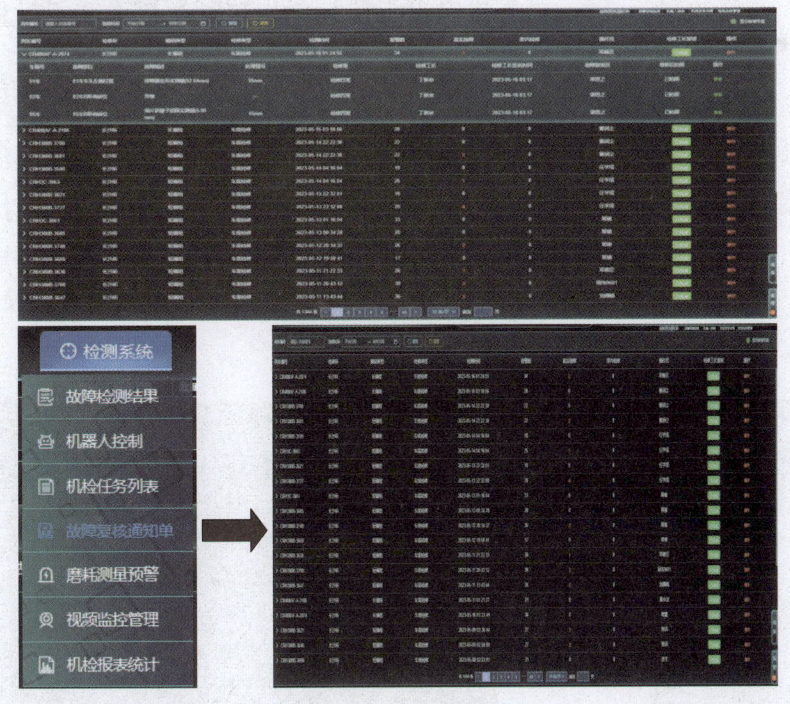

(a)故障复核通知单页面

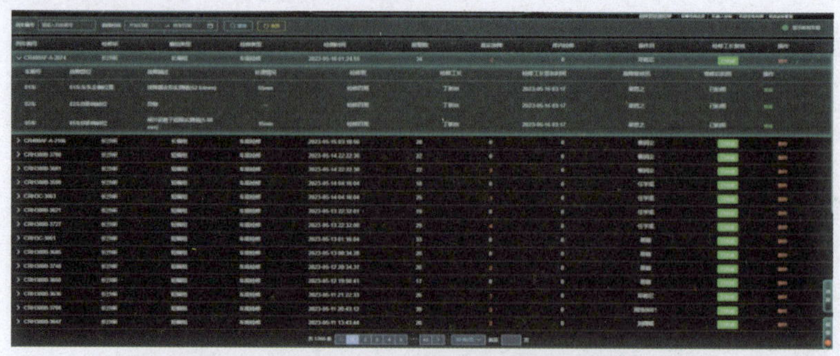

(b)故障复核通知单查看

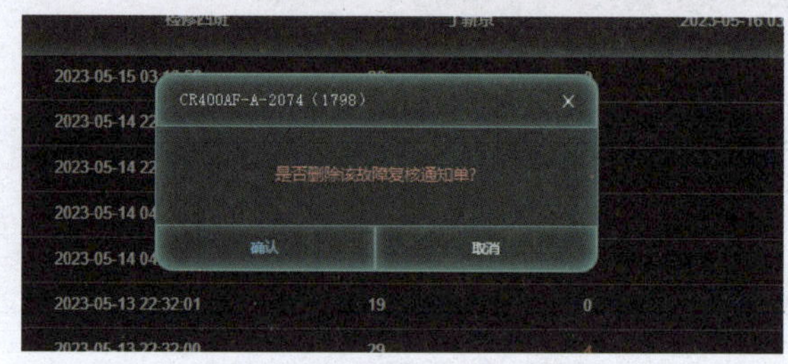

(c)故障复核通知单删除确认

图 7-23　故障复核通知单操作

任务词条下的故障复核通知单被删除后无法恢复。若该任务有真实故障,需要重新拍摄完工照片上传,并由工长重新签字确认。

对于没有真实故障的任务,仍需检修班组执行导出故障复核通知单操作,用于系统判定改任务完成。此时,导出不需要工长签字确认等操作。

4. 磨耗测量预警

综合检测系统具有将检测过程中各动车组磨耗件的测量值进行保存、统计的功能。还可根据连续多次测量值预测磨耗趋势,在磨耗预测值达到预设预警值时进行磨耗预警。此功能向运用工作提供大量原始数据,对研究磨耗件的磨耗规律具有指导意义。

在“主菜单—检测系统”的下拉菜单中,单击“磨耗测量预警”进入磨耗测量预警页面,如图 7-24 所示。

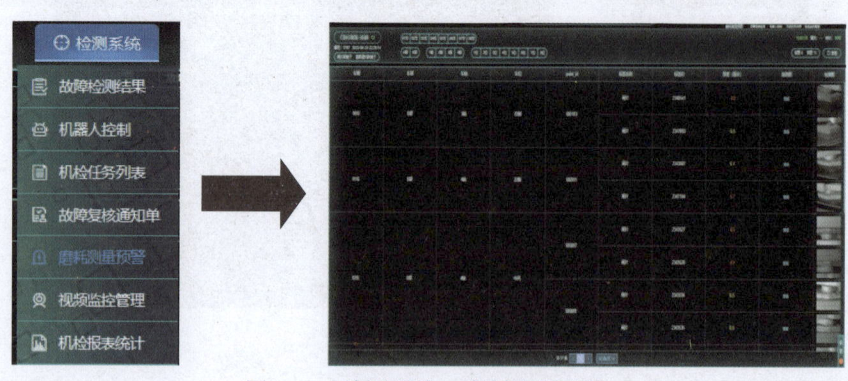

图 7-24　检测系统—磨耗测量预警

(1)任务选择与磨耗信息筛选

图 7-25(a)中可以选择车组的检测任务。

图 7-25(b)、图 7-25(c)中可按部件名称、车辆方位进行筛选;图 7-25(d)中可按标签类型筛选;图 7-25(e)中可重置当前任务的所有筛选条件。

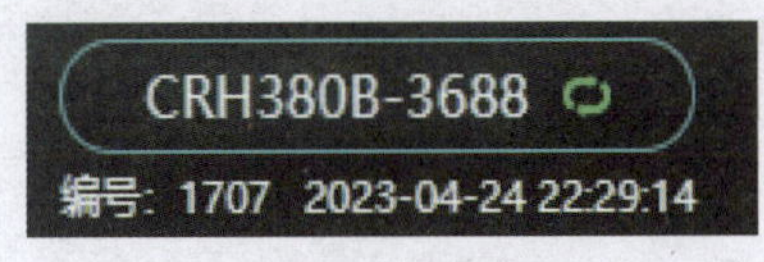

(a)车组、任务选择

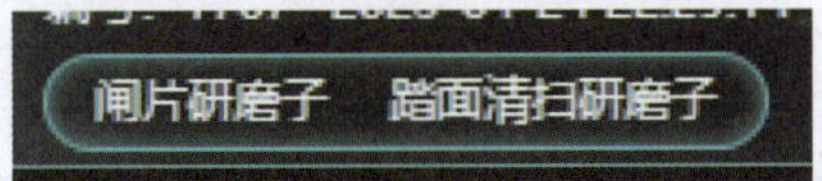

(b)部件名称条件

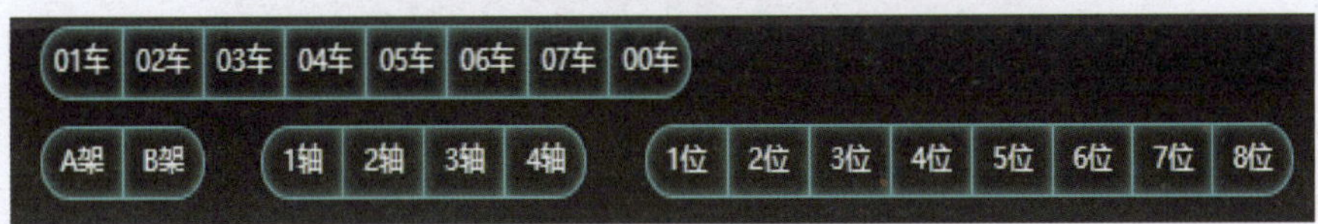

(c)车辆方位条件

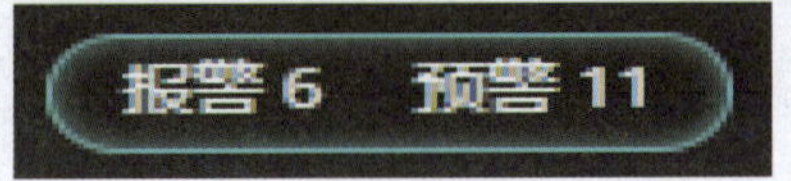

(d)标签类型条件

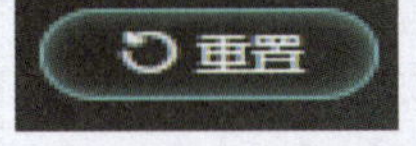

(e)重置条件

图 7-25　磨耗测量预警筛选相关操作

(2)趋势图与检测图查看

①趋势图查看

点击“查看”按钮,页面中央会弹出当前选择设备对应检查项点的测量值趋势图,如图 7-26 所示。左右拖动滚动条可改变横轴。

②检测图查看

页面最右侧一列有检测项点的检测图(缩略图),如图 7-27 所示,单击缩略图可弹窗放大显示。

左右拖动“右图”下方的滚动条,可改变图片亮度,滚动条右侧为亮度增加方向。

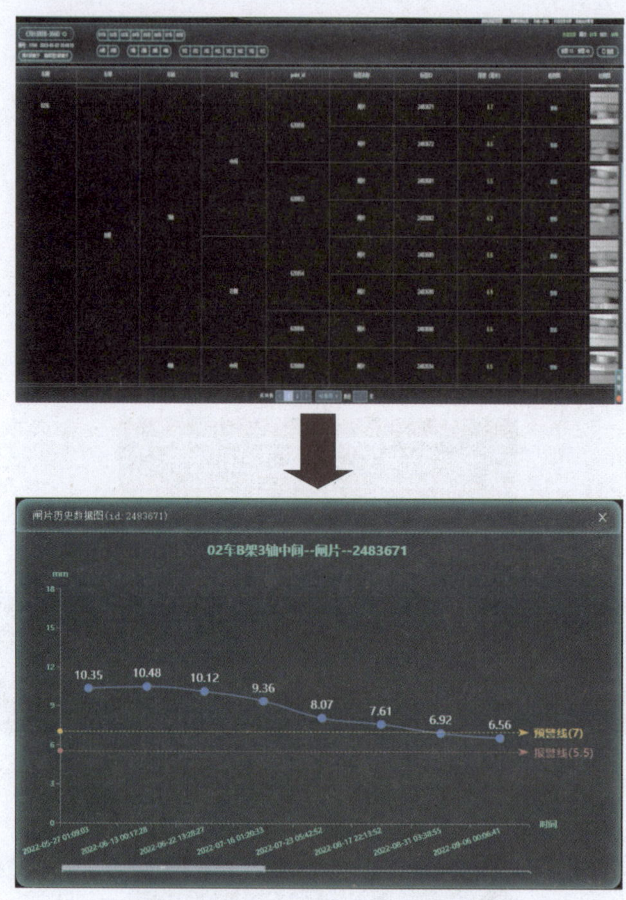

图 7-26　磨耗测量预警趋势图查看

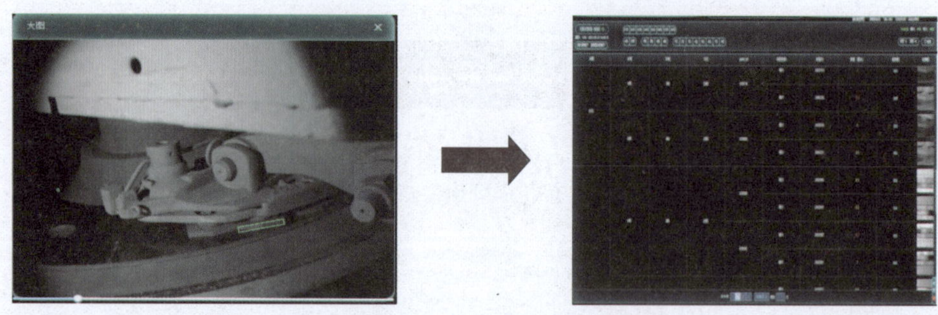

图 7-27　磨耗测量预警检测图查看

5. 机检报表统计

机检报表统计分为报警数据、真实故障数据、误报故障数据三类统计方式，对当前设备的检测任务情况进行统计，并可通过网页建立下载链接保存，为机检分析员分析报警情况、部件故障倾向、故障类型倾向等工作提供辅助功能。

在“主菜单—检测系统”的下拉菜单中，单击“机检报表统计”进入机检报表统计页面，如图 7-28 所示。

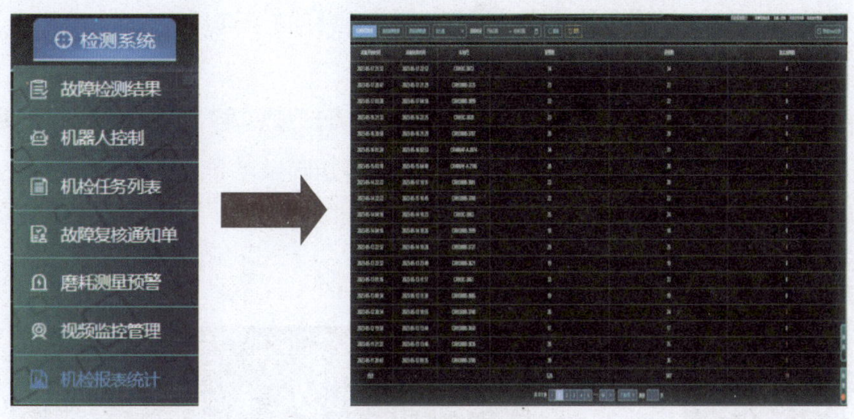

图 7-28　检测系统—机检报表统计

(1)筛选条件选择

机检报表统计页面左上方可选择统计方式、检测设备、统计日期区间，如图 7-29 所示。

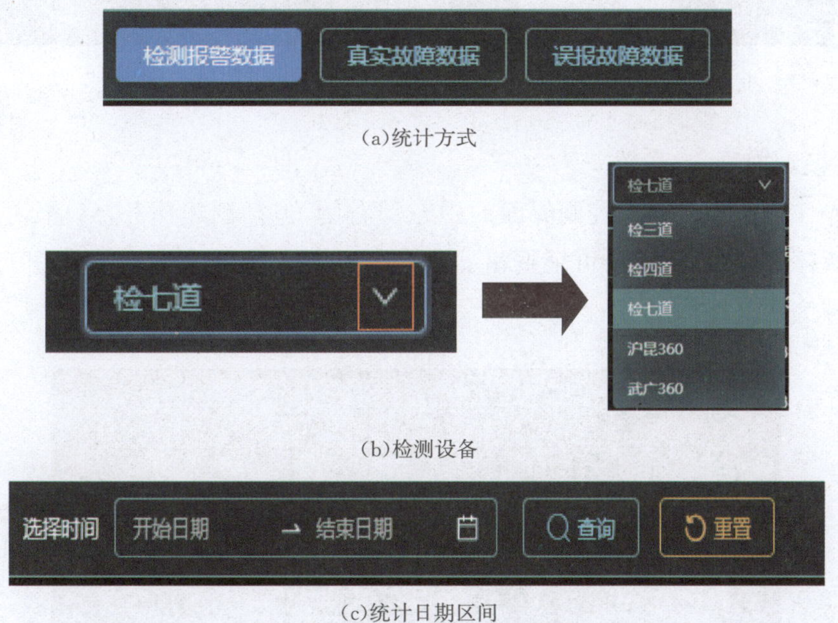

(a)统计方式

(b)检测设备

(c)统计日期区间

图 7-29　机检报表统计筛选条件

(2)导出报表文件

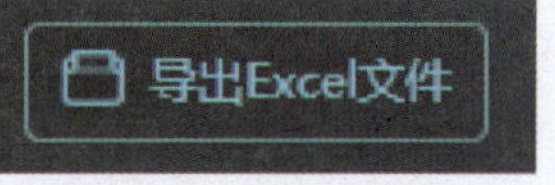

图 7-30　导出报表文件

单击机检报表统计页面右上方“导出 Excel 文件”按钮，如图 7-30 所示，按当前页面的显示内容生成 Excel 文件，并建立浏览器下载链接。

三、检测系统中车底检测机器人子选项

此处介绍“检测系统”菜单中车底检测机器人独有的子选项。

1. 机器人控制

机器人控制界面提供车底检测机器人作业和调试所需控制功能和监控功能。结合机检分析员作业需求对该界面分区域进行介绍，部分调试功能不作详细介绍。

在“主菜单—检测系统”的下拉菜单中，单击“机器人控制”进入机器人控制页面，如图 7-31 所示。

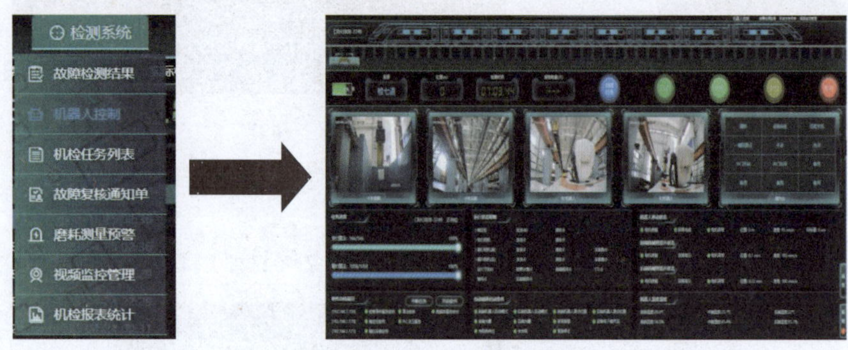

图 7-31　检测系统—机器人控制

2. 快速操作区

快速操作区位于机器人控制界面的中上部右侧，包括创建任务、启动、充电/取消充电、复位、暂停/再启动共五个可根据机器人运行状况切换的常用功能按钮。图 7-32 所示红框区域为快速操作区。

图 7-32　快速操作区

(1)检测任务创建

单击红框内的蓝色按钮“创建任务”,弹出任务创建窗口,如图 7-33 所示。

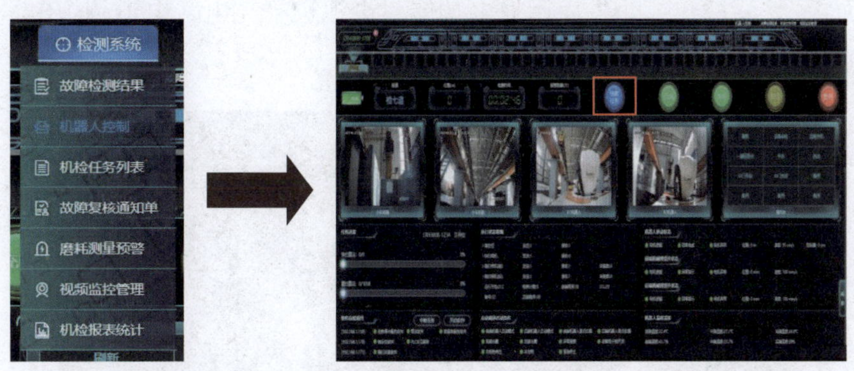

图 7-33　“创建任务”按钮位置

(2)启停控制

创建任务完毕后,点击“启动”按钮,车底检测机器人执行自动循环程序。需要暂停时,点击“暂停”按钮,车底检测机器人中断自动循环程序。

任务创建完毕后的页面,此时车底检测机器人处于原点位置,“启动”按钮亮起可用,“暂停”按钮熄灭表示不可用。当车底检测机器人运行或暂停时,两按钮状态与机器人在原点静止时相反。

当车底检测机器人因光栅报警、远程操作等原因暂停时,“启动”按钮保持熄灭,“复位”按钮亮起,“暂停”按钮切换为“再启动”按钮。机检分析员在确定车底检测机器人外部运行条件满足后,长按“复位”按钮 3 s,当页面中心倒计时完毕并提示“请松开”时,松开按钮。确认“自动循环启动条件”均为绿色标识,此时自动循环条件均满足,“再启动”按钮亮起,“复位”按钮熄灭,单击 “再启动”,车底检测机器人可恢复运行。

(3)电池充电

车底检测机器人搭载有锂电池组,为设备运行提供能源。电池电量耗尽后,车底检测机器人会进入“死车”状态。此时,仅能通过连接 3AC 380 V 外接电源或人工干预才可使其移动。考虑到设备行程和外接电源位置因素,不论采用何种方式对“死车”状态的设备进行移动,都会耗费大量时间。为避免对检修效率造成影响,机检分析员应在作业完毕后根据剩余电量情况及时进行充电操作。

在电池充电容量和电量显示正常的情况下,机器人以正常进度(不暂停、不发生故障)完成一整列短编组动车组车底检测需要 10%～12%的电量。机器人发生故障或暂停时(走行部、机械臂不工作),开机停放耗电每 15 min 为 3%～4%。

综上,规定启动机器人进行作业前需保证电池剩余电量不低于:(双列位车底检测上限电量)×2×12%+(双列位均暂停 15 min 故障处理上限电量)×2×4%+(电量显示/电池容量、暂停冗余电量)×8%=40%。在剩余电量低于 90%的情况下,长按充电按钮至页面提示“请松开”,即可使用充电功能对电池进行充电。电池剩余电量在设备开机后才会显示,如图 7-34 所示红框区域。

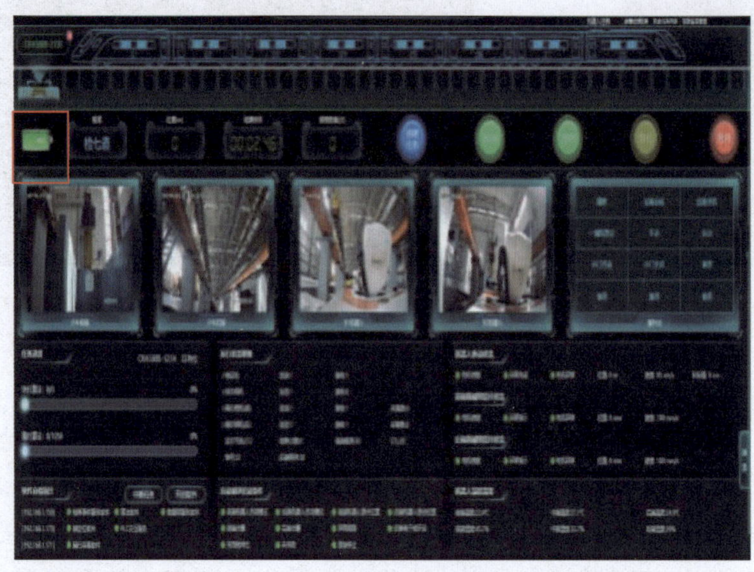

图 7-34　剩余电量显示

3. 虚拟操作台

虚拟操作台位于机器人控制界面的中部右侧,包括刷新、设备自检、远程开/关机(根据设备状态自动切换)、一键回原点、手动、自动、中门开启、中门关闭,使用频率相对较低的检测作业、维护作业、故障处理、调试用功能按钮和四个预留的备用按钮。功能按钮单击操作,备用按钮无实际功能。图 7-35 所示红框区域为虚拟操作台。

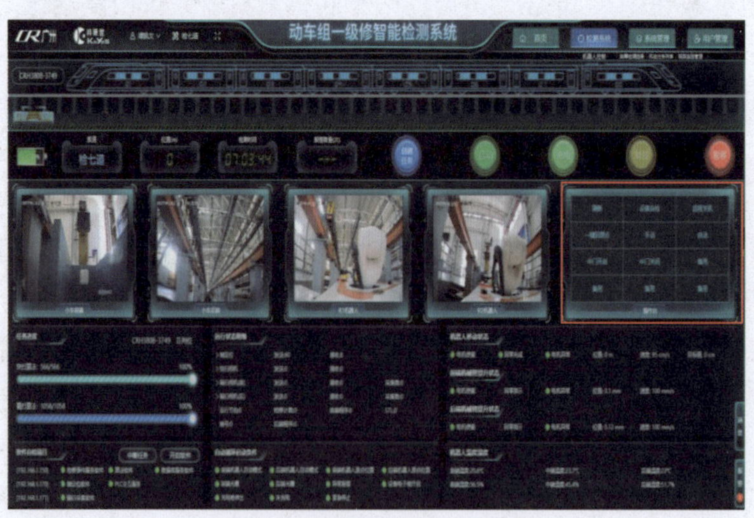

图 7-35　虚拟操作台位置

(1)刷新:检测作业时使用。在摄像头画面卡顿或未显示时(常见于设备初启动或无线数据传输卡滞),点击此按钮对界面上的四个监控画面进行手动刷新。

(2)设备自检:检测作业前、调试使用。机器人对搭载的各软件进行状态测试。在故障处理完成后第一次启动和初启动情况下,机检分析员在作业前提前开机,并点击此按钮对软件状态进行验证。

(3)远程开/关机:检测作业前/后使用。

远程开机:机器人上电,搭载的各硬件、软件逐步启动。机检分析员需在作业开始前10 min 操作机器人开机完毕。

远程关机:机器人逐步关闭各硬件、软件。机检分析员在作业完毕后,根据剩余电量情况酌情选择是否立刻关机。

(4)一键回原点:故障处理、调试使用。在机器人未处于自动循环(充电、检测作业)时,单击此按钮并确认弹出窗口,机器人将以快扫速度返回原点待命。

注意:必须在机器人机械臂处于原点位置时才可使用此功能。

(5)手动:维护作业、故障处理、调试使用。立即中断当前执行的自动循环程序,切换至手动运行模式。手动运行模式下不可使用充电、车底检测功能,但会开放手动开闭中门的功能。

(6)自动:维护作业完毕、故障处理完毕、调试完毕使用。自动运行模式下,开放机器人自动循环程序运行权限,激活前端上的车底检测和充电功能,关闭手动运行模式下的功能(手动开闭中门)。快速操作区的所有功能都应在此模式下使用。

(7)中门开启/中门关闭:维护作业、故障处理、调试使用。手动运行模式下,单击对应按钮手动开闭中门(快扫相机防护门)。

4. 视频监控管理

在"主菜单—检测系统"的下拉菜单中,单击"视频监控管理"进入视频监控管理页面。视频监控管理界面将所有综合检测设备的运行监控功能、快速操作区功能集合于同一界面。在多个检测设备同时运行时,该界面方便机检分析员同时监控和操作多个检测设备。

四、检测系统中360°检测机器人子选项

此处介绍"检测系统"菜单中360°检测机器人独有的子选项。

1. 全部任务列表

在"主菜单—检测系统"的下拉菜单中,单击"全部任务列表"进入全部任务列表页面。全部任务列表页面默认按检测时间顺序由近及远显示当前选择设备的检修任务信

息。因360°检测机器人具有车组号自动识别功能，故前端系统可根据360°检测机器人的过车情况，自动创建任务词条。词条内容根据实际检修情况实时同步，包含车组号、检测时间点、任务完成情况等。

2. 设备监控

在“主菜单—检测系统”的下拉菜单中，单击“设备监控”进入设备监控页面。设备监控页面主要显示当前选择360°检测机器人的各采集机软件状态、硬件状态、采集机与算法服务器磁盘占用情况。该页面主要用作故障诊断辅助或调试使用，页面上使用鼠标滚轮可滚动下拉，查看更多磁盘占用信息。

3. 机检车设置

在“主菜单—检测系统”的下拉菜单中，单击“机检车设置”进入设备监控页面。机检分析员根据检修计划安排，在班前进入“机检车设置”界面，提前设置需要进行360°检测作业的车组，即“机检车”。“机检车”通过360°检测设备完成数据采集后，综合检测系统会自动运行对应车组的检测算法。同时，在机检任务列表界面也会自动创建“机检车”的任务词条。设置完毕的“机检车”会生成词条显示于界面中央。

“机检车设置”词条的信息筛选功能与“机检任务列表”信息筛选方法一致。

“机检车”词条上显示算法任务ID、车组号、机检车创建时间等信息，词条操作按钮，“机检车”词条的批量新增和批量删除按钮。所有“机检车”词条的新增、删除、修改操作仅在该“机检车”进行数据采集前才有效。数据采集完毕后的任何“机检车”设置操作均不影响算法运行。

勾选多个“机检车”词条并点击“批量删除”按钮，再点击确认弹窗的“确认”，可一次删除多个词条。

点击“新增”按钮，弹出窗口。在文本框内直接输入四位数纯数字车组号，多个车组用“,”或“回车”符隔开。输入完毕后，点击确定，可一次创建多个“机检车”词条。在360°检测设备数据采集完毕后才设置的“机检车”将不会触发算法运行。

若要对单个“机检车”词条进行操作，在每个词条最右侧的“操作”列，有“编辑”和“删除”按钮。

单击“编辑”按钮，在弹窗中修改“机检车”车组号后，单击“确认”修改完毕。

单击“删除”按钮，再单击弹窗“确认”，该词条被删除。

4. 踏面

在“主菜单—检测系统”的下拉菜单中，单击“踏面”进入踏面页面，如图7-36所示。该页面的布局和功能与故障检测结果页面基本一致，目前该功能用作回查，其他检测功能尚在开发。

图 7-36　检测系统—踏面

五、系统管理

“系统管理”下拉菜单折叠有综合检测系统的常用辅助功能、配属管理功能、任务模板管理功能等。对于机检分析员的账号权限，“系统管理”下拉菜单仅有人机卡控功能。

1. 人机卡控

人机交检辅助卡控程序以子功能形式整合至一级修综合检测系统前端，测试版需要管理员账号权限才可使用。

(1)股道选择：可在具备机器人检修能力的多条检修线间快速切换选择。

(2)系统管理：可在该界面查看机器人(以及 360°检测)的硬件状态和基本信息，测试版功能会整合在其子菜单“软件系统管理”中。

(3)软件系统管理：包含子功能有数据库、操作日志、人机卡控(测试版仅在检七道)。

(4)人机卡控：人机交检辅助卡控操作界面。

(5)机检次数选择：切换选择人机交检模式，涵盖“人一机一”至“人一机四”所有交检模式。

(6)数据更新：手动录入人工检查一级修的车组信息、班次信息。

(7)导出报表：导出所有配属车组或所选车组(测试版不可用)近 20 次一级修信息。

(8)提交：输出“筛选”中勾选车组的一级修检修类型。

(9)搜索功能：输入车组号快速查找，并显示于主页面。

(10)操作主页面：默认显示所有配属车组。可配合“筛选”功能选择车组进行各类操作(测试版除一级修类型展示外，其他功能均不支持“筛选”)。

2. 数据更新

卡控程序需要动车组一级修的检修日期和检修类型进行累加、分析，才可输出机检类型结果。卡控所需的机检相关信息可在系统中自动获取，但人工检查一级修只能通过手动录入的方式，每班次进行更新，以确保输出一级修类型的准确性。数据更新操作界面如图 7-37 所示。

图 7-37　数据更新操作界面

(1)点击“数据更新”，可见数据更新操作界面。

(2)在录入界面中，依次填入各检修信息。当默认空白条目不足时，可选择插入空白条目。

(3)录入完成后，点击保存更新。数据更新完毕。

3. 一级修类型结果输出

可根据录入的人工检查信息和自动读取的机检信息，快速输出所选车组的当次一级修类型，是卡控程序的核心功能。

(1)在如图 7-38 所示的操作主页面中，配合“筛选”，勾选出需要确定检修类型的车组，并选择人机交检模式。

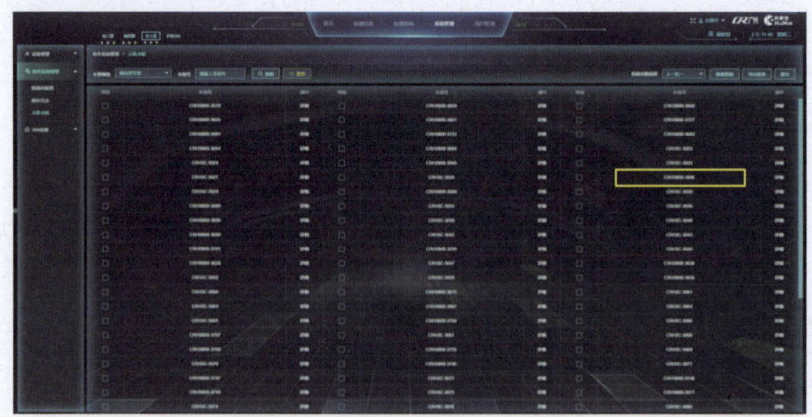

图 7-38　操作主页面

(2)点击提交,弹出一级修类型展示窗口。

(3)在一级修类型展示窗口中,确定车组检修类型;也可点击“详情”,快速查看对应车组的近五次一级修信息;如有需要,也可选择人机交检模式。

4. 导出报表功能

考虑到机检数据统计、机检情况回查等需求,卡控程序具有报表导出功能,固定导出所有配属车组近20次的一级修类型、日期、班次。

复习思考题

1. 以CR400AF型动车组为例,车底作业检查一级修需要考虑哪些项目?
2. 以CR400AF型动车组为例,360°检测机器人一级修需要考虑哪些项目?
3. 机器人检测前端软件界面包括哪些功能?
4. 动车组一级修检测机器人系统通用子选项包括哪些内容?
5. 车底检测机器人独有的子选项菜单包括哪些内容?
6. 360°检测机器人独有的子选项菜单包括哪些内容?

第八章　动车组一级修检测机器人系统运用管理

第一节　动车组一级修检测机器人系统运用管理办法

动车组一级修检测机器人系统由车底检测机器人和360°检测机器人组成。其中车底检测机器人安装在检修库线地沟内，检测范围为动车组车底轨内关键部件；360°检测机器人安装在动车组入所咽喉线路上，检测范围为动车组车顶、车体两侧、车底轨外侧及车轮等关键部件。动车组一级修检测机器人系统通过采集动车组部件图像，采用深度学习、光谱分析、3D测量、大数据分析等方式，具备动车组外部360°全范围一级修作业综合检测、故障自动报警、智能分析、趋势分析等功能。动车组一级修检测机器人系统主要识别动车组部件丢失、松动、超限、变形、断裂、漏油、挂异物等故障类型。

铁路局集团公司车辆部负责制定动车组一级修检测机器人系统运用管理办法，明确运用条件，组织设备运用验收，制定各型动车组“机器人检”检查项目及标准，并通过动车组服役期可靠性运维系统公布。

各动车（车辆）段负责制定设备日常用、管、修管理办法，保证设备满足运用条件，负责设备日常运用维修。同时，负责做好人员培训，建立动车组一级修检测机器人系统故障验证图库，规范“机器人检”作业。负责组织新型设备试用，满足条件时提报“人机交检”申请。

一、运用条件

1. 机器人检作业方式

(1)按照分工方式不同，“机器人检”按介入深度分为以下两个层级：

①“人机共检”，人、机共同开展的一级修检查；

②“人机交检”，人、机交替开展的一级修检查。

原则上“人机交检”按“人检”一次、“机器人检”一次的方式交叉进行，如确认具备条件需进行“人一机二”及以上频次作业方式时，须制定方案经技术评审并报车辆部批准后，方可执行。

(2)新车型适用验收流程。分为设备调试(含设备验收、问题整改)—试运行(人机共检)—运用验收(人机交检)阶段。

①设备验收。动车组一级修检测机器人系统新增适用检测车型前,由动车(车辆)段负责组织设备厂家开展故障验证,验证完成后组织开展设备技术性能及适应车型评审。

②问题整改。设备技术性能及适应车型评审通过一个月内,动车组一级修检测机器人系统设备厂家须完成评审问题整改和设备优化,完成后向动车(车辆)段申请“人机共检”。

③试运行(人机共检)。通过动车(车辆)段设备技术性能及适应车型评审并完成问题整改的动车组一级修检测机器人系统,动车(车辆)段可组织开展“人机共检”作业。“人机共检”期间,动车(车辆)段应做好作业流程写实,规范“人机共检”作业流程;设备厂家持续做好系统优化。

④运用验收(人机交检)。“人机共检”期间,需同时满足检查周期不少于1个月、检查数量不少于60标准组,“机器人检”漏报故障与实际故障比例不高于10%,组均误报故障不大于40个的条件后,动车(车辆)段可向铁路局集团公司车辆部申请“人机交检”。铁路局集团公司车辆部组织开展现场运用验收。

2. 运用验收项点

(1)规章制度。动车(车辆)段应建立系统设备管理制度、“机器人检”作业办法等规章制度,明确职责分工。

(2)设备设施保障。

①“人机共检”期间设备总停时不超过24 h,设备故障时能够采用模块化维修原则快速处理,并保证配备物料软、硬件的一致性。

②验证图库。动车(车辆)段按设备适用车型建立故障验证图库,利用故障图库模拟检车数据进行验证,漏报故障与实际故障比例不高于10%。

③接口、电子化。系统应具备实现检测故障数据与PHM系统数据交互的条件,实现规范接口对接,系统具备故障回填、确认、故障图片上传等功能卡控,确保在各环节签认后方可进行下一步操作,台账填写实行电子化。

④“人机共检”期间全部检测故障完成复核,并规范填写复核记录。

(3)人员培训。动车(车辆)段“人机交检”作业人员须通过动车组机械师资格性培训,熟练掌握设备操作、故障复核及处理等车底检测机器人检查流程,并组织开展“机器人检”适应性培训,使用部门按车底检测机器人和360°检测机器人分别组织不少于4人开展适应性培训,培训时间不少于12学时,并通过实作考试,每名作业人员完成不少于20标准组次的“人机共检”。铁路局集团公司现场运用验收通过后,发文公布动车组一级修检测机器人系统适应车型通知,动车段按要求即可开展“机器人检”作业。

(4)投入使用。通过适应车型运用验收的系统,从安装调试到投入使用须进行示教和功能调试,调试通过后,由动车(车辆)段按照一级修车型故障图库进行验证,验证合格后方可投入使用。

二、作业要求

1. 车底检测机器人作业前应开展点检作业,严禁相关人员在距车底检测机器人运行前方 50 m 或后方 20 m 内穿行地沟,穿行地沟执行"一听、二看、三通过",严禁进行车体清洗及上水作业,避开蓄电池断电及车下排水作业,作业股道地沟应保持清洁,严禁渡板未移除前开展作业,严禁将电缆、水管等物品跨越地沟,阻挡机器人走行。

2. 未完成首次数据采集适配的车组(包括高级修修竣动车组),不得开展"人机交检"作业。

3. 设备软硬件升级。涉及软件算法、关键硬件设备升级前,实施单位应向动车(车辆)段提报相关软件升级和设备更新项点等技术资料,经动车(车辆)段确认后方可实施,并在升级后完成一次故障图库验证,待验证通过后方可重新开展"机器人检"作业。

4. 误报停用标准。"人机交检"作业期间,车底检测机器人或 360°检测机器人发生误报故障超过 50 件/标准组时,动车所须立即组织查找原因,排除天气原因时,停止该系统作业并及时修复。再次启用该设备执行"人机交检"作业前,须进行故障图库验证并通过。

三、作业流程

1. 检修计划制定。安装车底检测机器人的检修股道优先安排"机器人检"作业,作业计划纳入动车所日检修计划统一编制、统一下达。

2. 检修分工。动车所根据本所车底检测机器人(设备 1)+360°检测机器人(设备 2)配备情况,按照"机器人检"最大化的原则,可灵活安排对每组动车组采取"设备 1+设备 2"、"设备 1"或"设备 2"两种方式开展一级修机检作业。

(1)"设备 1+设备 2"共同作业方式

车顶、车底、两侧检查项目由设备 1 和设备 2 共同完成。

设①、③号位共 2 名"机器人检"作业人员,其中①号位负责对车顶部分检查绝缘子清洁、机检报警故障复核及处理;③号位负责车底、两侧部分机检报警故障复核及处理。

动车组过 360°检测机器人时,360°检测机器人开始检测,并进行识别分析、报警。

动车组入库停稳并上信号后,接车人员报动车所调度;机检分析员使用车底检测机器人摄像头检查周围环境,确认车底无其他人员作业后,启动车底检测机器人设备,开始作业。

机检分析员对自动报警故障信息进行预分析，核实确认报警故障为“误报”“待现场确认”“真实故障无需处理”“真实故障”四种状态。

“待现场确认”故障，须现场逐一确认。

“真实故障”的处理按以下流程办理：故障处理人员到达现场完成故障处理，将处理后故障图片通过手持终端拍照上传，动车所质检员进行结果确认。故障处理完成后，故障处理人员、质检员、班组长通过终端回填故障。

“机器人检”作业人员前端平台显示“机器人检”进度100%完成，确认报警故障已完成处理，相关记录单填写完成，任务状态显示“已完成”，作业结束。

(2)“设备1”或“设备2”单独作业方式

仅设备1作业。车底检查项目仅由设备1完成。设①、②、③、④号位共4名“机器人检”作业人员，其中，①、②号位负责车顶、车内等检查作业，③、④号位负责两侧作业、机检故障复核及处理。

仅设备2作业。车顶、两侧检查项目仅由设备2完成。设①、②、③、④号位共4名“机器人检”作业人员，其中①号位负责对车顶部分检查绝缘子清洁、机检报警故障复核及处理，③、④号位负责车底作业、机检故障复核及处理。

动车组通过360°检测机器人且该车组无一级修计划时，不做报警分析及故障复核。动车组通过360°检测机器人且开展人检一级修作业时，须开展机检报警故障复核。

动车组一级修检测机器人系统“机器人检”作业流程如图8-1所示。

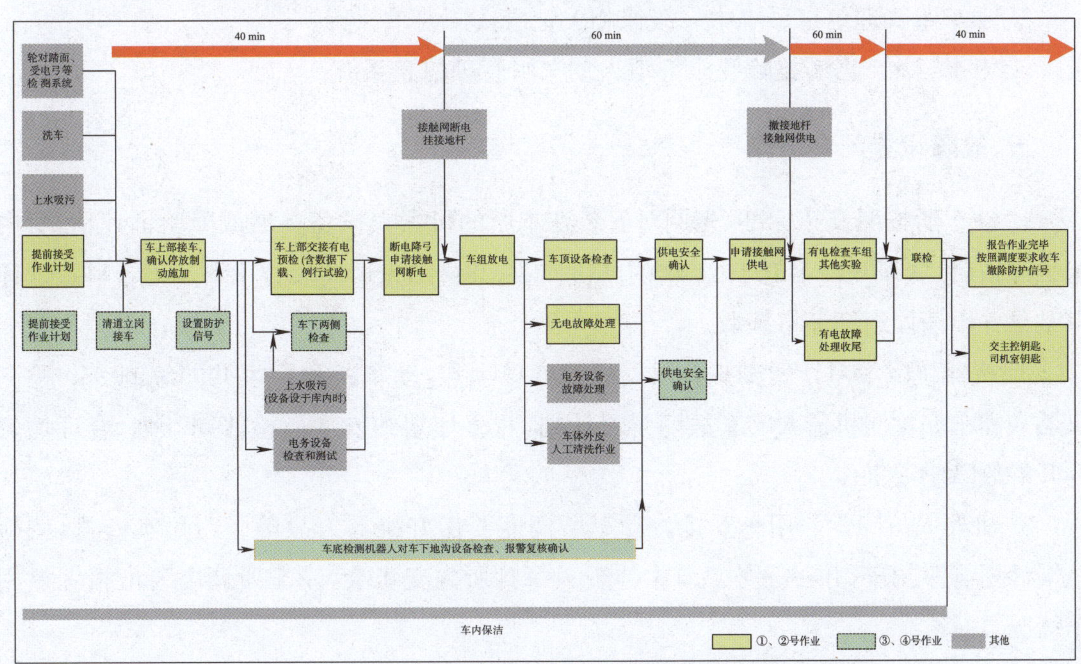

图8-1　动车组一级修检测机器人系统“机器人检”作业流程

四、检修记录

1.“机器人检”作业结束后，各作业人员根据分工，分别填写“机器人检”故障记录单（电子台账，如图 8-2 所示）。

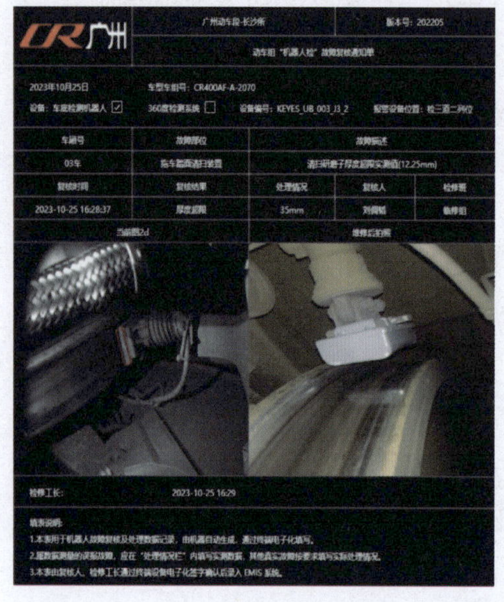

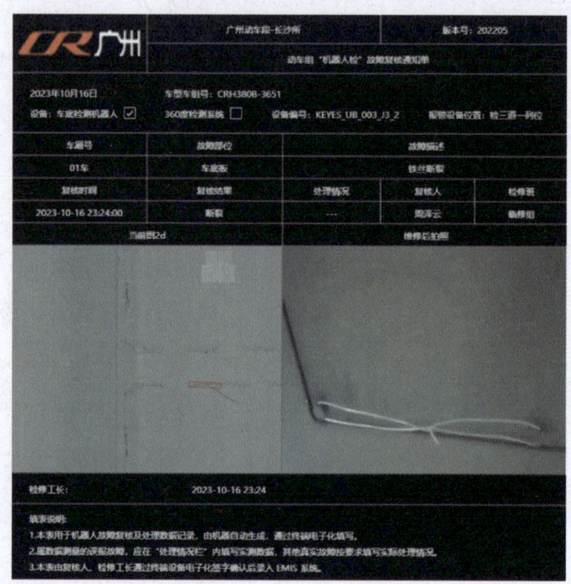

图 8-2　动车组故障记录单（“机器人检”）

2. 动车组管理信息系统中一级修相关记录按原要求执行。

3.“机器人检”真实故障须全部填入动车组管理信息系统。

五、故障设置配合工作

1. 动车所按照发布标准，先期对安装在本所的机器人设备开展故障验证评估，所内组织评估后，立即开展不低于 20 组的共检作业，共检结束后向段技术科和设备科报告评审结果并申请段组织评审验收。

2. 机器故障学习计划安排。根据故障考核项点，动车所和厂家共同编制 360°检测机器人和车底检测机器人实车故障学习计划，并将计划纳入本所检修周计划，合理均匀的开展故障学习工作。

3. 机器人故障学习用车安排。动车所调度要做好机器人故障学习用车安排，按检修周计划有序扣车，并在任务总单中体现。每日所内交班会，动车所调度要汇报考核用车情况。

4. 故障设置和设备报警确认。动车所成立人员相对固定的故障设置小组，明确小组负责人。故障设置小组按照故障设置日计划表开展故障设置工作，每设置一个故障要拍照记录。每次设备检测完毕，故障设置小组要与设备厂家对接报警信息，对报警故障要一一现场分析确认，并总结整理本班次报警情况。

5. 故障对接及汇报。动车所机器人项目牵头专职，每日参加机器人对接会，并负责整理每日故障设置及设备报警情况，将信息发相关工作群。

动车所所长或主管副所长，每周至少要组织机器人厂家开一次机器人工作对接会，解决配合工作中存在的问题，确保机器人项目工作顺利推进，并每月形成机器人总结报技术科、设备科。

6. 人员、物料、技术、故障恢复等。动车所要提前做好故障设置人员安排和物料安排，包括故障恢复技术资料安排，按照段关键部件卡控要求做好设置故障恢复工作。

7. 段评审日动车所配合要求。

(1)评审日前一天，将算法服务器进行隔离，机器人进行锁闭。

(2)考试前准备 2 组考试动车组，考试前不得进入配备机器人的股道，评审当天进入相应股道。

(3)故障设置完成后，由评审小组对故障进行复核。

(4)对机器人进行互联网屏蔽。

(5)完成图像数据采集后，将图像复制到算法服务器上，再运行数据。

六、运行保障措施

1. 机检分析员负责实时监控系统运行状态，发生故障或意外导致无法正常完成“机器人检”作业时，须立即组织设备故障应急处理。

2. 动车组一级修检测机器人系统故障发生 15 min 后仍未修复，或“机器人检”开始 30 min 后发生故障时，动车所调度须通知值班所领导，并立即调整作业方式，保证动车组按时出库。

3. 动车(车辆)段实施“人机交检”前，应根据相关文件细化“机器人检”管理制度，组织完成培训，明确作业分工，实现人员相对固定，作业进度可控，工序衔接紧密。

4. 实施“人机交检”时，动车(车辆)段应做好“人机交检”作业监控，协调解决“机器人检”作业过程中发现的技术问题，对“人检”和“机器人检”结果进行跟踪分析，每季度形成阶段总结报铁路局集团公司车辆部。

第二节　动车组一级修检测机器人系统设备管理

为规范动车组一级修检测机器人系统设备日常管理，确保始终处于技术状态良好、性能稳定、满足动车组运用检修需要，结合实际，制定适用于各动车所已安装的车底检测机器人和360°检测机器人的日常管理办法。实验设备（未交付的设备）比照该办法管理，但设备点检、巡检、小修、调试、升级、操作等具体工作由动车所和设备厂家共同完成。

一、职责分工

设备科负责制订设备管理办法，监督、检查、指导各动车所“管好、用好、养护好”动车组一级修检测机器人系统，负责组织制定设备操作、点检、巡检、校验、小修指导书，编制设备维修计划。

各动车所是动车组一级修检测机器人系统使用、维护、管理工作的主体，负责车底检测机器人和360°检测机器人的使用操作、日常维护管理工作。

职教科根据设备科提供资源负责组织操作人员的培训工作。使其掌握基本的动车组一级修检测机器人系统结构、性能和操作方法。

设备科和技术科负责编制动车组一级修检测机器人系统评审规则，并组织设备日常的校验和评定工作。

安全科负责设备日常维护作业的安全监督检查。

二、日常管理

动车组一级修检测机器人系统巡检周期为1个月、小修周期为1个季度、模拟故障校验周期为1个季度。

每日开展机检作业前对地沟内作业评价系统的摄像头角度进行调整（不超出地沟侧壁），对地沟踏板、地沟侧壁电缆、线槽等设备设施进行紧固和整理，对机器人走行轨上异物进行清理，确保车底检测机器人正常运行。

1. 开机启动确认

设备开机后在Web端平台上确认硬件和软件开启状态，采集服务器和算法服务器性能及内存状态、摄像头视频画面状态，确保服务器存储空间足够，摄像头视频画面角度合理、画质清晰。

2. 每班点检要求

班前按点检作业要求对设备进行各部件检查，完成点检确认设备正常再开始使用；

设备运行中严格按照操作使用说明书正确使用设备，并注意观察其运行情况，发现异常应立即停止并处理，

操作者不能排除故障时应立即通知厂家或维修人员进行维修；作业完毕后对设备进行表面清洁并办理交接班手续。

作业完成后，操作人员对车底检测机器人进行充电，充电完成后撤离充电回原点并做好车底检测机器人防护工作，防止日常洗车导致设备故障。

3. 测量精度校验

每月对车底检测机器人和 360°检测机器人进行一次测量精度校验。作业人员随机抽取 4 组闸片（2 组动车、2 组拖车）进行人工测量，将人工测量值与车底检测机器人、360°检测机器人测量值进行对比，平均误差超过±1 mm 时，需要重新选取 4 组闸片重新对比测量，仍不满足时，需要通知设备厂家进行调整。

4. 历史故障图库测试

每月对车底检测机器人和 360°检测机器人进行一次历史故障图库的测试（至少选取一节车厢），对比故障检出情况，未检出项点及时调整参数，直至所有项点全部检出。

5. 季度模拟故障校验

每季度按照车底检测机器人和 360°检测机器人季度模拟故障校验标准设置故障，并进行模拟故障验证，按年度覆盖所有车型，每次模拟故障识别率不低于 85%。

经过高级修的动车组在首次机检作业前，需要对图像和项点进行校准核验；因动车组在高级修或运中对车组进行改造，需要对非标项点进行参数适应性调整后才可开展正常机检作业。

6. 软件、算法升级

动车所每月结合车底检测机器人和 360°检测机器人的软件、算法升级计划，对软件、算法进行升级。

严禁在车底检测机器人和 360°检测机器人的服务器、工控机等计算机设备上安装无关软件，严禁擅自修改、删除检测软件及其相关软件，严禁擅自插移动存储设备复制数据，设备接入铁路内网后，每周对所有计算机进行一次查杀毒作业。

7. 运行保障

动车所负责实时监控动车组一级修检测机器人系统运行状态，系统发生故障或意外导致无法正常完成机检作业时，须立即组织设备故障应急处理。

车底检测机器人和 360°检测机器人故障发生 15 min 后，如系统仍未能修复或机检开始 30 min 后系统发生故障时，动车所调度应通知值班所领导，并立即调整作业方式，保证动车组按时出库。

三、车底检测机器人点检作业标准

1. 点检作业流程(图 8-3)

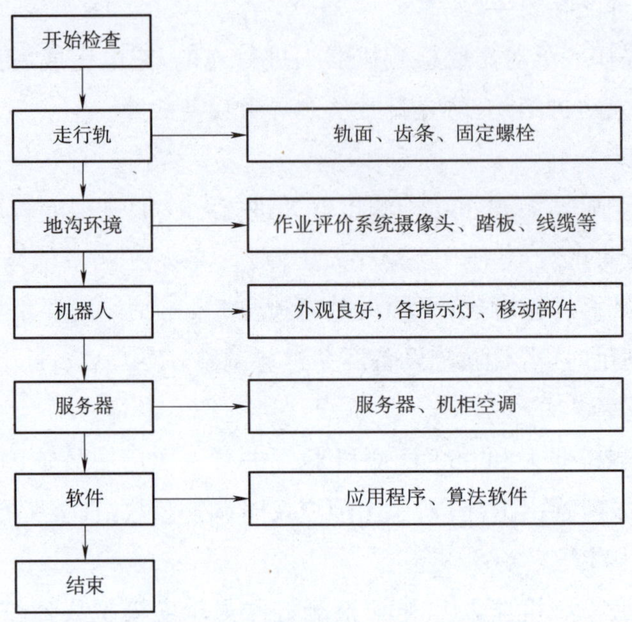

图 8-3　车底检测机器人点检作业流程

2. 点检作业标准(表 8-1)

表 8-1　车底检测机器人点检作业标准

检查项目	标准与要求	检查方法	备　注
走行轨	(1)钢轨表面光洁无异物、无破损； (2)钢轨垫板与地面连膨胀螺栓无偏移、无松动，检查、修正完毕后做防松标记，各紧固螺栓安装良好，无松动，检查、修正完毕后做防松标记； (3)钢轨对接处无明显高低差； (4)齿条齿面无裂痕、无坏齿，齿面润滑良好	检查、紧固	
地沟环境	(1)地沟内踏板无变形、下塌，人员踩上无松动； (2)调整作业评价系统摄像头(不超出地沟侧壁)，防止碰撞； (3)调整各类线管、地沟灯，留出足够机器人通过空间	检查、调整	

续上表

检查项目	标准与要求	检查方法	备　注
机器人	(1)设备顶部无其他物品； (2)外观良好、检查门状态良好； (3)前后端光栅信号正常(前方出现障碍物，设备停止动作，警示灯闪烁，并伴有报警声)； (4)急停按钮处在正常位置； (5)机械臂线缆无缠绕、无破损、运行无障碍； (6)检查机器人电池电量≥60%； (7)检查精扫、RGB 相机镜头无污渍遮挡，光源正常开启； (8)快扫光路镜片无污渍，激光光源正常开启； (9)快扫防护罩正常开启、关闭； (10)位移测量传感器光路镜片无污渍，激光光源正常开启； (11)充电口面板能正常打开、关闭；充电座正常伸出、收回； (12)机器人、机械臂升降台正常回原点	检查、测试	激光光源强度巨大，任何情况下不得肉眼直视激光光源发射口
服务器	(1)服务器硬件运行情况良好，无报警； (2)机柜空调运行正常、温度达标； (3)网络设备运行正常、无报警； (4)检查 UPS 设备运行情况； (5)Web 端机器人页面确认服务器内存足够，空间≥30%，CPU 等硬件性能良好； (6)Web 端机器人页面系统时间正确	检查、测试	
软件	(1)应用程序运行情况良好，必要时查看日志文件； (2)算法程序运行情况良好，必要时查看日志文件； (3)检查上一次车组状态报警情况，验证故障恢复情况； (4)Web 端机器人页面确认软件自启动状态良好； (5)监控界面打开正常	检查、测试	

四、车底检测机器人巡检作业标准

1. 巡检作业流程(图 8-4)

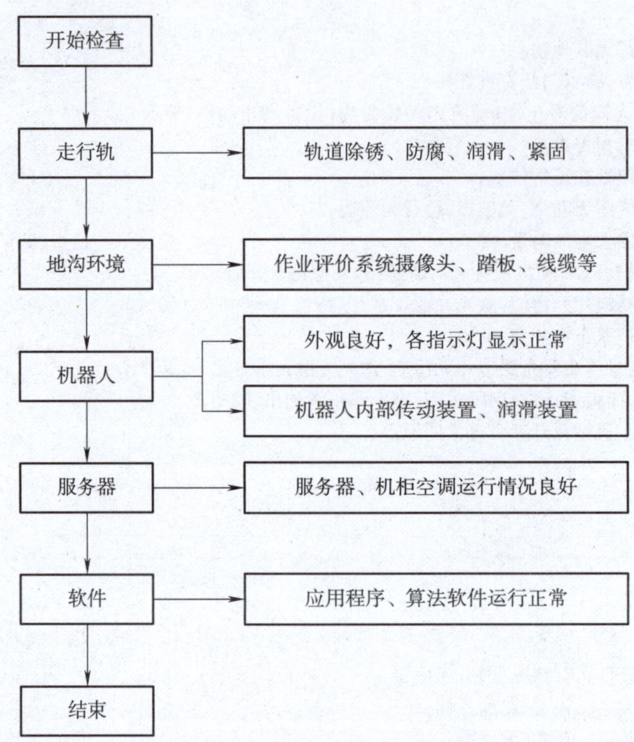

图 8-4　车底检测机器人巡检作业流程

2. 巡检作业标准(表 8-2)

表 8-2　车底检测机器人巡检作业标准

检查项目	标准与要求	检查方法	备　注
走行轨	(1)轨道、支撑座表面光洁无异物并清洁； (2)轨道、支撑座涂抹防锈漆； (3)轨道各类调节螺栓涂抹防锈油脂； (4)调整钢轨对接处，调整后无明显高低差； (5)齿条齿面无裂痕、无坏齿、无锈蚀，润滑良好； (6)补打防松标记线	检查、紧固、调整	

续上表

检查项目	标准与要求	检查方法	备　注
地沟环境	(1)紧固地沟踏板固定螺栓，踏板处于预定位置； (2)地沟踏板破损、下榻、翘头修复； (3)固定作业评价系统摄像头基础、线路； (4)调整、固定各类线管、地沟灯	检查、调整	
机器人	(1)外观良好、检查门状态良好； (2)使用专用高级镜头清洁纸清洁光栅等精密部件； (3)使用专用高级镜头清洁纸清洁精扫、RGB 相机镜头，光源正常开启； (4)使用专用高级镜头清洁纸清洁快扫光路镜片，激光光源正常开启； (5)检查快扫防护罩正常开启、关闭； (6)使用专用高级镜头清洁纸清洁位移测量传感器光路镜片，激光光源正常开启； (7)充电口面板能正常打开、关闭；充电座正常伸出、收回； (8)机器人、机械臂升降台正常回原点； (9)清洁机器人内部各部件； (10)检查行走小车油润装置，加注润滑油(导轨油 T32 号以上)； (11)清理机器人底部行走轮、导向轮泥垢、锈蚀等； (12)检查机器人底部行走轮磨损情况； (13)更换进风口滤芯； (14)检查充电器固定良好、线路无烧损，内部电器元件无烧损	检查、测试	激光光源强度巨大，任何情况下不得肉眼直视激光光源发射口
服务器	(1)服务器硬件运行情况良好，查看报警记录； (2)服务器清洁除尘； (3)机柜空调运行正常、温度达标； (4)机柜清洁除尘； (5)网络设备运行正常、无报警； (6)服务器存储空间≥30％； (7)检查 UPS 设备运行情况； (8)直观检查，各个接线线缆紧固	检查、测试	
软件	(1)应用程序运行情况良好； (2)算法程序运行情况良好； (3)检查上一次车组状态报警情况良好	检查、测试	

五、车底检测机器人小修作业标准

1. 小修作业流程(图 8-5)

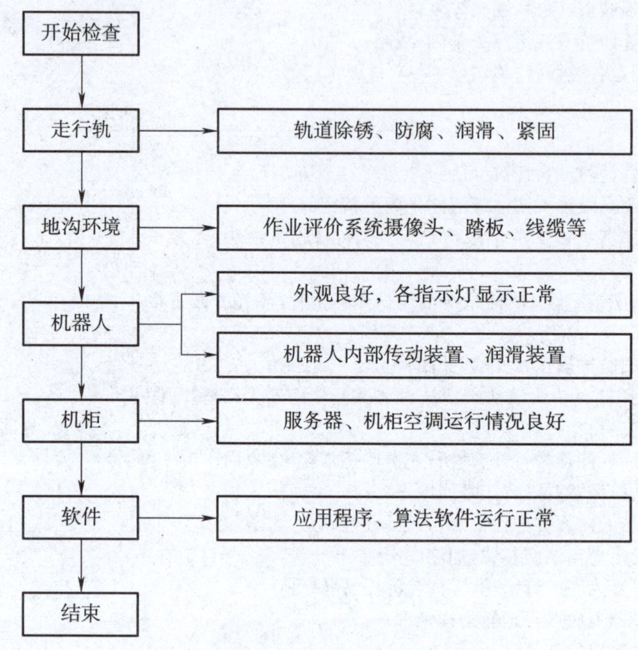

图 8-5　车底检测机器人小修作业流程

2. 小修作业标准(表 8-3)

表 8-3　车底检测机器人小修作业标准

项　目	检　查	标准与要求	检查方法
走行轨	轨道	(1)轨道表面光洁无异物并清洁； (2)轨道非走形面除锈； (3)检查齿条无裂痕、坏齿； (4)清洁齿条、齿面，重新涂抹润滑脂(黄油)； (5)调整钢轨对接处，调整后无明显高低差	检查、紧固、调整
	基础支座	(1)支撑座表面除锈、涂抹防锈漆； (2)紧固支撑座固定螺栓，并打防松标记； (3)检查支撑座无偏移、裂痕	检查、调整
	固定螺栓	(1)轨道调整螺栓补打防松标记； (2)涂抹防锈油脂	检查、调整

续上表

项　目	检　查	标准与要求	检查方法
地沟环境	踏板	(1)检查踏板无异物、变形、下榻、翘头等； (2)紧固地沟踏板固定螺栓； (3)调整踏板处于预定位置	检查、紧固
	线管	(1)固定作业评价系统摄像头基础、线路； (2)调整、固定各类线管、地沟灯	检查、紧固
机器人	外部检查	(1)外观良好、表面无脱漆变形； (2)机器人各检查门状态良好、锁闭情况良好； (3)使用专用高级镜头纸清洁光栅、精扫、RGB 相机镜头、快扫光路镜片、位移测量传感器光路镜片等精密部件	检查、清理、测试
	内部检查	(1)清洁机器人内部各部件； (2)检查行走小车油润装置,加注润滑油(导轨油 T32 号以上)； (3)更换齿条的润滑毛毡齿轮； (4)清理机器人底部行走轮、导向轮泥垢、锈蚀等； (5)检查、调整机器人底部行走轮磨损情况； (6)更换进风口滤芯； (7)检查电池状态,电池无鼓包、漏液； (8)测试电池状态； (9)清洁服务器表面灰尘； (10)检查服务器各部件运行情况,查看历史记录，清理服务器软件	检查、清理、测试
	充电装置	(1)充电装置固定良好； (2)连接各线路无烧损、外壳无破损； (3)充电器内部电气元件无烧损	检查、清理
机柜	服务器	(1)服务器硬件运行情况良好,查看报警记录，清洁机内灰尘； (2)机柜空调运行正常、温度达标； (3)网络设备运行正常、无报警； (4)服务器存储空间≥30%； (5)升级病毒库并进行全面杀毒； (6)紧固各个接线线缆； (7)服务器、机柜清洁除尘	检查、测试
	UPS	(1)检查 UPS 设备接线固定良好； (2)检查电池无发热、鼓包、漏液	检查、测试
	机柜空调	(1)机柜空调制冷效果良好； (2)空调风扇无异响	检查、测试
软件	软件	(1)应用程序运行情况良好； (2)算法程序运行情况良好； (3)检查上一次车组状态报警情况良好	检查、测试

六、360°检测机器人点检作业标准

1. 点检作业流程(图 8-6)

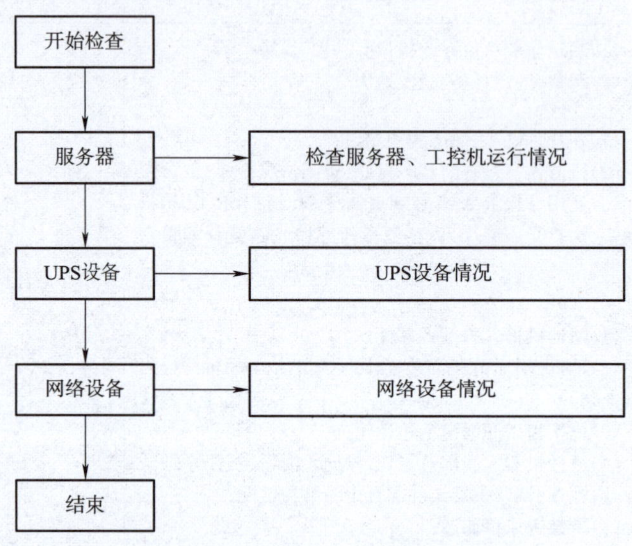

图 8-6　360°检测机器人点检作业流程

2. 点检作业标准(表 8-4)

表 8-4　360°检测机器人点检作业标准

检查项目	标准与要求	检查方法
服务器	(1)检查服务器运行情况、无报警; (2)检查工控机运行情况、无报警; (3)检查服务器、工控机接线情况良好、线标无脱落; (4)检查机柜外面无变形、门锁良好; (5)检查设备软件运行正常	检查、测试
UPS 设备	(1)检查 UPS 主机运行正常、散热装置正常; (2)检查 UPS 接线柱无烧损,电池无破损、变形	检查
网络设备	(1)检查网络设备无报警、运行情况良好; (2)检查线标无脱落; (3)检查光纤收发器指示灯正常,用网络测试命令测试光纤收发器正常工作	检查

七、360°检测机器人巡检作业标准

1. 巡检作业流程(图 8-7)

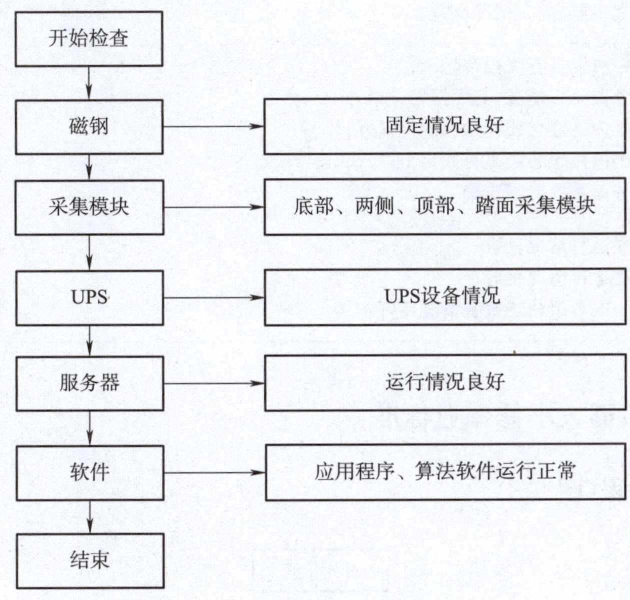

图 8-7　360°检测机器人巡检作业流程

2. 巡检作业标准(表 8-5)

表 8-5　360°检测机器人巡检作业标准

检查项目	标准与要求	检查方法
磁钢	(1)检查磁钢固定情况良好,固定螺栓防松标记清晰; (2)磁钢和钢轨间绝缘情况良好; (3)测量磁钢安装位置尺寸符合要求(磁钢顶面与轨平面距离 35～45 mm,磁钢边与轨道内侧距离 20～30 mm),不得存在侵限风险	检查、测量
采集模块	(1)检查两侧采集模块固定情况良好、防松标记清晰; (2)检查顶部采集模块固定情况良好、防松标记清晰; (3)检查底部采集模块固定情况良好、防松标记清晰; (4)检查、润滑侧部、底部、顶部采集模块开关门正常; (5)检查各相机激光发生器状态; (6)采用专用高级镜头清洁纸对相机镜头进行清洁	检查、清洁
踏面采集模块	(1)检查踏面采集模块固定情况良好,防松标记清晰; (2)检查、润滑踏面采集模块开关门设备情况良好; (3)采用专用高级镜头清洁纸对相机镜头进行清洁	检查、清洁

续上表

检查项目	标准与要求	检查方法
UPS	(1)检查主机运行情况,无报警、无异响; (2)电池无变形、漏液、发热; (3)接线装置良好、固定情况良好	检查、整理
服务器	(1)检查工控机设备有无报警记录; (2)检查服务器运行情况,有无报警记录; (3)检查机柜内各连接线标是否固定良好; (4)检查机柜内接地装置是否固定良好; (5)检查服务器系统时间正确	检查、测试
软件	(1)应用程序运行情况良好; (2)算法程序运行情况良好; (3)检查上一次车组状态报警情况良好	检查、测试

八、360°检测机器人小修作业标准

1. 小修作业流程(图 8-8)

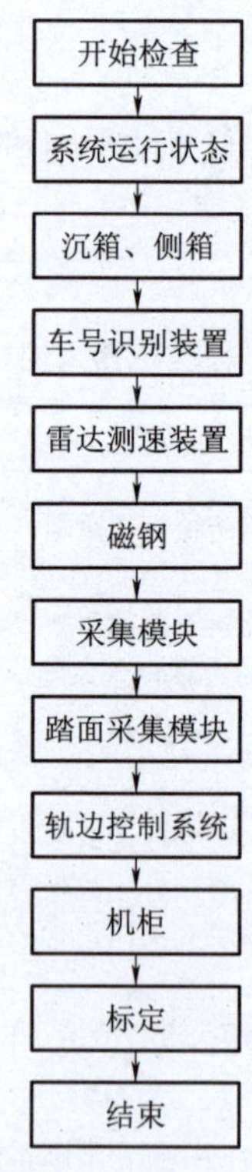

图 8-8　360°检测机器人小修作业流程

2. 小修作业标准(表 8-6)

表 8-6　360°检测机器人小修作业标准

项　目	检查项目	标准与要求	检查方法
磁钢	磁钢	(1)检查磁钢固定良好,固定螺栓防松标记清晰,外观清洁无损坏; (2)磁钢和钢轨间绝缘情况良好; (3)测量磁钢安装位置尺寸符合要求(磁钢顶面与轨平面距离 35～45 mm,磁钢边与轨道内侧距离 20～30 mm),不得存在侵限风险	检查、调整
	连接线	(1)检查磁钢连接线保护外壳状态良好; (2)连接线走线整齐、固定良好	检查、紧固
采集模块	两侧相机	(1)检查两侧采集模块固定良好、防松标记清晰,不得存在侵限风险; (2)两侧相机激光发生器工作良好; (3)清扫、擦拭外观,开关门机构工作状态良好; (4)采用专用高级镜头清洁纸对相机镜头进行清洁; (5)观察指示灯	检查、清洁
	底部相机	(1)检查底部采集模块固定良好、防松标记清晰,不得存在侵限风险; (2)底部相机激光发生器工作良好; (3)开关门机构工作状态良好; (4)采用专用高级镜头清洁纸对相机镜头进行清洁; (5)检查沉箱外观,清洁箱内卫生,紧固箱内各个连接螺栓; (6)观察指示灯	检查、清洁
	顶部相机	(1)检查顶部采集模块固定良好、防松标记清晰,不得存在侵限风险; (2)检查顶部采集模块固定情况良好、防松标记清晰; (3)采用专用高级镜头清洁纸对相机镜头进行清洁	检查、清洁
	通信电缆	(1)通信电缆固定清理良好; (2)电缆接头无松动、线标清晰无脱落; (3)接地线固定情况良好	检查、紧固
踏面采集模块	外壳	(1)固定情况良好、外壳不超限; (2)开关门机构作业良好; (3)清洁箱内灰尘	检查、紧固
	固定装置	(1)固定装置良好,防松标记清晰; (2)固定装置与钢轨间的绝缘装置良好	检查、紧固
	相机	(1)相机固定情况良好; (2)相机角度正常; (3)采用专用高级镜头清洁纸对相机镜头、光路镜片进行清洁	检查、清洁
机柜	机柜	(1)机柜无变形、开裂、漏水,表面无生锈; (2)机柜门锁作业良好; (3)机柜接地装置良好; (4)机柜内各接线线标清晰、无脱落; (5)机柜内外清洁除尘; (6)进入监控浏览画面,监控角度正确且画质清晰	检查、紧固
	机柜空调	(1)空调作用情况良好; (2)空调风扇无异响	检查、紧固

续上表

项　目	检查项目	标准与要求	检查方法
机柜	服务器	(1)服务器工作状态良好,无报警记录; (2)整理服务器存储软件,存储空间≥30%; (3)升级病毒库并进行全面杀毒	检查、整理
	工控机	(1)工控机运行正常,无报警记录; (2)整理工控机软件,存储空间≥30%; (3)升级病毒库并进行全面杀毒	检查、整理
	UPS	(1)检查主机运行情况,无报警、无异响; (2)电池无变形、漏液、发热; (3)接线装置良好、固定情况良好	检查、整理
软件	软件	(1)应用程序运行情况良好; (2)算法程序运行情况良好; (3)检查上一次车组状态报警情况良好; (4)模拟过车查看图像采集软件是否正常	检查、测试
其他	AEI 天线	各部安装牢固,外观清洁无锈蚀	检查
	车号相机	(1)各部安装牢固,外观清洁无锈蚀; (2)模拟过车时车号光源常亮	检查、测试
	测速雷达	各部安装牢固,外观清洁无锈蚀	检查
	联网设备	(1)检查网络交换机指示灯正常,工作正常; (2)检查光纤收发器指示灯正常,用网络测试命令测试光纤收发器正常工作	检查

九、车底检测机器人模拟故障校验标准

1. 模拟故障校验流程(图 8-9)

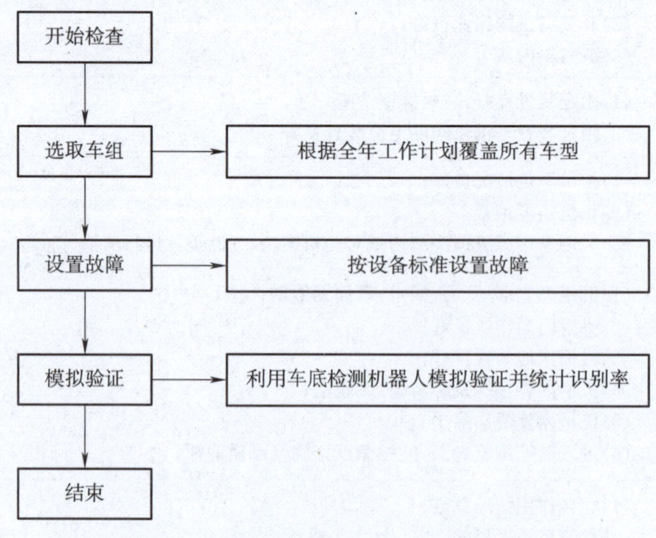

图 8-9　车底检测机器人模拟故障校验流程

2. 模拟故障设置标准(表 8-7)

表 8-7　车底检测机器人模拟故障设置标准

类　别	故障类型	设备数量
丢失类	M8 及以上螺栓	设置 2 个 M8、2 个 M10 丢失,快扫精扫各 4 个(共 8 个)
	六棱施封锁或开尾销	设置 2 处六棱施封锁或开尾销丢失(2 个)
	喉箍	设置 2 处喉箍丢失(共 2 个)
	闸片或踏面清扫装置	设置 2 处(共 2 个)
	防松铁丝	设置 2 处防松铁丝丢失(共 2 个)
	其他(注油堵、铭牌、防尘堵)	每种设置 1 个(3 个)
松动类	M8 或以上螺栓松动 3 mm 以上	2 个 M8 或 M10 快扫松动 5 mm;2 个 M8 或 M10 精扫松动 3 mm(共 4 个)
	管接头松动 5 mm 以上	设置 2 个管接头松动(共 2 个)
旋转部件检查能力	螺栓丢失	设置 3 个螺栓丢失(共 3 个)
	螺栓松动	模拟或真实设置 3 个螺栓松动 5 mm(共 3 个)
断裂类	防松铁丝裂 5 mm 以上	设置防松铁丝或六棱施封锁断裂,精扫、快扫各 2 个(共 4 个)
	开尾销断裂	设置 2 处开尾销断(共 2 个)
表面缺陷	防尘套破损或空气弹簧鼓包	采用颜色相近的橡皮泥模拟 4 处故障,长×宽×高为 10 mm×10 mm×3 mm(共 4 个)
	底板击打	采用颜色相近的橡皮泥模拟 4 处故障,长×宽×高为 20 mm×20 mm×10 mm(共 4 个)
油检查	油色检查	模拟设置红、黑、白 3 处油位(共 3 个)
	油位测量	设置 2 处不同油位(共 2 个)
	漏油检查(区分油水)	设置 2 处油或 2 处水(共 2 个)
异物	能够识别不同形态、不同颜色,不限部位的异物查找	模拟设置树叶、塑料袋、纸等 4 处实际故障(共 4 个)
其他	底板四角锁开关状态	设置 2 个底板锁处于开启状态(2 个)

十、360°检测机器人模拟故障校验标准

1. 模拟故障校验流程(图 8-10)

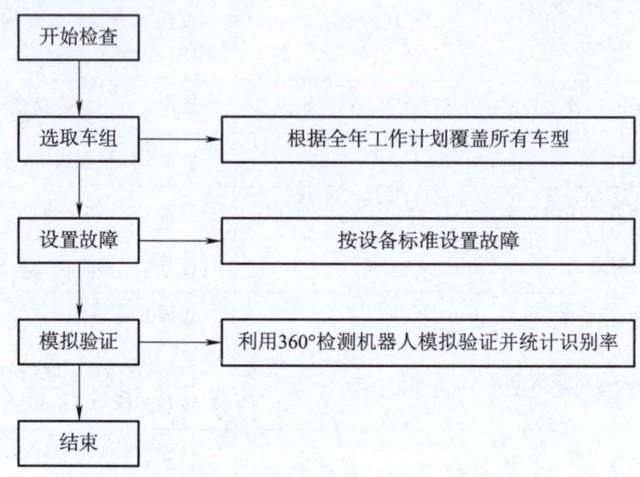

图 8-10　360°检测机器人模拟故障校验流程

2. 模拟故障设置标准(表 8-8)

表 8-8　360°检测机器人模拟故障设置标准

类　别	故障类型	设备数量
丢失类	螺栓丢失	设置底部、两侧、车顶各 2 个螺栓丢失(共 6 个)
	螺母丢失	设置底部、两侧、车顶各 2 个螺母丢失(共 6 个)
	部件丢失	设置底部、两侧、车顶各 1 个部件丢失(共 3 个)
松动类	螺栓松动	设置底部、两侧、车顶各 2 个螺栓松动(共 6 个)
松脱类	部件松脱	设置底部、两侧、车顶各 1 个部件松脱(共 3 个)
变形	表面变形	设置底部、两侧、车顶各 1 个表面变形(共 3 个)
打开类	锁打开	设置各类锁打开 3 个(共 3 个)
	盖板打开	设置各类盖板打开 3 个(共 3 个)
断裂类	部件断裂	设置底部、两侧、车顶各 1 个部件断裂(共 3 个)
破损类	表面破损	设置玻璃破损、车头导流罩等表面破损 4 个(共 4 个)
漏油	漏油	设置底部漏油 2 处(共 2 个)
踏面检测	踏面检查	和 LY 实际故障对比
异物	异物	设置底部、两侧、车顶各 1 个异物(共 3 个)
其他	其他	设置其他类型故障(共 3 个)

复习思考题

1."机器人检"作业方法有哪些?

2. 动车组一级修检测机器人系统运用验收需考核哪些项点?

3. 请叙述动车组一级修"机器人检"作业流程。

4. 动车组一级修检测机器人系统设备管理巡检、小修、模拟故障校验周期分别是多少?

5. 怎样进行测量精度校验和历史故障图库测试?